무당 엄마 목사 아들

믿음이란 한 알의 밀알이 땅에 떨어져 죽음으로 많은 열매를 맺음과 같이
진리의 열매를 위하여 스스로 죽는 것을 뜻합니다. 눈으로 볼 수는 없으나
영원히 살아 있는 진리와 목숨을 맞바꾸는 자들을 우리는 믿는 이라고 부릅니다.
「믿음의 글들」은 평생, 혹은 가장 귀한 순간에 진리를 위하여 죽거나 죽기를 결단하는
참 믿는 이들의, 참 믿는 이들을 위한, 참 믿음의 글들입니다.

무당엄마 목사아들

샤머니즘을 정복하는 영적 전쟁 이야기

주명식

홍성사

추천의 글

우리는 '한'(恨)이 많은 민족이다. 그 많은 한은 악한 영(들)이 속박한 과정과 결과의 산물일 것이다. 마귀의 올무 아래 있는 인생들에게 진리의 기쁨과 자유의 호흡이 있을 수 있는가? 우리 한(韓)민족이 그랬다. 구원의 빛이 임한 지 얼마 되지 않았다. 그 빛은 우리에게 말씀으로 다가왔다. 말씀을 통해 우리는 하나님과 그의 아들 예수 그리스도를 알게 되고 믿게 되었다. 그 믿음이 우리를 구원으로 이끌었다. 풀림은 '의식'(儀式)으로 되는 것이 아니다. 그리스도의 말씀으로 된다. 말씀이 우리를 풀어주었다.

그때는 '무속'이 답이었다. 다른 것이 없었다. 모든 가문, 모든 개인이 그러하였다. 악한 영은 무속을 통해 교묘히 군림하며 많은 이를 비참하게 만들었다. '복'과 '저주'는 무속신앙의 양 날개였다. 그러나 복을 원하는 인생에 오히려 저주의 지배가 주어졌다. 모든 저주를 대신 짊어지신 예수 덕분에 무속에 빠져 저주를 두려워하던 삶에서 참된 복을 누리는 신앙으로 뒤바뀌는 영적 역전(逆轉)을 이 책에서 본다. 계시된 말씀의 능력 때문이다. 빛이 오면 어둠이 떠난다.

영적 전쟁은 계속된다. 끝난 적이 없다. 과거의 것이 끝나면 새로운 것이 나온다. 이 땅에서 그리스도의 전쟁은 지속된다. 보이지 않으나 전방위적인, 이 영적 전쟁은 주님께서 다시 오실 때까지 멈추지 않을 것이다. 산개된 전투 현장이 우리네 인생이다. 이 전투에서 이길 수 있는 힘은 오직 위에서 온다. 예수 그리스도의 은혜와 능력 없이 이길 수 있는 방법은 없다. 진리의 성령의 도우심 없이 안 된다.

이 책은 한 개인의 영적 전쟁의 기록이며 한 가족(가문)의 영적 전쟁에서 그리스도의 승리를 얻은 영적 용사의 체험기다. 하나님의 말씀인 성경의 가르침을 따라 그에게 주어진 여러 전투에서 승리를 얻었다. 복잡다단한 영적 전투의 현장에서 주님의 말씀만큼 정확하고 강력한 무기는 없다. 그는 이 말씀으로만 승리했다.

그에게는 이제 과거가 되었지만 누군가에게는 현재다. 많은 이가 여전히 과거의 죄와 저주의 늪에서 헤어 나오지 못 하고 있다. 그리스도 예수만이 속박을 푸실 수 있고 그 풀림의 열쇠는 그의 말씀이다. 그리스도만이 자유하게 하시고 그 말씀이 우리의 자유를 이끌어낸다. 이 책은 이 사실을 증언한다.

김상훈(총신대 신학대학원 신약학 교수)

감사의 글

여호와께서 집을 세우지 아니하시면
세우는 자의 수고가 헛되며
여호와께서 성을 지키지 아니하시면
파수꾼의 깨어 있음이 헛되도다(시 127:1).

하나님이 함께하시지 않았다면 무당 어머니를 전도하는 일과 이것을 글로 엮고 책으로 출판하는 모든 일은 불가능했을 것입니다. 하나님께서 이 모든 과정을 주관하시고 인도하셨음에 감사드립니다.

과거의 아픈 상처임에도 복음 증거를 위해 간증을 책으로 엮는 일에 협력해주신 사랑하는 어머니와 아들을 늘 지원해주시는 아버지 그리고 부모님을 가까이에서 돌보고 계시는 누나에게 마음을 다해서 감사드립니다.

어머니가 무당이 되시고 힘들었을 때, 따뜻하고 적절한 조언을 주신 안효석 목사님, 많이 의지했고 항상 기도로 위로해주신 송주형 간사님, 어머니 전도를 위해 밤마다 함께 기도해주고 우리 집에도 방문했던 소중한 믿음의 친구 곽찬희 선교사님에게 진심으로 감사드립니다.

가족의 아픈 이야기가 있어서 피해를 염려해 익명으로 언급한 K 목사님과 세 분 친구 목사님들에게 진심으로 감사드립니다. 이분들은 부모님께 복음을 전하기 위해 늦은 시간까지 인내의 수고를 아끼지 않으셨고, 신당을 제거하는 일에도 새벽 시간까지 사랑의 수고를 해주셨습니다.

나의 간증을 듣고 글로 엮으면 좋겠다고 추천하며 격려해주신 원훈상 목사님과 김평화 목사님, 글 쓰는 동안 여러 조언으로 도움을 주신 나성균 목사님과 김삼 목사님에게 진심으로 감사드립니다.

교회를 세우고 글을 쓸 수 있도록 물질 지원과 기도 후원을 아끼지 않은 이호성, 이주혜 집사님 부부와 송석원, 정경희 집사님 부부에게 진심으로 감사드립니다. 이분들이야말로 하나님의 나라를 함께 세워나가는 소중한 믿음의 동역자들입니다.

하나님의 부르심에 순종으로 교회 개척 사역에 동역해주는 사랑하는 아내 하인숙, 아빠를 옆에서 함께 도와주는 듬직한 아들 주찬준, 어여쁜 큰딸 주시은, 귀여운 막내딸 주시아에게 감사의 마음을 전합니다.

우리 가정 가운데 하나님이 행하신 놀라운 일을 세상에 빛을 보도록 책으로 출판해준 홍성사에도 진심으로 감사의 마음을 전합니다.

오직 하나님께만 영광을 돌려드립니다.

2017년 1월

Myung Ju

차례

추천의 글 5
감사의 글 7
프롤로그   참새 한 마리도 그냥 떨어지지 않는다 •13

1. 섭리   무당이 된 어머니

Chapter 01   어머니… 왜 무당이 되셨어요? •25
Chapter 02   하나님의 선택으로 아들은 목사로 서원하다 •33
Chapter 03   신(神)의 선택으로 어머니는 무당이 되다 •60
Chapter 04   우상숭배의 결과는 비참함이다 •75
Chapter 05   우상숭배의 저주는 대물림된다 •83
Chapter 06   정답을 알면 문제는 반드시 풀린다 •91
Chapter 07   육적인 싸움이 아니라 영적인 싸움이다 •108
Chapter 08   우리 집에서 일어난 갈멜산의 대결 •125

2. 구원   우상숭배의 저주에서 해방되는 길

Chapter 09   나의 때와 나의 방법을 내려놓다 •137
Chapter 10   하나님은 예배 가운데 일하고 계셨다 •154
Chapter 11   하나님은 만남을 통해 일하신다 •163
Chapter 12   말씀이 마음의 중심을 붙잡아주다 •171
Chapter 13   우상숭배에서 해방되는 길이 있어요 •178

| Chapter 14 | 하나님의 약속은 반드시 이루어진다 •201 |
| Chapter 15 | 능력 고백, 예수 그리스도는 나의 주인 •213 |

3. 성숙   성경이 신앙생활의 기준

Chapter 16	성경으로 영적 체험을 분별해야 했다 •229
Chapter 17	성경으로 생활 습관을 점검해야 했다 •253
Chapter 18	지탱의 힘, 임마누엘의 약속 •263
Chapter 19	경제적인 문제를 스스로 해결해야 한다 •270
Chapter 20	신(神)의 벌전은 더 이상 없다 •280

4. 전도   무속인을 향한 하나님의 계획

Chapter 21	주변 사람들과 무속인 전도 •291
Chapter 22	무당 친할머니 전도 •316
Chapter 23	집사 출신 무당 전도 •323
Chapter 24	신비 체험이 구원을 확증하지 않는다 •331
Chapter 25	주님과 귀신을 겸하여 섬길 수 없다 •344
Chapter 26	신자에게도 영적인 시달림이 있는가? •351
Chapter 27	나 같은 사람 있으면 발 벗고 도와줘라 •366

에필로그   예수님의 큰 일을 전파하는 놀라운 은혜 •380

프롤로그

-

참새 한 마리도
그냥 떨어지지 않는다

참새 두 마리가 한 앗사리온에 팔리지 않느냐

그러나 너희 아버지께서 허락하지 아니하시면

그 하나도 땅에 떨어지지 아니하리라(마 10:29).

"나 같은 사람 있으면 발 벗고 도와줘라. 그들은 불쌍한 사람들이야. 영적으로 제대로 몰라서 그러는 거야." 무당이었던 어머니가 예수님을 영접하신 이후 나에게 자주 당부하시던 말씀이다. 경험에서 우러나온 진심어린 고백이었다. 그럴 때면 어김없이 미소 지으며 "당연히 그래야죠"라고 대답했다. 이심전심이랄까, 그 말이 무엇을 의미하는지 나 또한 뼈저리게 느끼고 있었다. 영적인 문제 때문에 악한 영에게 시달리거나 고통당하는 사람들을 만나면 내 일처럼 적극적으로 도와주라는 의미였다. 이런 사람들은 우상숭배의 영향으로 자신의 생각, 감정, 행동을 통제하는 데 어려움을 겪는다. 이런 현상은 우상숭배라는 것을 인식하든지 못하든지 또는 무시하든지 안 하든지와 상관없이 발생하고, 심지어 교회에 다니는 사람들에게도 발생하는 경우가 많다.

어머니는 영적인 문제인 마귀의 통제 가운데 있는 신기와 신병을 앓으며 수많은 고난과 시련을 겪으셨고, 어쩔 수 없이 내림굿을 받아 무당이 되셨다. 무당이 되어서도 오직 신만을 섬겨야 하는 고독하고 외로운 삶으로 영적인 고통을 당하셨다. 무속에서 언급되는 모든 종류의 신들은 성경적으로 그 정체가 마귀이고 악한 영들일 뿐이다. 심지어 가족이나 조상의 이름으로 다가오는 신이라 할지라도 마찬가지다. 어머니가 무당이 되기까지 우리 가족도 동일한 고통과 아픔을 겪었고, 가족 간에 극심한 갈등과 혼란이 있었다.

특별히 나는 그리스도인이었기 때문에 직접적으로는 무당인 어머니와, 간접적으로는 나머지 가족과 여러 갈등과 혼란을 겪으며 싸워야 했다. 이런 상황 가운데 하나님은 오직 한 사람, 나를 통해 우리 가족을 구원하기 위하여 무당의 아들에서 목사의 길을 걷도록 부르시고 인도하셨다. 그리고 하나님의 때에 하나님의 방법으로 어머니가 예수 그리스도를 인격적으로 나의 구주, 나의 하나님으로 영접하여 하나님의 자녀가 되는 놀라운 은혜를 경험했다.

어머니는 예수님을 믿고 속박과 공포의 삶에서 벗어나 자유와 평강의 삶을 얻게 되었다. 마귀의 영의 지배를 받던 마귀의 종에서 성령의 지배를 받는 하나님의 자녀가 된 것이다(롬 8:15). 어머니는 이전에 돈 있고 넉넉하게 살 때보다 조금 부족하게 살더라도 지금이 행복하다고 자주 말씀하신다. 왜냐하면 예수님을 믿고 자신의 삶과 가정이 회복되는 것을 경험했기 때문이다. 가끔씩 다시는 그때를 생각하고 싶지 않다고도 하신다. 그러면서 어머니는 복음 안에서 무당 인생의 고통과 공포를 극복하고 평안과 은혜를 누리는 그리스도인이 되고 보니까, 이전의 자신과 같은 사람을 만나면 측은한 마음과 돕고자 하는 마음이 불타오른다고 하신다. 왜냐하면 이전에 그와 같은 고통을 겪어보았고 그리스도 안에서 극복해보았기 때문이다. 이런 이유로 길을 가다가 깃발이 꽂힌 무당집을 보면 발길을 옮기기 어렵다고 하신다.

나 또한 어머니와 동일한 심정이다. 가족과 함께 고통 가운데 있기도 했지만, 무당 어머니의 영혼을 구원하기 위한 방법들을 찾아 헤매면서 많은 고생을 겪었기 때문이다. 그때를 생각하면, 나와 같은 처지에 있는 사람이 있다면 그가 고생을 덜 하도록 내가 받은 하나님의 은혜를 적극적으로 나누고 싶다. 더욱이 나는 맨발로 외작두를 타던 어머니가 복음 전하는 그리스도인이 되기까지 그 모든 과정을 처음부터 끝까지 옆에서 지켜봤다. 그러기에 어머니 같은 사람이 있으면 발 벗고 도와주고 싶은 마음이 불붙는 것 같아서 두 가지 동기를 품게 된다.

첫 번째 동기는, 무당 엄마를 전도해본 나의 독특한 경험은 하나님의 섭리 가운데 허락된 것이기에 주님이 주신 사명이라고 깨달았기 때문이다. 신병을 앓는 사람이나 무속인을 보게 되면 과거에 무당이었던 어머니와 우리 가족의 고통과 아픔이 생각나서 가슴이 뜨거워지며 어떻게든 도와주고 싶은 마음이 생긴다. 무속인 본인과 가족이 얼마나 큰 고통과 갈등의 시간을 보내왔을지 짐작이 되기 때문이다. 무속인은 자신의 삶을 거스를 수 없는 운명으로 받아들이고, 신과 인간 사이의 영매로서 산 자와 죽은 자를 위로하고, 맺힌 한을 풀어주는 인생이라고 자위하며 의미를 부여한다. 하지만 무속인의 삶의 실체는 고통과 갈등의 연속이고 후대에까지 영적 대물림을 이루는 저주의 연속이다(출 20:4-5; 신 5:8-9). 이런 무속인과 그의 가족의 고통과 아픔을 누구보다 잘 이해하기에 무당 엄마를 전도하면서 받았던 내 안에 있는 복음의 능력과 은혜를 밖으로 흘러 보내야겠다고 결심하게 된다.

이러한 결심을 더욱 다지게 된 것은 무당에 대한 우리나라 사람들의 이중적인 태도 때문이다. 평소에는 무당을 무시하고 천시하다가도 일이 풀리지 않거나 답답한 일이 생기면 무당을 찾아가 점을 본다. 굿을 하고 점을 보면서도 무당을 존경한다거나 본받고 싶다고 말하는 것을 들어본 적이 없다. 실제로 그렇게 말하는 사람도 보지 못했다. 대부분 무당의 점괘를 통해 개인의 유익이나 복 받기만을 바랄 뿐이다.

무당의 자녀에 대한 시선도 마찬가지다. 어디 가서 무시당할까봐 무당의 자식이라고 말 못하고 기를 펴지도 못한다. 나도 무당이라는 단어만 들어도 괜히 가슴이 철렁 내려앉았다. 무당을 좋지 않게 이야기하는 것을 들을 때면 괜히 나에게 이야기하는 것 같아서 불안했다. 사람들이 수군거리며 "쟤는 교회에 다니는데 어머니가 무당이래"라는 말을 들었을 때에는 쥐구멍에라도 숨고 싶은 처참한 심정이었다.

특히 불신자들의 태도보다 교인들의 태도에 더욱 힘들었다. 어머니가 예수님을 믿기 전에는 주변에 "어머니가 무당이래"라고 하던 교인들이 있었는데, 어머니가 예수님을 믿은 이후에는 "어머니가 무당이었대"라고 시제가 현재형에서 과거형으로 바뀌었을 뿐, 그 말의 뉘앙스에서 왠지 모를 무시와 천대가 깔려 있는 것을 느꼈다. 불신자보다도 교인들의 무시가 더 심했는데, 무당의 아들이라는 데 대한 무시에다가 그들의 신앙적인 판단도 더해졌기 때문이었다. 신앙적으로 어렸던 당시에는 상처를 많이 받았지만 지금은 무속인에 대한 일반적인 인식과 율법적인 인식에서 그렇게 말했다는 것을 알기에 그들의 입장이 충분히 이해가 간다.

신앙이 성장하면서 주변 사람들의 말에 반응하기보다는 하나님의 주권을 인정하며 붙잡기 시작했다. 어머니가 무당이 된 것도 '하나님의 뜻이 있을 거야'라고 생각하게 되었다. 이런 믿음이 어머니와 가족 안에 일어나는 여러 영적인 문제와 고통을 극복하는 데 큰 도움이 되었다. 내가 먼저 거듭난 그리스도인이 되고 나중에 어머니가 무당이 되는 일들 가운데 겪은 고난과 갈등이 모두 하나님의 주권 가운데 이루어진 일들임을 믿게 된 것이다.

예수님은 "참새 두 마리가 한 앗사리온에 팔리지 않느냐 그러나 너희 아버지께서 허락하지 아니하시면 그 하나도 땅에 떨어지지 아니하리라"(마 10:29)라며 하나님의 절대주권을 말씀하셨다. 하찮은 참새조차도 하나님의 주권 가운데 있는데, 하물며 "하나님의 자녀인 나의 인생 가운데 일어난 모든 일이 하나님의 주권 가운데 일어나지 않았겠는가?"라는 고백을 하지 않을 수 없었다. 하나님의 주도하심 가운데 무당인 엄마를 전도하여 복음 전하는 그리스도인이 되도록 인도한 나의 독특한 경험은 철저히 하나님의 주권과 섭리 가운데 이루어진 것이다.

고통을 경험하고 극복해본 사람이 그 고통을 당하는 사람들의 마음을 더 잘 헤아리고 도와줄 수 있다고 했던가? 아마도 고통을 겪어본 사람은 그 고통에 공감하는 능력이 높기 때문일 것이다. 그러므로 누군가를 돕고자 하는 마음의 출발은 상대방의 마음을 헤아리고 공감하는 마음에서 시작된다. 어머니처럼 신병을 앓는 사람들이나 무속인들의 영적인 고통에 공감하고 복음으로 돕는 것에 무당 엄마를 전도한 나의 독특한 경험은 참으로 도움이 됐다. 신력이 높던 무당에서 신실한 그리스도인이 되신 어머니께 베풀어진 하나님의 은혜가 우리 가족에만 머무는 것이 아니라고 믿는다. 그러기에 무속인을 돕는 것을 나에게 주어진 하나님의 사명이라고 믿음으로 받아들였다.

두 번째 동기는, 무당도 하나님의 구원에서 예외일 수 없다는 확신 때문이다. 만약 어머니가 무당이 아니었다면, 나는 율법의 잣대로 무당을 무시하거나 경멸하는 태도를 가졌을 것이다. 이뿐만 아니라 무당 전도에 관심이나 있었을까? 무관심했거나 무시했을 것이 확실하다. 무당은 귀신의 영을 받았기에 구원받을 수 없다고 생각했을 것이기 때문이다.

어머니가 무당이 되었을 때 어머니를 어떻게 대해야 할지 몹시 난감했다. 불신자들도 가족 중에 무당이 나오면 처음에는 당황하고 대부분 거부하다가 계속되는 우환 가운데 어쩔 수 없이 받아들이는 경우가 일반적이다. 하물며 그리스도의 영을 지닌 내가 마귀의 영에 사로잡힌 무당인 어머니께 얼마나 적대적이고 못되게 굴었겠는가? 처음에 나는 무당은 상종도 말아야 하는 사람이라고 여겼기에 어머니를 모질게 대했다. 어머니께 마귀의 종 운운하며 저주하듯 퍼붓기도 했다. 어머니의 마음에는 마귀의 영과 어머니의 인격이 함께 존재했는데 어머니는 나의 무례함으로 인해, 특별히 사랑하는 아들이었기 때문에 많이 아파하며 슬퍼했을 것이다. 신앙적으로 미성숙했기에, 내가 그리스도인인데 어머니가 무당이라는 것이 부끄럽고 창피해서 그렇게 행동했다. 무당인 어머니께 저주하듯이 분노를 퍼붓는다고 달라지는 것은 아무것도 없었는데도 말이다. 순전히 나 중심적이고 이기적인 욕심 때문이었다. 무당이 된 어머니가 내 인생에 커다란 걸림돌이 될 것이라고 잘못 생각하고 있었다.

그러는 가운데 복음서를 읽고 큐티 생활을 하면서 무당 어머니에 대한 생각이 조금씩 바뀌었다. 예수님의 사역이 상당 부분 귀신 들린 자들을 치유하는 데 집중되어 있음이 보이기 시작했다. 나의 처지가 처지인지라 이전에는 의미 없이 지나치거나 눈에 들어오지 않던 구절들에 관심을 갖기 시작한 것이다. 그전과는 달리 이런 본문들이 마음에 와 닿았고, 내 형편과 겹치면서 용기와 소망을 품게 되는 구절이 되었다.

예수님의 공생애 초기 거라사의 광인을 치유하는 장면부터(막 5:1-20) 일곱 귀신 들렸던 막달라 마리아가 부활한 영광의 예수님을 목격하는 장면까지(막16:9-11), 이런 본문들을 관찰하고 해석하고 적용하면서 어머니의 영혼에도 적용하게 되었다. 그 본문에 등장하는 귀신 들린 자들이 무당인 어머니의 모습과 오버랩 되어 다가왔다. 그러면서 예수님께서 귀신 들린 자들을 어떤 마음으로 대하는지 자세히 살펴보았다. 그것은 창자가 끊어질 것처럼 불쌍히 여기는 마음이었다. 나도 예수님의 마음으로 무당 엄마를 바라보고 대하려고 노력했다. 어머니를 위해 기도하는 가운데 하나님은 무당인 어머니의 영혼도 사랑하신다는 확신이 들었다. 어머니의 영혼은 하나님의 저주를 받아 구원받지 못할 영혼이 아니었던 것이다.

어머니가 예수님을 영접하고 하나님의 자녀가 된 것은 하나님의 약속하신 말씀의 성취이고 기도 응답이었다. 하나님은 무당인 어머니의 영혼을 차별하거나 외면하지 않으셨다. 인간의 생각과 하나님의 생각은 다르다. 마귀에게 사로잡힌 무당이라 할지라도 하나님이 구원하지 못할 영혼은 없다. 마귀의 영을 인격적으로 받아들여 맨발로 외작두를 타던 신력 높은 무당이 예수 그리스도를 영접하고 구원받아 복음 전하는 그리스도인이 되었다면, 다른 무속인이나 심한 영적인 시달림을 당하는 사람들이라 할지라도 복음으로 구원받지 못할 영혼은 없을 것이다.

아무쪼록 신병을 앓는 사람이나 무속인 그리고 교회에 다니지만 영적으로 시달리시는 사람들이 이 책을 통해 그리스도의 복음으로 구원받을 수 있다는 확신을 얻고 치유와 회복의 은혜를 경험하는 데 조금이나마 도움이 되기를 바란다. 가족이나 친척 또는 친구나 이웃 가운데 무속인이나 영적인 문제들로 고통당하고 시달리는 사람들이 있어서 기도하며 전도하기를 원하는 사람들에게도 유용한 안내서 역할이 되기를 간절히 소망한다.

1

섭리

무당이 된 어머니

우리가 알거니와 하나님을 사랑하는 자 곧 그의 뜻대로 부르심을 입은 자들에게는
모든 것이 협력하여 선을 이루느니라(롬 8:28).

하나님의 섭리는 내 인생의 모든 일이 어떤 우연이나 운명이 지배해온 것이 아니라 하나님이 주관하고 인도하셨다는 것을 의미한다. 내가 하나님 앞에서 실수하거나 범죄하지 않았음에도 찾아왔던 고난과 시련의 배후에는 하나님의 뜻이 존재했다. 하나님은 고난을 통해 나의 믿음이 연단되고 훈련되기를 원하셨다. 그러기에 어떤 고난의 인생길이라 할지라도 하나님의 섭리를 인정한다면, 삶 속에서 불평과 원망이 아닌 감사함으로 약속의 말씀을 붙잡게 되고 하나님의 인도하심을 신뢰하게 된다.

chapter 01

어머니… 왜 무당이 되셨어요?

> 이는 내 생각이 너희의 생각과 다르며
> 내 길은 너희의 길과 다름이니라 여호와의 말씀이니라
> 이는 하늘이 땅보다 높음 같이 내 길은 너희의 길보다 높으며
> 내 생각은 너희의 생각보다 높음이니라
> (사 55:8-9)

    1993년 여름, 나는 대성산 아래에 있는 전방 부대에서 근무하고 있었다. 어느 날 누나에게서 한 통의 편지를 받았는데, 안부가 궁금해서 보냈거니 하고 기쁜 마음으로 편지를 뜯었다. 그런데 나의 기대는 완전히 빗나갔다. 아니, 전혀 예상치 못한 일이었다. 친척 간에 싸움이 벌어져서 집안이 풍비박산되고, 어머니는 무당이 되었다는 소식이었다.

    '평안하던 우리 집안에 왜 이런 환란이…. 어머니가! 왜? 무당?' 마른하늘에 날벼락이라고 했던가! 한순간 멍하니 생각에

잠겼다. 당시 나는 마귀의 역사와 같은 영적인 현상들에 무지했고 관심도 없었다. 나와는 직접적으로 상관없는 일이라 여기고 있었다. 그러기에 어머니와 무당을 연관 짓는 것은 상상조차 할 수 없는 일이었다. 그런데 어머니가 무당이 되셨다는 예기치 못한 소식에 무척 당황스러웠다. 이 상황을 어떻게 받아들이고 대처해야 할지 어찌할 바를 몰랐다.

'도대체 이게 무슨 상황이지? 어머니가 귀신의 영을 받았다고?', '어떻게 우리 집안에 이런 일들이 생길 수 있지?' 해답 없는 의문들만 되새기며 여러 날 동안 골몰했다. 도저히 받아들일 수 없는 상황이었다. 그때는 그렇게 생각했다. 우상숭배가 무엇이고 우상숭배의 결과가 무엇인지 알지 못하던 시절이었다. 하지만 그것을 인식하든지 못하든지 상관없이 우상숭배는 알게 모르게 서서히 그리고 완전히 멸망하는 길이었다(신 7:26; 8:19; 왕하 17:7-18; 렘 9:14-16). 내가 입대하기 전까지만 하더라도 우리 집은 장밋빛 청사진을 펼치고 있었다. 집안에 아무 문제도 없고 모든 일이 잘 풀리는 것처럼 보였다.

그 무렵 인천국제공항 예정지가 용유도와 영종도 사이의 간석지로 결정되었다. 우리 집은 용유도 남쪽 덕교동 바닷가에 있었는데 용유도와 영종도의 양쪽 끝을 막아 매립할 예정이었다. 그래서 우리 동네 앞바다가 매립되면서 생계수단이 끊어지게 되어 정부와 보상금 협상이 한창이었다. 우리 동네는 원래 '잠진어화'라는 말이 있을 정도로 고기잡이철이 되면 칠흑 같은 밤에 배에서 밝힌 불빛이 불야성을 이루는 곳이었다. 고기잡이와 꽃게 소득이 많았고, 어촌계를 중심으로 운영하는 굴 양식과 김 양식의 소득도 높았다. 아버지는 배를 소유한 선주였는데 더 이상 배를 운영할 수 없게 되어 배에 대한 보상금이 추가로 주어졌다. 누나에게 얼핏 들었던 보상금 활용에 대한 이야기는 인천 시내에 세 채의 아파트를 사거나 한 채의 아파트와 상가 건물을 하나 사서 월세를 놓는다는 것이었다. '바다에서 힘들고 고단한 인생을 살았던 부모님이 이제부터는 편안하게 노후 생활을 하시겠구나!'라는 생각을 하던 터였다.

그런데 갑작스런 집안의 풍파와 어머니가 무당이 되었다는 소식에 이루 말할 수 없는 서운함과 창피함을 느꼈다. 나는 자라면서 어머니께 매를 맞아 본 기억이 없을 정도로 착한 아들이었고, 어머니와는 마음속 이야기까지 털어놓을 정도로 친밀한 사이였다. 대학 2학년 때, 기도하는 가운데 목사로 부르심을 받고 어머니께 조심스럽게 "엄마! 저 대학 졸업하고 목사 할 것 같아요"라고 알려드리기도 했을 정도였다. 그때 어머니는 교회에 다니지 않으셨지만 내가 결정한 일에 대하여 듣고만 있었지 어떤 반대 표현도 하지 않으셨다. 그런데 어떻게 나에게 아무 상의도 없이 내림굿을 받고 무당이 될 수 있단 말인가? 나의 앞날은 어떻게 되라고….

무엇보다 창피한 일은 일반 사람들도 무당 아들이라고 하면 무시당하는데, 목사가 되려는 아들의 엄마가 무당이라고 하면 세상 사람들뿐만 아니라 교인들에게 얼마나 우스운 이야깃거리가 되겠는가 하는 것이었다. 이런 상황을 인정하고 싶지 않았고 받아들이기도 쉽지 않았다. 이런 감정이 가족 중에 무속인이 나오면 가족들이 느끼게 되는 일반적인 감정이다. '앞으로 어머니를 어떻게 대해야 하지?', '집에는 들어가야 하나? 말아야 하나?' 별의별 생각이 다 떠올랐다.

'그동안 어머니의 구원을 위해 그렇게 열심히 기도해왔는데 어떻게 무당이 될 수 있단 말인가?', '나의 기도가 부족하거나 믿음에 문제가 있었던 것은 아닐까?' 결국 나의 믿음을 자책하는 하소연까지 터져 나왔다. 어머니가 무당이 되었다는 소식과 더불어 친척과 싸움이 나서 재판까지 가게 되었다는 소식은 나를 더욱 답답하고 힘들게 만들었다. 앞으로 우리 집에는 평안하고 행복한 날만 있으리라 생각했는데, 왜 가장 행복한 때 이런 일들이 일어나야 했는지 이해가 되지 않았다. 내가 군에 입대하고 지난 7개월 사이 우리 집안에 도대체 어떤 일들이 벌어졌는지 궁금해서 미칠 지경이었다. 더군다나 집안 사정을 정확하게 알아볼 수 없는 군대라는 특수한 상황이 나를 더욱 힘들게 했다. 군 생활에 집중하기도 힘들었고, 생각에 골몰하다 겨우 잠자리에 들어도 뒤척이기만 하고 제대로 잠을 이룰 수 없었다.

결국 조금 일찍 일병 휴가를 얻어서 2주간 인천 집에 돌아가게 되었다. 부모님은 용유도를 떠나 동양장 사거리 근처인 주안 8동에 2층 단독집을 사서 이사한 후였다. 누나가 알려준 주소지를 찾아 그 집 앞에 서게 되었다. 새집은 이전 집에 비하면 으리으리하고 화려한 집이었다. 집 앞면은 대리석으로 치장되어 있고 앞마당에는 작은 화단이 있었다. 순간적으로 기분이 좋았다. 하지만 시선은 곧 대문 오른쪽에 붙어 있는 팻말에 멈추었다. 빨간색 만(卍) 자 표시와 함께 용유보살이라는 이름이 세로로 새겨져 있었다. 그리고 대나무 깃대에는 빨간색과 흰색 깃발이 달려 있었다. 무당집이라는 표시였다. 갑자기 가슴이 먹먹해지고 눈물이 핑 돌았다. 집 안으로 들어가니 어머니는 휴가 나올 아들을 위해 저녁 식사를 준비하고 있었다. '어머니의 뒷모습은 예전의 어머니 모습 그대로인데 무당이라니!'

무슨 말부터 꺼내야 하나 고민되었다. 어머니가 왜 무당이 되어야 했는지 궁금한 점이 한두 가지가 아니었다. 살아오면서 어머니와 한 번도 하지 않은 말다툼이라도 하고 싶었다. 무당이 된 것에 화를 내고 따지고도 싶었다. 그리스도인으로서 마귀에게 사로잡힌 어머니께 거룩한 분노라도 터트려야 하는 것은 아닌가 하는 생각도 들었다. 그런데 퉁명스럽고 절망하는 듯 이렇게 내뱉었다.

"엄마… 왜 무당이 되셨어요?"

군대에서 첫 휴가 나와서 남들처럼 멋있게 인사도 드리고 서로의 안부도 묻고 그러기를 바랐는데 어머니가 무당이 되었다는 것이 나의 계획을 완전히 틀어놓았다. 어머니도 첫인사치고는 적대적인 나의 인사에 마음이 상하셨는지 까랑까랑한 목소리로 즉각 응수하셨다.

"내가 무당이 되고 싶어서 된지 알아?"

"신의 풍파로 집안의 우환이 끊이지 않고 나도 무병을 앓아 죽겠는데 어떻게 해."

"신의 선택을 거스를 수 없었어. 가족을 위해서 어쩔 수 없었다고."

어머니는 한스럽고 어쩔 수 없었다는 듯이 속사포처럼 여러 말을 쏟아내셨다. 나중에야 이해할 수 있는 말들이었지, 당시에는 전혀 이해하지 못했다. 그냥 어쩔 수 없이 운명적으로 무당이 되었다는 것으로만 알아들었다. 옆에서 가만히 듣고 있던 누나가 몇 마디 거들었다.

"너는 너만 생각하니?"

"나와 아버지와 동생은 엄마 뜻 따르기로 했다."

"너도 엄마 뜻 따라야 해. 집안에 두 종교가 있으면 망한다고 하더라."

"여기서 더 망하고 싶니?"

첫 휴가 첫 대면부터 가족과 얼굴을 붉히며 서로 감정이 상하게 되어 더 이상 대화를 이어갈 수 없었다. 휴가 동안 어머니와 한 집에 있었지만 서먹서먹하고 불편하게 시간을 보냈다. 막상 이런 일을 당하고 보니 무슨 말을 어디서부터 해야 할지 도무지 알 수 없었다. 게다가 어머니는 무당이 되신지 두 달 정도밖에 되지 않아서 그런지 이것저것 준비하느라 분주해보였다.

사람들을 만나러 다니느라 나에게 신경 쓸 여유도 없어보였다. 어머니가 왜 무당이 되어야 했는지 그리고 무당의 길은 피할 수 없었는지 어머니와 구체적으로 대화를 나눠보고 싶었다. 하지만 대화를 나눈다고 해서 문제가 해결되고 서로의 입장이 이해될 수 있는 현실이 아니었다.

그렇다고 이대로 가만있을 수만 없어서 뭔가 어머니와 대화를 시도해보고 싶었는데 그럴 만한 상황도 오지 않았다. 이러지도 저러지도 못하는 가운데 확실하게 확인한 것은 어머니가 내림굿을 받고 무당이 되었다는 사실뿐이었다. 내가 인정하지 않고 받아들이지 않는다고 해서 어머니가 무당이 되었다는 현실이 바뀔 수는 없었다. 마음의 바람과 다르게 어머니는 무당이었다. 이러한 현실을 인정하고 앞으로 어떻게 해야 할지를 숙제로 품고 부대로 복귀할 수 밖에 없었다.

당시 어머니가 무당이 되신 사건은 나의 믿음으로는 도저히 감당할 수 없는 엄청난 충격과 고통이었다. 이 사건을 믿음의 눈으로 바라보고 이해할 수 있었다면 그렇게까지 고통스러운 고민과 갈등을 겪지 않았을 것이다. 나의 연약한 믿음으로는 감당이 되지 않아서 힘들고 어려운 시기를 보내야만 했다. 그때는 한동안 기도가 되지 않았고 말씀도 들어오지 않았다. 시간이 지나면서 의지적으로 기도하게 되었고, 성경을 읽으며 하나님의 뜻을 찾으려고 노력하면서, 어쩌면 나에게 주어진 환경 속에 하나님의 계획이 있을지도 모른다는 믿음이 조금씩 쌓이게 되었다.

동시에 마음속 한구석에서는 어머니가 무당이 된 것을 끊임없이 부인하려 했다. 때로는 감당하기 힘든 현실에 어머니를 무시하고 나와 상관없는 것처럼 살까 하는 극단적인 생각이 들기도 했다. 끊임없는 갈등 속에서도 어머니 문제를 어떻게든 신앙적으로 해결해보려고 노력했다. 내 믿음으로는 감당하기 힘들고 어려운 시기였음에도, 바뀔 수 없는 현실을 믿음의 눈으로 바라보면서 나를 향하신 하나님의 계획이 무엇이며, 앞으로 어떻게 이 숙제를 풀어가야 할지 조금씩 기도하기 시작했다.

chapter 02

-

하나님의 선택으로
아들은 목사로 서원하다

너희가 나를 택한 것이 아니요 내가 너희를 택하여 세웠나니
이는 너희로 가서 열매를 맺게 하고 또 너희 열매가 항상 있게 하여
내 이름으로 아버지께 무엇을 구하든지 다 받게 하려 함이라
(요 15:16)

  우리 가족은 예전에 특정 종교가 있지 않았지만 석가탄신일인 4월 초파일을 중요하게 여기며 소원을 빌기도 했고 집 안 여기저기 부적을 붙여놓았기에 가구조사의 종교 란에는 항상 불교라고 기입했다. 무속신앙은 종교라는 개념이 아예 없었기에 비슷해 보이는 불교로 기록했던 것이다. 하지만 무지와 착각의 소산이었다. 엄밀히 따져서 우리 가족은 이전부터 전통과 문화에 스며들어 있는 무속신앙을 따르고 있었다.

  무속신앙을 무교(巫敎)라고 정의하며 종교의 하나로 보는 시

각도 있지만, 일반적으로 토속신앙이나 민간신앙 정도의 문화로 이해한다. 이런 이유로 문화체육관광부에서 종교는 종무실에서 주관하지만 무속은 지역전통문화과에서 소관업무를 담당한다. 그러기에 인구주택총조사의 종교별 인구 조사에서 종교가 없다고 말하는 무종교인이 인구의 절반에 이르지만 이들 중 상당수는 알게 모르게 무속신앙을 믿고 있을 것이다. 여기에다 종교인들 중에는 무속신앙이 있음에도 우리 가족처럼 불교라고 생각하는 사람들도 꽤나 있을 것이다. 무속신앙을 종교로 간주해 조사한다면 우리나라에서 무속신앙이 최대 종교가 될지도 모른다.

지금에서야 무속신앙이라고 이해하지, 당시 우리 가족은 생활양식이라고 생각했다. 무속신앙을 미신이라기보다는 이전부터 삶 가운데서 보고 듣고 배우며 자연스럽게 익힌 것이고 마음속으로 의지하는 것들이어서 전통과 풍습이라고 여겼다. 그렇게 우리 가족은 자연스럽게 무속신앙을 따르며 우상숭배를 하고 있었다.

우리 동네에는 노랑저고리로 불리는 무당 아주머니가 있었다. 평소에는 어촌 아낙네처럼 갯벌에 나가서 바지락도 캐고 굴도 따고 했지만, 굿을 하러 가실 때는 항상 노랑저고리를 입는다고 하여 붙여진 별명이었다. 연초가 되면 어머니는 노랑저고리 아주머니에게 가족의 신년운세를 봤다. 내가 기억하고 있는 운세는 광범위한 주의를 주는 것 정도였다.

"올 여름에는 물가를 조심해라."

"몇 월은 좋지 않은 달이니까 몸조심해라."

이렇게 운세를 듣고 점을 보는 것은 좋은 일이 있다고 하면 취하고, 나쁜 일이 있다는 데 피하면 손해 볼 일도 없을 것이라고 생각하는 정도였다. 어머니는 인생의 중요한 일들을 무당과 상의하는 적극적인 신도였지만, 나는 거부감이나 적대감 없이 그냥 순응하는 정도였다.

어렸을 때는 대보름날이 되면 어머니는 한 해를 잘 보내려면 대보름의 풍습들을 잘 지키는 것이 좋다고 말씀하셨다. 산에 가서 나무 아홉 번 해오기, 오곡밥과 아홉 나물로 아홉 번 밥 먹기, 호두나 땅콩으로 부럼 깨기 등의 풍습을 지켰다. 아침에 처음으로 만나는 친구에게 "내 더위 사가라"고 외치며 더위를 팔기도 했고, 저녁에는 뒷동산에 올라 보름달을 보면서 한 해의 소원을 빌기도 했다. 이런 행위들은 재미있는 일이었고, 동네 친구들과 즐기는 놀이이자 미풍양속이었다.

용유도에는 소원을 비는 기도터가 여러 곳 있다. 을왕리 해수욕장 남쪽 해변, 선녀들이 내려와서 놀았다는 선녀바위와 삼목도로 건너는 바닷가에 우뚝 서 있는 큰 바위 등이다. 그 바위는 임진왜란 때 바위 주변에 갈매기 떼가 모여 있는 것을 늠름한 장군과 수많은 병사가 있는 것으로 오인해서 왜군이 물러갔다는 전설이 있어 장군바위로 불렸는데, 그 바위에 얽힌 전설과 기도하는 곳이라는 것을 알고 있었기에 학창 시절 이곳으로 소풍을

오면 친구들과 함께 호기심에 바위를 향해 소원을 빌기도 했다.

오성산에는 덕교동 쪽으로 흐르는 물줄기가 있는데, 이곳에서 빌어서 자식을 낳았다는 동네 어르신 이야기도 들었다. 이런 이야기들은 동네에서 전해내려오는 민간신앙이었는데, 생활 속에서 가깝게 접하는 것이라 쉽게 받아들이고 의지하는 것들이었다. 내 고향은 거친 바다를 무대로 생활을 영위하는 섬이라 생업과 미래에 대한 불안에 자연물 숭배가 조상 때부터 자연스럽게 이루어졌던 것으로 보인다. 산, 바위, 나무, 물, 바다, 달 등 우리 동네에서 숭배하던 것들이 지금도 생각난다.

나도 어려서부터 어머니가 편찮으시면 무당을 불러 굿을 하고 낫기도 해서 무속신앙에 대한 거부감이 없었고 쉽게 접할 수 있었다. 마을에서도 가을 고기잡이 나가기 전에 여러 선주가 모여 황해도 출신으로 국가의 안녕과 번영을 기원하는 나라만신이자 서해안풍어제로 유명한 김금화 무당을 모셔다가 만선과 뱃사람들의 안전을 기원하는 풍어제를 지내기도 했었다. 풍어제를 준비하고 지내는 것은 마을 잔치이기도 했다. 무당이 굿을 하고 배를 옮겨 다니면서 만선의 복을 빌면 동네 어르신들도 옆에서 연신 손을 비비며 소원을 빌었다. 그리고 다 함께 기악 연주에 맞춰 덩실덩실 춤도 추는, 한마디로 함께 어우러지는 축제의 장이었다. 떡과 과일 등의 맛있는 음식이 풍족해서 아이들에게는 더욱 재미나고 즐거운 행사였다.

우리 마을에는 작은 교회가 있었으니 어린 시절 부활절이나 크리스마스 때 나가봤을 법도 한데, 이러한 전통과 문화의 영향 때문이었는지 고등학교에 진학하기 전까지 교회에 가본 적이 없었다. 교회라 하면 왠지 거부감이 들었고 서양의 신을 믿는 것이라고 여겼다. 오히려 무속신앙이 우리의 아름다운 전통이고 문화를 지키는 것이라고 생각했다. '왜 우리의 좋은 것을 놔두고 서양 종교를 믿어야 하나?'라고 생각하던 때였다. 무속신앙을 가진 부모님과 동네 분위기 속에서 자연스럽게 우상숭배를 하고 있었던 것이다. 예수님을 믿지 않던 시절에는 죄가 영적인 눈을 가려서 무엇이 우상숭배인지 전혀 알 수 없고 깨달을 수도 없었던 때였다.

> 너희의 허물과 죄로 죽었던 너희를 살리셨도다 그 때에 너희가 그 가운데서 행하여 이 세상 풍속을 좇고 공중의 권세 잡은 자를 따랐으니 곧 지금 불순종의 아들들 가운데서 역사하는 영이라 전에는 우리도 다 그 가운데서 우리 육체의 욕심을 따라 지내며 육체와 마음의 원하는 것을 하여 다른 이들과 같이 본질상 진노의 자녀이었더니(엡2:1-3, 개역).

예수님을 믿기 전에 우리 가족이 좇았던 세상 풍속에는 눈에 보이지 않는 영적인 세계가 있었다. 세상 풍속이 겉으로 드러나는 이름은 전통이고 미풍양속이고 문화였지만, 그 배후에는 공중의 권세를 잡은 마귀가 역사하고 있었다. 세상 풍속을 좇는 것은 곧 마귀를 따르는 것이었다. 마귀는 눈에 보이지 않는 영적인 존재이기에 독자적으로 활동하지 못하고, 세상 풍속이라는 통로로 활동하고 힘을 발휘하고 영향력을 나타낸다. 이러한 세상 풍속은 태어나면서부터 나의 일상생활 가운데 전통문화와 미풍양속과 민간신앙의 형태로 주어져 있었다. 이런 것들을 우상숭배라고 인식하지 못한 채 자연스럽게 받아들이고 있었기에 하나님 앞에 불순종의 아들이고 본질상 진노의 자녀로 살 수밖에 없었다. 그러던 내가 기독교 신앙을 접하게 되는 전환점을 맞이했다.

당시에는 고등학교에 진학하려면 뭍인 인천으로 나가야만 했다. 누나가 이미 한강 이남에 최초로 세워진 미션스쿨인 영화여상에 다니고 있었고, 둘째 이모가 돌보고 있어서 누나와 함께 이모 댁 옆에서 자취하게 되었다. 만석감리교회에 다니던 이모는 어느 날 나를 전도하기 위해 고등부 학생회장을 집으로 데리고 와서 소개해주었다. 섬에서 도시로 나오면서 시골 친구들과 헤어지게 되었고, 고등학교에 입학한 지 얼마 지나지도 않아 친구가 없었기에 새로운 친구들을 사귀고 싶어서 난생 처음 교회라는 곳에 나가기 시작했다.

성경과 찬송가도 없이 예수님이라는 이름도 모른 채 교회에 다녔다. 모든 것이 낯설고 어색하고 나와는 괜히 맞지 않는 것 같아 답답하고 불편했다. 하지만 나를 소개시켜준 이모의 체면도 있고, 친해진 친구들을 만나기 위해서라도 교회를 꾸준히 다녔다. 신앙은 없었지만 학생회 예배 후 동인천역 앞으로 함께 어울려 탁구 치러 다니고 분식집에 다니는 것이 그렇게 재미있었다.

가랑비에 옷 젖는 줄 모른다는 속담처럼 교회 생활에 익숙해지면서 신앙생활도 제대로 해보고 싶어졌다. 하나님은 살아계시고 예수님은 우리의 죄를 위해 십자가에 못 박혀 죽으셨다는 목사님 말씀이 마음으로 와 닿지 않았다. 이런 신앙이 실제 생활에 어떤 도움이 되는지 도통 이해되지 않았다. 머리로만 '그런가 보다'라는 정도였지, 가슴으로는 전혀 동의가 되지 않았고 느껴지지도 않았다. 그래서 철야기도회에 꾸준히 참석하는 열심도 가져봤다. 하나님을 경험하고 싶었다. 그래야만 내가 구원받았다는 확증을 얻는다고 생각했다. 눈에 보이는 어떤 신비한 체험을 가져야만 믿음이 좋아지고 신앙생활도 열정적으로 잘할 수 있을 것이라고 여겼다.

이런 고민을 같은 반 친구에게 말할 기회가 있었는데, 그 친구가 자기네 교회 철야기도회에 오면 경험할 수 있다고 알려줬다. 그래서 그 친구를 따라 인천의 옛 법원 옆에 있던 어느 교회의 철야기도회에 참석하게 되었다. 자정이 넘어가면서 개인기도 시간이 시작되었는데 여기저기서 방언으로 기도하는 사람들, 일어서서 손을 흔들며 방언으로 찬양하는 사람들, 기도하면서 몸에 진동을 일으키는 사람들이 있었다. 심지어 어떤 분은 기도하다가 쓰러졌는데, 친구가 영혼이 몸에서 빠져나가 천국을 경험하는 입신 상태라고 설명해줬다. 그때 '나도 저런 신비한 경험들을 하면 구원의 확신이 생기고 신앙생활을 잘할 수 있겠구나!', '저렇게 하나님을 체험하는구나!' 하는 생각이 들었다.

그 후 '지금껏 신앙생활을 제대로 못하고 있었던 것은 아닐까?', '아직 나는 제대로 된 믿음이 없는 것은 아닐까?' 하는 고민이 생겼다. 친구들은 이런 신비한 체험들 중에 한두 가지는 경험하고 있었다. 그것이 부럽기도 하고 대단하게 보였다. 그래서 우리 교회 철야기도회에 더욱 열심히 참석하고 다른 친구의 교회에도 찾아다니며 신비 체험을 위해 열심히 기도했지만, 나에게는 그런 일들이 일어나지 않았다.

내가 열렬히 신비 체험을 추구했던 데는 이전에 가지고 있었던 무속신앙의 영향이 컸다. 무속신앙에는 눈으로 보이는 기적이나 체험하는 것들이 있기 때문에 의지하게 되는 경향이 있다. 어려서부터 이런 체험적인 무속신앙을 가지고 있다가 교회에 다니게 되니 동일한 방법으로 신앙생활을 하려고 노력했던 것이다. 나는 무속신앙에서는 무속의 신을 체험하는 것이고, 교회에서는 하나님을 체험하는 것이라고 생각하고 있었다. 그런데 이러한 잘못된 믿음이 대학을 입학하면서 완전히 바뀌게 되었다.

대학에 입학하고 이틀 뒤 우연히 한 선배와 학교 도서관에서 만나면서 내 인생의 전환점을 맞이했다.《4영리》라는 작은 소책자를 보여주면서 예수님의 복음을 소개해주는데, 때로는 성경 구절을 읽게 시켰고 이해하면서 따라오는지 확인도 했다. 복음을 끝까지 들은 후 나는 어떤 망설임도 없이 예수님을 나의 구주, 나의 하나님으로 영접했다. 그리 길지 않은 시간이었는데 그때 느꼈던 환희와 전율은 지금도 생생하다. 성령의 역사였기에 가능했던 일이라고 믿는다.

그때까지 나의 신앙생활은 주일에 교회에 빠지지 않고 열심히 다니는 것과 구원의 확신을 얻기 위해 신비한 체험을 추구하는 수준이었다. 내가 내 인생의 주인이었을 뿐만 아니라 신앙생활에서도 마찬가지였다. 그래서 교회에 열심히 다니고 봉사도 열심히 하면 그것이 신앙생활을 잘하는 것이라고 생각했고, 영적인 갈증은 신비한 체험을 하면 자연히 해소되는 것이라고 생각했다.

신앙생활을 내가 주인이 되어 하다 보니 명절에 고향집에 내려가면 제사를 지냈고, 제사상 앞에서 절도 했고, 어머니의 무속신앙에도 여전히 거부감이 없었다. 나는 교회에 다니면서도 한동안 우상숭배를 함께하고 있었다. 예수님을 영접하기 전까지 여전히 우상숭배를 아름다운 전통이나 계승해야 할 미풍양속 정도로 여겨왔다. 그러다 보니 나는 나의 신을 믿는 것이고, 어머니는 어머니의 신을 믿는 것이라 생각했다. 신앙은 개인적인 것이라 서로 간섭이나 강요하지 않는 것이 미덕이라고 생각하던 때였다. 그래서 상대방의 종교를 인정해주고 따라주는 것이 아름다워 보였다.

그런데 예수님을 믿는다는 것이 단순히 교회에 잘 다니는 문제가 아니라 나 중심의 생활에서 그리스도 중심의 생활로 완전히 바뀌는 것이고, 그리스도가 내 마음에 들어오셔서 나의 죄를 용서하시고 그가 원하는 사람이 되도록 그분께 나를 맡기는 것임을 비로소 깨닫게 되었다. '그동안 내 힘으로만 그리고 나 중심으로만 신앙생활을 하려고 해서 힘들었구나!' 예수님을 영접하면서 들었던 첫 번째 깨달음이었다. 이제는 나의 신앙생활뿐만 아니라 내 인생 전부를 그리스도가 주인이 되어 다스리도록 매순간 맡겨야겠다고 결심하게 되었다. 이것이 내가 경험한 구원이었다. 구원의 확신은 어떤 신비한 체험이 아니라 성경 말씀을 통해 확증하게 되었다.

>그러므로 내가 너희에게 알리노니 하나님의 영으로 말하는 자는 누구든지 예수를 저주할 자라 하지 아니하고 또 성령으로 아니하고는 누구든지 예수를 주시라 할 수 없느니라(고전 12:3).

이 말씀을 통해 예수님을 나의 구주, 나의 하나님으로 고백한 것이 나의 노력이나 의지가 아니라 성령의 주권적인 역사였음을 깨달았다. 이전에는 예수님께서 나의 구주, 나의 하나님이 되신다는 것을 그토록 이성적으로 이해하고 싶어도 이해되지 않았고, 의지적으로 믿고 싶어도 믿기지 않았다. 하지만 예수님을 영접할 때 성령께서 역사했기 때문에 너무도 자연스럽게 예수님을 나의 구주, 나의 하나님으로 고백하게 되었고, 이것이 마음속에 크나큰 감동과 감사로 다가왔다. 예수님을 믿은 것이 아니라 믿어진 것이었다.

2000년 전 예수님께서 나의 죄를 위해서 십자가에 못 박히신 사건이 그때 그곳에서만 있었던 일이라고 여겼는데, 성령의 역사로 지금 이곳에서 나의 영혼에 적용되는 사건이 되었다. 성경책 속에서 글로만 읽었던 그리스도의 십자가에서 죽으심과 부활의 말씀이 성령으로 말미암아 나의 삶과 육체 가운데 체험되는 놀라운 순간이었다.

> 만일 우리가 그의 죽으심과 같은 모양으로 연합한 자가 되었으면 또한 그의 부활과 같은 모양으로 연합한 자도 되리라(롬 6:5).

나의 옛사람이 그리스도와 함께 십자가에 못 박혀 죽었고 그리스도의 부활과 함께 새 생명으로 살게 되었다. 그리스도와의 신비한 연합을 경험한 것이다. 내 나름대로 죄짓지 않고 착하게 살아왔다고 생각했는데, 복음의 빛으로 말미암아 마음속의 더럽고 추악한 죄악이 모두 드러나게 되었다. 내가 얼마나 하나님을 대적하며 교만하고 욕망을 따라 살아왔는지 보게 되었다. 거룩한 하나님 앞에 벌레 같은 죄인인 나를 대신해서 그리스도께서 죽으시고 부활하셔서 죄를 용서해주시고 새 생명을 주셨기에, '나의 주님'이라고 고백하지 않을 수 없었다. 이 모든 일은 성령께서 내 영혼에 십자가의 은혜를 적용시켰기에 가능한 일이었다. 나의 이런 첫 번째 성령 체험은 예수님을 나의 주님이라고 고백하는 것에서 시작되었다.

특히 무속신앙을 배경으로 가지고 체험적인 신앙을 추구하던 내가 신앙생활은 감정에 의존하는 것이 아니라 하나님과 그의 말씀인 성경에 근거하는 것임을 새롭게 깨닫게 되었다. 그리스도인은 자신의 느낌이나 감정에 근거해서가 아니라 하나님과 그의 말씀을 믿는 믿음으로 사는 것이고, 특별한 느낌이 있을 수도 있지만 없을지라도 안심해도 된다는 것에 큰 감동을 받았다. 뭔가 해답을 찾은 느낌이었다. 그동안 이기적인 만족과 욕심에 따라 신앙생활을 해왔는데, 이제는 하나님과 성경 중심으로 사는 것이 최우선이고 올바른 것임을 깨달았다. 왠지 모르게 기쁨과 평안 그리고 감사가 밀려왔다. 그전까지는 교회 갈 때 말고는 성경을 펼친 기억이 없었다. 말씀은 주일 설교 때 듣는 것이 전부였고 성경은 언제나 책상 위에 고이 모셔져 있을 뿐이었다. 그런데 영접하는 순간 예수님을 더 알고 싶다는 열망이 생겨 신앙생활의 근거인 성경이 배우고 싶어졌다. 복음을 통해 영적인 곤고함과 갈증이 드러나게 된 것이었다. 하나님과 성경에 대하여 아는 것이 아무것도 없는 나 자신을 비로소 정직하게 보게 되었다. 그런데 신기하게도 복음을 전해준 선배가 다음 날부터 소그룹 성경공부 모임에 초대해줘서 성경을 공부하게 되었다.

예수님을 인격적으로 영접한 일은 내 인생의 커다란 사건이었다. 나 스스로 죄인임을 고백하게 되었고, 그 죄의 중심에는 언제나 이기적인 욕심이 자리 잡고 있었다는 것을 깨달았기 때문이다. 이전까지 교회에 열심히 다녔던 동기는 너무 인간적이어서 종교적인 만족이나 나름의 의미만 찾으려고 했었다. 다른 사람들에게 칭찬을 듣거나 인정받고자 하는 마음도 있었다. 언제나 신앙생활의 중심에 그리스도가 아니라 나 자신이 자리 잡고 있었던 것이다.

그렇다 보니 신앙생활에 자유함이 없었고, 내 감정이나 내 유익이 신앙생활의 기준이 되었고, 환경이나 주변 사람들의 말에 따라 오르락내리락 기복이 심했다. 그러나 이전의 모든 죄를 회개하고 성경 말씀으로 마음의 중심을 잡고 그리스도가 다스리시는 자유함을 누리게 되었다. 이전에는 신앙생활을 무미건조한 고행 길로 여겼는데, 이제는 그리스도가 주관하는 기쁨과 감사가 넘치는 길로 바뀌었다.

이처럼 예수님을 영접한 사건은 내 인생의 방향을 완전히 바꾸어 놓았다. 매일 소그룹 성경공부를 하면서 하나님의 뜻을 알아가는 것이 그렇게 기쁘고 행복할 수 없었다. 성경공부 시간마다 큐티하며 묵상한 말씀을 나누는 시간이 늘 기다려졌다. 성경 말씀을 통해 예수 그리스도 안의 생명을 얻고 하나님의 자녀가 된 것이 그전까지 내가 추구하던 세상의 모든 가치와 의미들을 상대화시켜버렸다.

도둑이 오는 것은 도둑질하고 죽이고 멸망시키려는 것뿐이요 내가 온 것은 양으로 생명을 얻게 하고 더 풍성히 얻게 하려는 것이라(요 10:10).

예수 그리스도 안에서 생명과 풍성한 삶을 얻게 된 것보다 더 감격스럽고 놀라운 일은 세상 어디에서도 발견할 수 없었다. 계속 말씀을 배워가면서 어느 순간 자연스럽게 세상의 유일한 소망인 예수 그리스도의 복음을 위해 살아야겠다는 기도를 하기 시작했다. 오직 나 자신만을 위해 교회에 다녔을 뿐 하나님을 위해 어떤 일도 해본 적이 없었다. 그러한 나에게 하나님이 먼저 찾아오시고 사랑으로 하나님의 자녀로 불러주셨다는 것을 생각만 해도 어떤 말이나 행동으로도 표현할 수 없는 감격과 감동이 밀려왔다.

무속신앙을 배경으로 하는 가정에서 태어나면서부터 무의식적으로 영적인 영향을 받아왔던 나는 교회에 스스로 나갈 확률은 제로에 가까웠다. 아무 이유 없이 교회에 대한 거부감이 있었다. 소극적이든 적극적이든 우상숭배 하는 마음이 있는 사람은 대부분 비슷하다. 교회와 예수님에 대한 어떤 지식도 없으면서 마음 자체가 완고하다. 이것이 우상숭배의 무서운 영향력이다. 종교는 마음이 연약한 자가 의지할 곳을 찾아서 선택하는 것이지 누구의 권면으로 갖는 것이 아니라고 생각했다. 이렇게 완악한 나에게 하나님이 찾아오신 것이다.

만석감리교회를 다니면서, 무속신앙의 영향으로 쉽게 복음을 받아들이지 못하던 완고한 마음이 조금씩 녹기 시작했다. 시간이 지나면서 마음이 열릴 때 하나님은 우연한 만남을 통해 예수님을 나의 구주, 나의 하나님으로 인격적으로 영접할 수 있도록 인도하셨다. 나는 먼저 교회에 다니다가 나중에 우연히 예수님을 믿게 된 경우였는데, 철저한 하나님의 계획과 인도하심이었다. 예수 그리스도를 영접하는 데 내 의지로 한 일은 아무것도 없었다.

> 너희가 나를 택한 것이 아니요 내가 너희를 택하여 세웠나니 이는 너희로 가서 열매를 맺게 하고 또 너희 열매가 항상 있게 하여 내 이름으로 아버지께 무엇을 구하든지 다 받게 하려 함이라 (요 15:16).

하나님의 주권적인 선택에 의해 나는 하나님의 자녀가 되었다. 내가 의지적으로 여러 종교 가운데 하나를 선택한 것이 아니었다. 하나님이 나를 선택하시고 복음으로 초청했을 때 믿음으로 응답했을 뿐이었다. 성령의 강권적인 역사와 감동이 있었기에 자발적으로 기쁨과 감사함으로 예수님을 영접하여 하나님의 자녀가 될 수 있었다. 하나님은 내가 하나님의 자녀라는 것을 입증하기 위해 성령을 선물로 주셨다.

곧 이것을 우리에게 이루게 하시고 보증으로 성령을 우리에게 주신 이는 하나님이시니라(고후 5:5).

내게 내주하시는 성령은 예수님을 나의 주님이라고 고백하게 하셨고(고전 12:3), 하나님을 '아빠 아버지'라고 고백하게 하셨다(롬 8:15). 성경을 통해 하나님은 나의 아버지이고 나는 하나님의 아들이 되었음을 깨닫게 된 것이다. 아버지와 아들의 관계만큼 친밀한 관계가 어디 있단 말인가? 아버지 하나님과 아들 예수님의 친밀한 관계처럼, 하나님은 나에게도 양자의 영, 곧 성령을 주셔서 그와 같은 관계를 맺어주셨다(갈 4:6). 이전에는 하나님이 멀리 계시는 분이라고 생각했는데, 이제는 가까이 계시는 분임을 느낄 수 있었다. 이런 친밀함 가운데 하나님을 아빠라고 부를 수 있게 된 것은 전적인 은혜였다.

내가 기도할 때마다 가장 많이 부르는 호칭은 '아버지' 아니면 '주님'이다. 때로 구체적인 기도 내용으로 간구하지 못하고 답답한 마음 가운데 있을 때, 마음속 깊은 곳으로부터 '아버지…' 또는 '주님…'만 반복하여 부를 때가 있다. 그런데 이런 단순한 고백 가운데 깊은 평안을 얻고 하나님의 따스한 위로와 격려를 경험할 때가 많다. '아버지'라고 하는데, 아버지가 누구보다도 아들의 형편과 사정을 더 잘 알지 않겠는가? '주님'이라고 하는데, 주권자 하나님께서 해결하지 못할 문제와 어려움이 무엇이 있겠는가? 그런데 이와 같이 예수 그리스도를 나의 주님,

나의 하나님으로 고백했던 나의 믿음조차도 나의 어떤 공로가 아닌 하나님의 전적인 은혜였음을 성경을 통해 깨닫게 되었다.

> 너희는 그 은혜에 의하여 믿음으로 말미암아 구원을 받았으니 이것은 너희에게서 난 것이 아니요 하나님의 선물이라 행위에서 난 것이 아니니 이는 누구든지 자랑하지 못하게 함이라(엡 2:8-9).

하나님의 자녀가 되는데 하나님 앞에 내세울 수 있는 선행이나 공로는 아무것도 없었다. 자랑할 만한 것도 없었다. 하나님의 전적인 은혜 앞에 내가 할 수 있는 일은 감사하다는 고백과 내 인생을 드리겠다는 헌신의 약속밖에 없었다. 예수님을 나의 주님이라고 고백한 이상 내 인생의 모든 일에 주님의 뜻과 계획을 물어야만 했다. 이제 더 이상 내 인생의 주인은 나 자신이 아니었다.

이와 같이 나는 예수님을 인격적으로 나의 주님, 나의 하나님으로 영접하고 성령이 내주하시는 하나님의 자녀가 되었다. 반면 어머니는 내림굿을 통해 신들의 정체를 입증하며 인격적으로 영접하고 귀신의 영들이 내주하는 무당이 되었다. 외형적으로 보면 그 과정이 비슷해 보이지만 결과는 상이하다. 마귀는 성령의 사역을 모방하는 것처럼 보인다. 나는 하나님의 아들이 되어 기쁨과 자유함으로 하나님 아버지를 섬기는데, 어머니는 신의 제자가 되어 공포와 속박 가운데 귀신들을 섬겨야 했다. 나와 하나님의 관계는 친밀한 아버지와 아들의 관계인데, 어머니와 귀신들의 관계는 두려움의 주종관계였다. 그렇다 보니 어머니와 나의 삶의 목적과 열매도 크게 달랐다. 어머니는 운명으로 여기며 피동적으로 무당이 되었지만, 나는 하나님을 위해서 자발적으로 섬기며 헌신하기를 원했다.

1991년 몽산포해수욕장에서 있었던 대학생 여름수련회에서 저녁마다 김준곤 목사님의 집회가 있었는데 마지막 날 선교사로 헌신할 사람들에게 일어날 것을 청했다. 하나님께서 원하시고 기뻐하시는 일이라고 믿었기에 나는 주저하지 않고 기쁘고 뜨거운 마음으로 선교사로 나가겠다고 일어섰다. 언제 어디로 나가게 될지 몰랐지만 나의 주인이신 하나님이 부르시는 곳이라면 어디라도 선교사로 나가겠다고 서원했다. 이와 같이 나의 신앙생활의 핵심은 하나님의 뜻과 계획이라면 믿음으로 순종하려고 노력하는 것이었고, 그것이 내 삶의 목적이 되었다.

대학 생활 동안 제자 훈련을 받으며 하나님의 말씀을 알아가면 갈수록 진로에 대한 고민은 깊어만 갔다. 부모님은 내가 안정적인 경찰이나 공무원이 되기를 은근히 바라셨기 때문이다. 부모님의 기대에 대한 부담감이 있었는데 진로를 위해 날마다 기도하다 보면 자꾸 목사가 되어야 한다는 생각이 떠올랐다. 우리 집안은 무속신앙을 가지고 있었고, 나는 우리 집에서 처음으로 예수님을 믿은 사람인데, '과연 목사가 되는 것이 자연스러운 일인가?' 하는 생각이 많이 들었다. '마음속에 떠오른 생각이 내 생각은 아닐까?' 하는 의심도 해봤다. 인간적으로 생각하면 나는 목사가 되고 싶지 않았고 목사가 어떤 일을 하는지도 잘 몰랐다. 그럼에도 기도하면 할수록 마음의 고요함 가운데 목사가 되면 좋겠다는 성령의 감동이 강하게 밀려왔다.

어느 날 곰곰이 기도하면서 나의 신앙생활을 꼼꼼히 돌아봤다. 주님을 위해 열정적이면서 행복하게 신앙생활 하는 모습이었다. 선교단체에서도 열심히 훈련받았고 섬기던 교회에서도 열심히 봉사했다. 영혼에 대한 열정으로 전도도 열심히 했다. 그런데 이전과 다른 점은, 나 자신의 만족이나 다른 사람에게 보이기 위함이나 인정받기 위한 것이 아니었다. 하나님께서 열정적으로 헌신할 수 있는 마음을 주셨고, 그 헌신이 기쁘고 행복하니까 더욱 열심을 내었다. 특별히 말씀을 묵상하고 하나님의 뜻을 깨닫게 되면 그것을 다른 사람과 그렇게 나누고 싶었다. 깨달은 말씀을 나누지 않고는 견딜 수 없을 정도였다. 그래서 친구들이 나를 만나면 너무 길게 말씀을 나누니까 피곤해하기도 했고, 나를 피하기도 했다. 길거리에 다니면서 혼자 마치 누군가에게 설교하듯이 내가 깨달은 말씀을 전하기도 했다. 이런 나의 모습을 지켜보던 친구들에게 "길거리에서 누구와 대화하는 거냐?"라는 질문을 자주 들었다. 나를 모르는 사람이 봤다면 미친 사람이거나 귀신이랑 대화하는 것으로 착각했을 것이다.

깨달은 하나님의 말씀을 나누고 싶다는 열망과 죄에서 구원하는 세상의 유일한 소망이 예수님이라는 믿음 때문에 복음을 위해 살아야겠다는 결심으로 목사가 되는 것에 대하여 점점 깊게 생각하게 되었다. 하지만 하나님의 부르심에 즉각 응답하지 못한 것은 여전히 내 욕망에 따라 살고 싶은 이기적인 욕심이 자리 잡고 있었기 때문이었다. '지금도 하나님을 위해 사는데 굳이 목사까지 해야 되는 것은 아니지 않은가', '제자 훈련도 받았는데 얼마든지 직장 생활하면서 선교사처럼, 목사처럼 살 수 있는 것은 아닌가' 하는 생각도 자리 잡고 있었다. 그런데 결국 진로에 대한 기도 가운데 목사에 대한 생각이 마음속에 지속되면서 어느 순간 나도 모르게 목사가 되겠다고 고백하게 된 것이다. 거의 1년 넘게 갈등하고 고민하면서 내린 결론이었다. 목사가 되겠다고 서원 기도를 하면서 나의 진로는 결정되었다. 그런데 부모님께 말씀드린다는 것이 결코 쉽지 않았다. 아들에 대한 부모님의 기대도 있었고, 무속신앙을 가진 부모가 아들이 목사 된다는 것에 어떻게 반응할지는 불을 보듯 뻔한 일이었다. 그래도 부모님을 속일 수 없어서 아버지에게는 감히 말을 꺼내지 못하고 그래도 어머니와는 관계가 좋았기에 조심스럽게 말을 꺼냈다.

"어머니! 나 학교 졸업하고 목사 할 것 같아요."

"뭐, 그게 뭔데? 목사 되면 가난한 거 아니야?"

어머니는 움찔 당황스러워했다. 교회에 다녀본 적이 없는 어머니는 교회나 목사를 잘 몰랐다. 어머니가 알고 계시는 목사에 대한 이미지는 가난하게 살고 고생한다는 것 정도였다. 그렇다고 목사 하지 말라고 대놓고 반대하지도 않으셨다. '설마'라고 생각하셨던 것이다.

휴학을 하고 전방 부대에 입대해서도 힘든 군 생활 동안 하나님과의 약속인 주일예배를 한 번도 어긴 적이 없을 정도로 믿음의 열심이 특심이었다. 힘든 군 생활 중에 교회에 나가서 찬양을 하면 하나님의 위로와 용기 주심에 그렇게 눈물을 많이 흘렸다. 열심이 특심인지라 이등병 때부터 중대 군종병으로 부대 교회를 섬기며 봉사할 수 있었다. 내무 생활과 야외 훈련 그리고 교회 봉사로 정신없이 군 생활에 적응해갈 무렵 어머니가 무당이 되었다는 소식을 접한 후 첫 휴가를 다녀오게 된 것이었다. 무당 어머니를 만나고 돌아와서도 특별한 대책이나 해법이 없어 염려와 걱정뿐이었다. 누구에게도 말 못하고 있을 무렵 전임 대대 군종병인 나권풍 형제의 위로를 지금도 잊을 수 없다. 우리 부대는 앞에는 대성산이, 뒤에는 적근산이 있는, 사방이 산으로 둘러싸인 곳이었다. 어느 날 주일예배를 마치고 교제 시간에 여러모로 힘들어 하는 나의 모습을 보면서 이렇게 위로해줬다.

"형제! 주위를 한 번 둘러봐. 다 막혀 있지. 그럼 하늘을 봐봐. 열려 있지. 사방이 다 막혀 있어 아무리 막막하더라도 하늘은 항상 열려 있어. 그러니 언제나 하늘을 보며 기도할 수 있잖아. 힘내자."

힘든 군생활과 신앙생활을 기도하면서 잘 이겨내라는 것이었다. 이 말이 막막한 어머니의 문제 앞에서 흔들리지 않고 이겨나갈 수 있도록 큰 위로와 용기가 되었다. 어머니 문세만 생각하면 답답하고 울화통이 터지고 절망하고 대책이 없었는데 열려 있는 하늘을 보며 하나님께 기도할 수 있다는 희망이 생겼다. 사방팔방이 꽉 막혀 있어도 정말 하늘은 열려 있었다. 기도로 하나님을 의지하며 마음의 평안을 조금씩 누릴 수 있었다. 날마다 어머니 문제를 기도하며 어떻게 해결해 나아가야 할지 힘든 시기를 극복해가던 무렵이었다.

군종병들이 함께 성경 공부를 하게 되었는데, 그때 만난 교재가 내 인생에 두 번째 커다란 영향력을 미쳤다. 네덜란드 목사요 신학자 S. G. 더흐라프의 《약속 그리고 구원: 천지창조에서 가나안 정복까지》라는 책이었다. 단행본도 있고 성경 공부 교재도 있었다. 단행본을 읽으면서 진도에 맞추어 성경 공부를 하는데, 한시도 손에서 뗄 수 없을 정도로 나를 매료시켰다. 무당인 어머니를 만나고 돌아온 직후라서 더욱 그랬을 것이다. 어머니 문제로 지푸라기라도 잡고 싶은 심정이었고 영적으로 너무 갈급했던 시기라 한여름의 냉수 같이 다가왔다. 그 책을 읽고 성경 공부를 하면서 어머니 문제의 답을 찾을 것 같은 소망이 생기기 시작했다. 어머니 문제를 끌어안고 어떻게 해결해야 하나 고민하며 좌절과 고통 가운데 있을 때, 하나님이 어머니 문제를 어떻게 다루시는지에 대한 답을 얻을 수 있겠다는 확신이 조금씩 들기 시작했다.

더흐라프가 제시한 답은, 하나님은 주권적으로 연약할 수밖에 없는 인간과 약속을 맺으시고 하나님의 신실하심 때문에 그 약속을 반드시 이루신다는 것이었다. 성경의 주인공은 믿음의 조상이라고 불리는 인물들이 아니라 약속을 주도적으로 이루어 가시는 하나님이라는 것도 배웠다. 하나님은 나에게 어떠한 약속을 주셨고 신실하신 하나님께서 그 약속을 어떻게 이루어 가실 것인가에 대한 소망을 품게 되었다. 성경을 읽는 눈도 새롭게 열리게 되어 인물 중심이 아니라 하나님 중심으로 읽기 시작했다. 어머니 문제도 구원의 역사를 주도적으로 이끌어 가시는 하나님의 관점으로 바라보게 되면서 마음이 한결 가벼워지는 것을 느낄 수 있었다.

더흐라프의 책에서 깨달은 점을 하나 소개한다. 하나님은 아브라함과 사라에게 하나님의 구원 계획을 보여주시면서 언약을 맺고 아들을 주실 것을 약속하셨다. 하지만 사라의 몸은 아들을 낳을 수 있는 상태가 아니었고 시간이 지나면서 하나님의 약속은 멀어지는 것처럼 보였다. 그래서 아브라함은 여러 번 인간적인 방법으로 하나님의 약속을 이루기 위해 상속자를 얻으려고 노력했다. 처음에 아브라함은 상속자로 조카 롯을 생각했지만, 하나님은 재산 문제로 둘 사이를 갈라놓으셨다. 그다음 아브라함은 신실한 종 엘리에셀을 상속자로 생각했다. 하지만 하나님은 이 또한 허락하지 않고 아들을 주실 것에 대한 이전의 약속을 상기시켜주셨다. 그럼에도 아브라함은 마지막으로 이집트에서 취한 여종인 하갈을 통해 아들 이스마엘을 낳았다. 아브라함은 끝까지 자신의 생각과 노력으로 하나님의 약속을 이루려고 했다. 더군다나 아브라함은 심한 기근으로 약속의 땅을 떠나는 연약한 믿음과 이집트에서 아내 사라를 누이라고 속이는 인격적인 결함도 보였다. 이러한 아브라함의 행동들은 하나님의 약속을 이루어 가는 데 방해가 되는 것들이었다. 그런데도 하나님은 그런 아브라함에게 마침내 사라의 몸을 통해 약속하신 아들인 이삭을 주셨다. 그때는 아브라함도 훈련과 연단을 통해 하나님의 약속을 받을 만한 믿음으로 준비되고 성장해 있었다. 하나님께서 아브라함과 맺은 약속의 성취와 구원의 역사는 하나님께 주도권이 있었고, 때로는 연약하더라도 아브라함이 믿음과 순종으로 하나님과 함께 협력했다는 것을 깨닫게 되었다.

이런 깨달음이 신실하신 하나님과 그의 약속을 기록한 성경에 집중하도록 나를 인도했고, 성경을 연구할 수 있도록 동기부여를 해줬다. 이러한 신앙 태도는 어머니 문제를 하나님의 관점으로 바라보도록 믿음의 눈을 열어주는 계기가 되었다. 그 동안 가정복음화를 위해 기도해왔지만 좀더 구체적으로 하나님의 약속의 말씀을 붙잡고 하나님의 신실하심에 의지하여 기도하게 되었다.

> 하나님은 사람이 아니시니 거짓말을 하지 않으시고 인생이 아니시니 후회가 없으시도다 어찌 그 말씀하신 바를 행하지 않으시며 하신 말씀을 실행하지 않으시랴(민 23:19).

하나님은 신실하시고 약속하신 것은 반드시 하나님의 때에 하나님의 방법으로 성취하실 것이라는 것을 고백하게 되었다. 내 육신의 눈에는 무당인 어머니는 난공불락과도 같아서 결코 하나님의 자녀가 될 것처럼 보이지 않았다. 이뿐만 아니라 마귀의 종이자 마귀에게 속박되어 있어서 하나님의 저주를 받은 것처럼 보였다. 하지만 하나님의 약속의 관점에서 어머니의 문제를 접근하면서 마귀라 할지라도 하나님의 권세 아래 굴복하고, 하나님이 하시고자 한다면 못할 일이 없기에 어머니의 영혼 구원에 대한 확신이 싹트기 시작했다. 나의 믿음과 인격이 부족하다 할지라도 믿음으로 순종한다면 하나님이 반드시 이루어 가신다고 확신하게 된 것이다. 이전에 무당 어머니를 생각하며 답답하고 막막하고 좌절하고 힘들었던 것은 나 자신이 연약해서 무당인 어머니가 더 크게 보였기 때문이었다. 그러나 이제는 신실하신 하나님과 약속의 말씀을 먼저 생각하게 되면서, 하나님의 능력과 약속이 더 크게 보이기 시작했다.

> 이르되 주 예수를 믿으라 그리하면 너와 네 집이 구원을 받으리라 하고(행 16:31).

이 약속의 말씀을 붙잡고 무당 어머니를 위해 구체적으로 기도하기 시작했다. 나에게 주어진 처지와 현실만 바라보면 영적으로 곤고해지고, 기도도 할 수 없게 되고, 좌절하고 절망할 수

밖에 없었다. 하지만 하나님을 바라보고 약속의 말씀을 의지하면서 영적으로 힘을 얻게 되었고, 기도가 회복되었고, 차츰 구원의 소망을 얻을 수 있었다.

전임 대대 군종병이 제대하면서 갑자기 내가 후임 군종병이 되었다. 예상치 못한 일이었다. 전방 부대에는 대대 군종병이 부대 교회에서 주일설교를 할 기회가 많았고, 장병들 외에 관사의 가족들인 장교들과 사모님들과 자녀들도 주일예배에 참석하여 그들의 신앙도 돌봐야 했다. 그래서 신학을 공부한 병사를 우선으로 임명하는데 그 기회가 신학을 공부하지 않은 나에게 돌아온 것이었다. 신앙의 열심은 있었지만 신학과 목회가 뭔지도 모르는 내가 주일설교를 하며 대대 군종병 사역을 잘 감당할 수 있을까 걱정이 태산이었다.

그리고 설상가상이라 했던가? 우리 부대가 속한 연대가 전 육군 부대 가운데 유일하게 연대 군종실에 목사가 아닌 법사가 시범 케이스로 파송되었다. 연대교회 목사님께서 2주에 한 번씩 주일 오후에 방문해서 설교도 하시고 군종병 교육도 시켜주셨는데 이런 기회가 모두 없어진 것이다. 세상의 관점으로는 엎친데 덮친 격이지만 영적인 관점으로는 하나님이 나를 더욱 강하게 연단하고 훈련하는 과정이었다.

나는 졸지에 1년 내내 주일마다 장교들도 함께 예배드리는 주일설교를 맡게 되었고, 병사들만 모이는 수요예배에서도 설교해야 했다. 담임목사가 아닌 담임목회를 경험하게 된 것이다.

하나님은 한 교회의 영혼들을 책임지고 그들을 위해 기도하며 말씀으로 인도한다는 것이 어떤 것인지를 20대 초반의 어린 나에게 군인 목회 현장에서 뼈저리게 느끼며 훈련받도록 하셨다. 이런 소중한 과정을 통해 하나님께서 나를 목사로 부르셨다는 소명을 다시 확인시켜주셨고, 더군다나 무당 어머니를 어떻게 바라보고 어떻게 돌봐야 할지 깨닫게 하셨다. 군종병 사역을 하면서 성경 지식도 쌓이고 사람들과 부딪치는 가운데 모난 인격이 다듬어졌고, 나중에 무당 어머니를 만나면서 성경적인 단호한 입장 가운데 융통성 있게 영적인 것과 육적인 것을 구분하며 상대할 수 있었다. 이러한 영적인 연단과 준비의 시간이 없었다면 어머니를 무시하고 상대하지 않았거나, 집을 나와 따로 살기로 마음먹고 어머니의 인생에 개입하지 않으려고 했을지도 모르는 일이었다.

chapter 03
-
신(神)의 선택으로 어머니는 무당이 되다

너희도 알거니와 너희가 이방인으로 있을 때에
말 못하는 우상에게로 끄는 그대로 끌려갔느니라
(고전 12:2)

　　1993년 6월 24일 목요일, 음력 5월 5일 단옷날 어머니는 내림굿을 받고 무당이 되었다. 내가 같은 해 1월 9일 군에 입대해 자대 배치를 받아 군복무를 하고 있을 때였다. 나중에 알게 된 사실이지만, 입대 후 얼마 지나지 않아 갑자기 집안에 우환이 한꺼번에 생겨나기 시작했다고 한다. 아무것도 아닌 일에 집안싸움이 벌어지면서 형제간에 의리가 상하게 되었고, 뜻밖의 사고가 터지면서 돈은 물 새듯 빠져나가고, 어머니는 알 수 없는 병으로 몸져누워 시름시름 앓게 되었다.

　　집안이 풍비박산되어가자 어머니는 무당들을 찾아다니며 점을 보았다. 그런데 만났던 무당들은 하나같이 이 모든 사건이 신의 풍파라고 했다고 한다. 신들이 집안에 다 퍼져 있어서 누군가 내림굿을 받고 신들을 한 사람에게 좌정시켜야 한다는 것이었다. 어머니의 병은 무당이 되기 위한 병인 신병(또는 무병)이라고 했다. 어머니는 시름시름 앓기만 했던 것이 아니라 보름이고 한 달이고 물만 마시며 아무 음식도 먹을 수 없었다. 몸은 점점 말라가는데 이상하게 배고프지도 않고 증세가 악화되지도 않고 아무런 일도 일어나지 않았다. 불면증과 두통에 시달리기도 하고, 잠이라도 들면 꿈이 많고 꿈에서 죽은 조상이나 신령들을 만나는 신비한 경험들을 계속 하게 되었다. 때로는 미친 사람처럼 헛소리를 하며 거리를 배회했고 집에 돌아와서는 언제 그랬냐는 듯이 정상적으로 생활했다. 환청과 귀신이 보이는 환시도 있었다. 이런 것은 모두 신병의 특징이었다.

무속인들은 신병으로 당하는 고통을 '친다'는 말로 표현한다. 무속에서 신들은 자신들을 알아주고 받아주지 않으면 노해서 고통을 준다. 물질로 인한 고통을 당하면 '물질을 친다'라고 하고 몸으로 고통을 당하면 '몸을 친다'라고 하고 가족 중 누군가가 사고나 죽임을 당하면 '가족을 친다'라고 한다. 이런 식으로 어머니만 신병을 앓으며 고통을 당하는 것이 아니라 다른 가족도 함께 신의 풍파를 겪고 있었다.

아버지는 계속되는 집안의 우환으로 마음을 잡지 못하고 자꾸만 집 밖으로만 돌았다. 누나는 마음이 붕 떠서 삶의 갈피를 잡지 못했다. 남동생은 상습적인 거짓말과 도박으로 많은 돈을 잃고 있었고, 가만히 집에 있지 못하며 집 밖으로 떠돌아다니는 생활을 했다. 무당이 나오는 집안에서 보편적으로 일어나는 일들이었다.

신의 풍파나 신기라고 하는 것은 모두 우상숭배의 결과로 마귀 또는 악한 영의 역사들이다. 우리 가족 모두가 이러한 영적인 고통 가운데 있었음에도 유일하게 나만 마귀의 영향이나 공격을 받지 않고 있었다. 오히려 하나님의 영인 성령이 내주하시는 하나님의 자녀인 나를 마귀는 건드릴 수 없었다. 내가 특별한 은사를 받았거나 대단한 믿음이 있어서가 결코 아니었다. 나는 성령으로 거듭난 그리스도인이라는 확신을 성경을 근거로 믿고 있을 뿐이었다.

> 영접하는 자 곧 그 이름을 믿는 자들에게는 하나님의 자녀가 되는 권세를 주셨으니(요1:12).

나는 하나님의 자녀가 되는 권세를 믿고 있었고, 그 권세를 영적으로 어려운 가정환경에서 의지하고 있었을 뿐이었다. 신의 풍파로 휘몰아치는 마귀의 역사 가운데 있었던 가족의 분위기 속에서도 나는 하나님의 자녀라는 확신이 있었다. 그때 하나님의 자녀에게 권세가 있다는 것을 지식이 아니라 체험을 통해 느낄 수 있었다. 하나님의 자녀라는 신분 자체가 권세였던 것이다. 그러기에 마귀나 귀신은 하나님의 자녀를 직접 건드리지 못한다. 오히려 그런 하나님의 자녀를 두려워한다. 우리 가정에 신의 풍파인 마귀의 역사가 휘몰아쳤던 영적 도전들 가운데 내가 경험한 일이다.

무당 어머니를 전도하면서 마귀의 역사 때문에 두려워하고 낙심했던 순간도 있었다. 순전히 나의 연약해진 믿음 때문이었다. 그럼에도 오히려 마귀가 하나님의 자녀인 나를 두려워하고 접근하지도 못하고 떠나간 일은 수없이 많았다.

내가 입대하지 않은 상황에서 어머니가 내림굿 받는 것을 알았다면 어떻게 되었을까 하는 상상을 해본다. 나는 어머니의 내림굿을 격렬하게 반대하며 싸웠을 것이다. 예수님을 안 믿는 불신자들도 가정에서 누군가가 무당이 돼야 한다고 하면 가족의 연까지도 끊으면서 반대하는 것이 인지상정인데, 하나님의 자녀인 나는 어떠했겠는가? 어쩌면 마귀는 이것을 잘 알고 있었기에 내가 입대한 다음에 어머니가 내림굿을 받게 한 것이 아닌가 하는 생각도 든다. 그렇다고 하더라도 생각의 큰 틀에서는 이런 일조차 하나님의 섭리 가운데 있었던 것이라 믿는다.

어머니의 내림굿을 가족이 처음부터 찬성한 것은 아니다. 모두 어머니가 무당이 되는 것을 처음에는 강하게 거부했다. 이해하고 용납할 수 있는 일이 아니었다. 다른 사람들에게 부끄럽고 수치스러운 일이라고 여겼다. 하지만 집안이 더 망할 것 같았고 어머니가 무병을 앓으며 죽겠다고 하니까 어쩔 수 없이 받아들인 것이다. 어떤 무당은 어머니의 사주와 무당이었던 나의 친할머니의 사주가 같아서 어머니가 무당이 되어야만 한다고 했다. 어머니가 점을 봤던 무당들은 어머니가 무당이 되는 것은 신의 선택이라고 했다. 그러기에 인간의 힘으로 거부하는 것은 어불성설이라고 했다. 오히려 그동안 신을 받지 않고 오랜 세월을 버텨서 집안에 우환이 더욱 끊이지 않았다는 것이다.

무당들이 여러 말을 했지만, 어머니가 결정적으로 내림굿을 받기로 결심하게 된 동기는 자신이 내림굿을 받지 않으면 누나에게 영이 흘러서 누나가 무당이 되어야 한다는 것이었다. 여기서 어머니는 눈물이 왈칵 터졌다고 한다. 내 딸만큼은 절대로 무당을 만들 수 없다며 내림굿을 받겠다고 결심했다고 한다.

내림굿은 인격적으로 신들을 영접하는 의식이고, 신의 선택을 인정하고 의지적으로 받아들이는 것이다. 신기가 있고 신병이 있다고 해서 모든 사람이 신을 인정하고 그 신을 받아들이려 하지는 않는다. 어떤 사람들은 신기와 신병의 증상들을 인식하지 못하기도 하고, 인식한다 할지라도 무시하거나 거부하기도 한다. 그래서 신들은 자신들을 알아달라고 계속 괴롭히고 받아들일 때까지 고통과 어려움을 준다는 것이다. 결국 신들을 인정하고 인격적으로 받아들이는 의식이 내림굿이다. 어머니는 가정의 평화와 누나를 위해 무당이 되기로 결심한 이후 단골로 다니던 화수동의 무당 할머니에게 내림굿 받는 것을 상의하러 찾아가셨다.

"누구에게 내림굿을 받을까요?"

"네 발길이 닿는 곳에 가서 내림굿을 받아라."

이렇게 점괘를 따라 어머니의 발길이 닿은 곳에서 만난 분이 같은 동네의 '빵떡 할멈'이라는 무당이었다. 연탄 장수하다가 어느 날 신이 내려서 무당이 되었다는 분이었다. 이분은 큰 만신으로 황해도굿 전수자인 중요무형문화재이기도 했다.

어머니의 내림굿은 철마산 굿당에서 진행되었다. 내림굿을 위해 여러 동료 무당이 동원되었고 내림굿 비용으로 천만 원 이상이 들었다. 어머니께 내려온 신들이 어떤 신들인지는 영적인 집안 내력에서 찾는다. 이것을 신줄기 찾기라고 한다. 조상이 섬기던 신들이 후손에게 내려오는 것이다. 어머니께 신들이 내려왔는데 양가부리로 들어왔다고 했다. 부리는 뿌리, 즉 조상을 의미한다. 어머니는 외가부리와 친가부리에서 모두 신들이 내려왔다. 이것은 나의 외가 쪽 조상들이 섬기던 신들과 친가 쪽 조상들이 섬기던 신들이 내려왔다는 의미다. 무속에서는 이 신들이 올바른 신명인지 거짓 귀신인지 내림굿 의식을 통해 밝히게 된다.

무복 입기는 여러 무복 중에서 어머니께 내려온 신이 누구인지 그에 합당한 옷을 찾아 입고 춤 추며 입증하는 의식이다. 장구와 징의 연주에 맞추어 춤을 추는데, 속도가 빨라지기도 하면서 어느 순간 강신 체험의 특징인 무아지경의 황홀경(ecstasy)을 반드시 경험하게 된다. 이것이 신을 만났다는 표징이다. 그

때 "내가 누구다"라고 소리를 외침으로 신의 정체를 입증한다.

이와 같이 어머니가 받은 신들은 열아홉 신들이었다. 광개토대왕, 최영장군, 삼신할머니, 남성수, 여성수, 옥황상제, 용왕, 대신할머니, 칠성신, 일월성신, 불사대신 등이었다. 모두 기억나지는 않지만 내가 어머니의 신당에서 봤던 신의 이름들이다. 남성수는 영험한 남자 무당이 죽어서 되는 신이고, 여성수는 영험한 여자 무당이 죽어서 되는 신이라는데 나의 친할머니 윗대에도 무당이었던 조상들이 있었다고 한다. 어머니는 이름도 모르고 잘 알지도 못하는 신들을 받아들였다.

어머니는 신들을 받은 후 돼지 한 마리를 통째로 잡아놓고 물을 채운 물동이 위에서 덩실덩실 춤을 추다가 장군신이 실려야만 탈 수 있다는 작두를 타게 되었다. 칼날이 하나인 외작두가 있고 칼날이 두 개인 쌍작두가 있다. 버선을 신고 탈 수도 있고 맨발로 탈 수도 있다. 버선을 신은 것보다 맨발로 타는 것이 신력이 높고 쌍작두 타는 것보다 외작두를 타는 것이 신력이 높아 무당의 영험함이 좋다고 한다. 그런데 어머니는 신력이 높아야만 된다는 맨발로 외작두 타기를 했다. 무당들은 철마산 굿당이 생긴 이래 맨발로 외작두를 탄 무당은 어머니가 처음이라면서 큰 신들이 내렸다고 놀라워했다.

어머니가 맨발로 외작두에 오를 때 내림굿을 주관하고 스승 역할을 하는 신엄마가 주변에 둘러서서 구경하던 신도들이 말을 함부로 하면 신령한 일에 부정을 탈 수 있다며 그들의 입에 다가 창호지를 말아서 물려주었다. 작두 아래에서는 무당을 따르던 신도들이 난리를 벌이고 울고 했다. 외작두 위에 선 어머니는 아래에 있는 신도들에게 신이 인간에게 내리는 언어인 공수를 내렸다. 공수는 미래에 대한 예언의 말인데, 이 예언을 듣고 싶어 난리법석이 난 것이었다.

내림굿을 받은 어머니는 고향인 용유도에 가서도 아랫말 양조장집 마당에서 두 번째 굿을 하게 되었다. 이 집터가 원래는 굿당이었다고 한다. 굿도 영적으로 통하는 지역이 있어서 아무 곳에서나 하는 것이 아니다. 마을에서 굿을 할 때는 동네 이웃들이 에워싸고 구경하고 있었다. 어머니가 맨발로 외작두를 타려고 발을 내딛는 순간 어머니의 눈과 아랫말에 사는 종태 아저씨의 눈이 마주쳤다. 그러자 신엄마가 갑자기 "애야! 부정 탔다. 빨리 내려와라"라고 소리쳤다. 어머니가 작두를 타려는 순간 종태 아저씨 때문에 어머니를 받치던 신들이 떠나는 일이 벌어진 것이다. 그래서 어머니의 발이 작두에 베어 피가 났다. 종태 아저씨는 동네 시골교회에 다니는 분이었고 그분의 어머니는 권사님이었다. 작은 시골 동네이다 보니 알고 지내던 사이였는데 아마도 종태 아저씨가 어머니를 위해 기도했던 것으로 보인다. 어머니는 몸무게가 많이 나가는 편인데도 외작두 위에 몸을 실어도 발에 상처 하나 나지 않는 신력은 높은 분이었음에도 굿하는 자리에서 그리스도인과 눈이 마주쳤다는 것만으로도 마귀가 떠나간 것이다.

어머니는 인천 집으로 돌아와서 세 번째 굿을 했다. 영은 영끼리 통한다고, 우리 집은 이전에 절터였다고 한다. 무속과 절은 영적으로 통한다. 절터의 기운을 눌러주고 무당집에 손님들이 많이 오게 해주고 재물의 복을 비는 재수굿을 했다. 내림굿을 포함해서 세 번의 굿을 한 다음 신당 또는 법당을 차리게 되었다. 신당은 외부에서 잘 보이고 손님들을 맞이하기 쉽게 2층 집 현관에 들어서자마자 오른쪽 방에 꾸며졌다.

신당이 있는 방에 들어서면 앞면에 2층으로 신단이 있고 그곳에 열아홉 신의 신상들이 있었다. 앞 벽면에는 그 신들에 대한 무신도가 걸려 있고, 좌측 벽면에는 열아홉 신의 이름을 고급 용지에 적어서 붙여놓았다. 신당을 차린 후 시간이 지나면서 신단의 신상들과 무구들이 점점 많아졌는데, 어머니의 신도들이 자신이나 가족의 이름으로 빌어달라고 갖다놓은 것들이었다. 신당 위에는 돈도 놓여 있었는데, 백여 명이 넘는 신도들이 소원성취할 내용과 함께 빌어달라고 한 것이었다. 가장 비싸보인 신상은 유리 진열장 안에 백여 개의 작은 불상이 놓여 있던 것으로, 중소기업 사장이 사업 번창을 빌어달라며 갖다놓은 것이라고 했다. 굉장한 구경거리는 부처님 오신 날인 4월 초파일에 어머니의 신도들 수십 명이 연등에 이름과 소원을 적어 신당 천장에 가득 달아놓았던 것이다. 신당 안에 더 이상 달아놓을 곳이 없어 거실과 앞마당에까지 달아놓을 정도였다.

오늘날 무속이나 불교는 영적으로 통하고 별반 차이가 없다.

두 종교 간에 이질적인 교리가 조화를 이루는 습합현상이 역사를 거치며 이루어졌기 때문이다. 그래서 오늘날 대부분의 절에는 무속신앙의 영향으로 칠성각과 산신각이 있고, 무속신앙에도 불교의 신과 용어들이 많이 들어와 있다. 어머니도 불교의 신들을 섬겼고 호칭도 보살이라는 불교 용어로 불렸다. 무속인 중에는 영험함이 떨어지면 절에 가서 기도하는 경우도 많다. 그래서 무속인 중에는 신당을 ○○암이나 ○○사로 명명하고 정식 불교단체에 가입하거나 아예 불교의 한 종파를 만들기도 한다.

신당의 문 쪽 벽면에는 두 개의 액자가 걸려 있었다. 하나는 '대한승공경신연합회 회원증'이었고, 다른 하나는 '무속인 자격증'이었다. 대한승공경신연합회는 강신무에게만 회원 자격을 주는 단체다. 이 단체에 공산주의를 이긴다는 뜻의 승공이라는 단어가 들어가게 된 계기는, 박정희 정권에서 새마을운동의 일환으로 미신 타파를 전개하면서 무속인들이 핍박과 박해를 받게 되자 정부에 잘 보이기 위해 넣은 것이었다. 민주 정부가 들어서고 남북 화해의 분위기가 조성되면서 승공이라는 단어를 삭제하고 요즈음은 '대한경신연합회'라는 이름으로 활동한다. 무속인 회원증이 필요한 이유는 신당에서 기도할 때 징을 두드리거나 시끄러운 소리를 내야 하는데, 그때 옆집에서 시끄럽다고 경찰서에 민원을 제기할 때 회원증이 있으면 법적으로 보호받을 수 있기 때문이다.

실제로 어머니 같은 강신부는 그리 많지 않다고 한다. 무속인들이 말하기를, 무속인이라고 하는 사람들 중에 진짜 강신무는 10퍼센트 정도라고 한다. 진짜 강신무는 내림굿을 통해 올바른 신명들을 입증해야 하고 굿과 점을 보는 무업에 종사하는 무당이어야 한다. 하지만 요즈음에는 신기가 있거나 신병을 앓으면 일부 무속인이 돈벌이 수단으로 무조건 내림굿을 받아야 한다고 속여서 내림굿을 받게 하지만, 무업에 종사하지 않는 무속인들이 많아지고 있다. 설령 내림굿을 받았다 하더라도 강신무가 아닌 경우에는 무업으로 잘 불리지도 못한다. 내림굿을 받은 사람이 모두 진짜 무속인이 되는 것은 아닌 것이다.

어머니는 내림굿을 받고 무당이 되었다. 무속신앙의 관점으로 인간이 거부할 수 없는 신의 선택에 의해 신의 제자가 되었다. 신만을 섬겨야 한다. 어머니가 받은 열아홉 신을 몸주신이라고 부른다. 말 그대로 몸의 주인 행세하는 신들이다. 그래서 신들을 주인으로 잘 섬겨야 한다. 부부 사이가 너무 좋아도 몸주신이 싫어한다. 자식을 너무 사랑해도 질투한다. 그래서 무당들 중에 대략 90퍼센트는 남편과 살지 못하고 이혼한다. 무속의 신과 무속인의 관계는 철저한 순종을 요구하는 주종관계여서 무당은 고독하고 외로울 수밖에 없다.

무속인이 섬기는 신들의 특징이 어떠하냐에 따라 어머니처럼 할아버지신을 받으면 담배도 피우고 술도 마신다. 이전에 술과 담배를 전혀 하지 않던 분인데 신을 받고는 하루에 담배 두세 갑을 피우고 술은 대접으로 마시기 시작했다. 애기 동자신을 받은 무당들은 신당에 아기들이 좋아하는 장남감이나 인형이 가득하고 사탕과 초콜릿을 좋아한다. 무속인들은 자기 인생 없이 신의 삶을 대신하여 사는 사람들이다. 내 마음대로 살려고 하면 신의 벌전이라는 징벌을 받게 된다. 그러기에 무속인들은 기본적으로 신에 대한 공포감이 있고 신에게 속박되어 있다.

어머니는 무당이었을 때 순전히 신점으로 손님들의 점괘를 봤다. 점상 위에는 부채도 있고 방울도 있고 엽전과 쌀을 담은 그릇도 있었다. 모두 점을 볼 때 사용하는 도구들이다. 그런데 어머니는 주로 전날 밤에 미래를 예시하는 꿈인 선몽 또는 예지몽을 꾸었다. 때로는 조상이나 신령을 만나는 현몽으로, 다음 날 어느 방향에서 무슨 문제를 가지고 점 손님이 온다는 것을 신이 꿈에서 알려줬다. 어떤 날에는 손님이 무슨 옷을 입고 방문한다는 것까지 보여주었다고 한다. 그렇지 않은 손님은 점상에 앉으면 열두 대신 할머니가 점괘를 알려줬다. 보통 내림굿 받고 3년 동안은 영험해서 점괘가 가장 잘 맞고 점 손님도 많다고 한다. 그 후로는 신을 받았어도 능구렁이처럼 재주를 부려야 능수능란하게 점 보는 일을 할 수 있다고 한다.

유유상종이라는 말처럼 영적으로도 비슷한 사람끼리 어울린다. 무당은 무당들과 어울려 다닌다. 어머니는 일곱 명의 동료 무당과 큰 굿을 하러 함께 다녔다. 어머니는 그들의 실제 이름보다는 별명으로 불렀는데 갈매기만신, 처녀만신, 애기동자, 새우젓만신, 신엄마인 빵떡 할넘 그리고 다른 두 분의 무당이었다.

함께 큰 굿을 하는데 서로 맡은 파트가 있었다. 굿에서는 거리라고 해서 공연의 한 단위가 있다. 각 거리마다 어떤 무당은 대감굿을 하고, 어떤 무당은 칠성굿을 하고, 다른 무당은 조상굿을 하는 등 담당 영역을 맡아서 하는데, 어머니는 작두를 타고 신의 언어를 대언하는 공수를 내리는 일을 맡았다.

함께 굿하러 다니지 않으면 신당에서 점 손님들을 받는데, 무당에게도 단골 신도들이 있다. 점 보러 오는 손님들 중에 신기 있는 사람들의 신기를 어머니가 많이 벗겨주었다. 구체적으로 말하자면, 굿으로 귀신을 내쫓는 일을 한 것이다. 무속의 신들은 참 신과 거짓 신으로 구분되는데 참신을 올바른 신명 또는 신령이라 하고 거짓 신은 허주, 허깨비, 잡신, 잡귀라고 한다. 무당들은 신기 있는 사람들의 거짓 신을 올바른 신명으로 굿을 해서 내쫓는다. 어떤 무속인은 주문이나 구타, 꾸짖음, 호통 같은 방법으로 쫓아내기도 한다.

어머니는 귀신을 쫓아서 귀신이 가져다주는 정신질환이나 육체의 질병들을 치료했다. 어머니의 점 손님들 중에 굿으로 허주인 귀신을 쫓아서 치료되면 단골 신도가 되고, 이런 식으로 해서 신도가 계속 늘었다. 단골 신도가 100여 명 정도까지 이르렀다. 그들은 정기적으로 어머니를 찾으며 삶의 답답하고 힘든 문제를 상담했고, 어머니는 점괘를 보며 일이 잘 풀리도록 재수굿을 해주거나 액운을 막아주는 굿을 해주었다.

특별히 어머니는 배우지 않았던 황해도굿을 하게 되어 주변 무당들이 중요무형문화재로 추천하려 했다. 이전에 어머니는 점 보러 자주 무당집에 다녔지만 점 보는 일이나 굿하는 일을 배워본 적이 없었다. 그런데 아버지가 황해도 출신이고 조상 가운데 황해도굿을 했던 무당이 있어서, 그 영이 어머니께 내려와 어머니가 황해도굿을 할 수 있었다는 것이다. 어머니는 배우지도 않은 무당 일을 순전히 신의 능력으로 할 수 있었다. 신엄마와 신딸은 스승과 제자의 관계로, 신엄마가 신딸에게 무당의 중요한 기능인 굿과 점 보는 일에 대하여 요령과 수완을 가르쳐준다. 하지만 그 기능들의 기본 능력은 강신 체험을 통해, 즉 마귀로부터 오는 것이다.

어머니가 내림굿을 받고 무당이 된 것은 순전히 우상숭배의 결과였다. 우상숭배의 배후에는 마귀와 악한 영들의 역사가 있었던 것이다. 어머니의 입무 과정을 자세히 설명한 것도 이 과정에서 어머니의 의지로, 또는 배워서 한 것은 아무것도 없었다는 것을 보이기 위함이다. 어머니는 무속신앙을 가진 가정에서 태어나 어려서부터 무속신앙을 자연스럽게 받아들이며 우상인지도 모른 채 우상을 섬겨왔다. 우상숭배는 시간이 지날수록 사그라들지 않고 점점 더 깊어질 뿐이다. 어머니는 무속신앙 속에서 어머니의 의지와 상관없이 우상이 끄는 그대로 끌려간 것이다.

> 너희도 알거니와 너희가 이방인으로 있을 때에 말 못하는 우상에게로 끄는 그대로 끌려갔느니라(고전 12:2).

이렇게 어머니가 내림굿을 받고 무당이 되어 활동한 것은 어느 날 갑자기 찾아온 신의 풍파와 신병 때문만은 아니었다. 신의 풍파가 예측할 수 있게 찾아오는 것은 아니지만 이전부터 그런 징후들이 있었다. 어머니는 이전부터 무속인이나 주변 사람들로부터 대가 세고 신기가 많다는 말을 들었다. 무속신앙을 가진 사람들은 정도의 차이가 있을 뿐, 기본적으로 신기가 있다. 신기는 무속신앙 가운데 귀신의 영향을 받고 반응하게 되는 것을 말한다. 어머니는 무속신앙이 깊었기에 그에 상응하게 신기가 세다는 말을 들은 것이다.

이러한 우상숭배는 귀신과 가까이하며 교제하는 것이고 섬기는 일이다. 그러기에 우상숭배의 결과는 어머니가 무당이 되는 과정에서 살펴보았듯이 인생에 비참한 결과를 초래하고 결국 멸망의 길에 들어서는 것이다.

chapter 04

우상숭배의 결과는 비참함이다

네가 만일 네 하나님 여호와를 잊어버리고
다른 신들을 따라 그들을 섬기며 그들에게 절하면
내가 너희에게 증거하노니 너희가 반드시 멸망할 것이라
(신 8:19)

관심이 있으면 보이게 되고 이해하게 된다. 그동안 무속신앙과 영적 현상들을 철저히 무시하거나 외면했다. 내 가족에게 일어나는 일들이었지만 알고 싶지도 않았고 알려고 하지도 않았다. 개인적인 신앙생활과도 무관하다고 여겨왔다. 그런데 가족 가운데 지속적인 우환을 겪게 되고 어머니가 무당이 되고 보니, 자연스럽게 무속신앙에 관심을 갖게 되면서 우상숭배의 심각성과 비참함을 비로소 깨닫게 되었다. 우상숭배의 심각성을 인식하지 못하거나 무시한다 할지라도 시간이 지나면 반드시 우상숭배의 대가는 비참함으로 돌아온다.

  무당을 이해하기 시작하면서 어머니가 무당이 된 것이 어느 날 갑자기 된 것이 아니라 이전부터 징조들이 있었다는 것을 알게 되었다. 어머니는 무당이 되기 전에 신기가 있다는 말을 자주 들었고 신병도 심하게 앓으셨다. 하지만 어머니 자신뿐 아니라 가족 중 어느 누구도 어머니가 내림굿을 받고 무당이 되리라고는 상상조차 못했다. 어머니는 태어나면서부터 우상숭배 하는 가정에서 자연스럽게 우상숭배의 영향을 받아왔다. 그래서 수많은 제사를 지내며 조상신을 섬겼고, 집 안에는 신주단지를 모셨고, 소원이 있으면 정화수를 떠놓고 칠성신에게 빌었다. 동네에서 옛날부터 전해 내려오는 토속적인 무속신앙을 자연스럽게 받아들이고 있었다. 또한 제사를 지내는 대상은 조상이나 그 배후에는 귀신들이 주인 행세하며 지배력을 가지고 있다. 그래서 우상을 섬기는 것은 곧 귀신을 섬기는 것이다.

    그들은 하나님께 제사하지 아니하고 귀신들에게 하였으니 곧 그들이 알지 못하던 신들, 근래에 들어온 새로운 신들 너희의 조상들이 두려워하지 아니하던 것들이로다(신 32:17).

  더 나아가 이러한 우상숭배는 영적으로 귀신과 교제하는 적극적인 행위다. 불신자들은 귀신과 교제하는 것임을 인식하지 못하고, 교인들은 무시하지만 그 결과로 귀신의 영향과 지배를 받게 된다.

> 무릇 이방인이 제사하는 것은 귀신에게 하는 것이요 하나님께 제사하는 것이 아니니 나는 너희가 귀신과 교제하는 자가 되기를 원하지 아니하노라(고전 10:20).

우상을 섬기면 섬길수록 깊이 빠져들고 우상에 얽매이게 된다. 알게 모르게 귀신의 지배를 점점 더 받게 되는 것이다. 어머니는 우상숭배를 하며 귀신의 영향 가운데 신기가 생겨난 것이다. 우상숭배를 하면 할수록 귀신과 더욱 가까워지기 때문에 신기도 세어졌다. 신기 있는 사람들은 어려움을 당하거나 답답한 일이 생기면 자연스럽게 무당을 찾게 되고 점을 보면 편안해진다. 그래서 어머니는 일이 있을 때마다 영적 코드가 맞는 무당을 열심히 찾아다녔고 점을 의지했다. 특별히 어머니는 동네에 사셨던 노랑저고리 무당 아주머니에게 자주 찾아가 점을 보는 단골 신도였다. 이웃 섬인 소무의도의 다른 이름인 떼무리에 사시는 무당인 떼무리 할머니에게도 자주 점을 보고 굿을 했다. 가끔씩 인천 뭍에 나가면 동네 아주머니들과 유명한 무당집을 찾아다니며 점을 보기도 했다. 이런 행동들은 신기의 징조였다.

점 보는 사람들은 대개 한 집만 단골로 점을 보거나 굿을 하지 않는다. 무속인도 전문 분야가 있는 것처럼 문제의 종류에 따라 그 분야의 점을 잘 보는 것처럼 보이는 무당들을 찾아다닌다.

무속인의 눈으로 보면 무당집에 단골로 다니는 사람들은 대부분 신기가 있다. 결국, 무당을 만나고 점 보는 것에 마음이 끌리고 점을 보면 마음이 편안해지는 것은 영적인 코드가 같기 때문이다. 그래서 어머니는 인생의 중요한 일을 결정할 때나 몸이 아프면 무당을 찾았다.

우리 집에서 가장 중요했던 결정은 아버지가 배를 건조하고 선주가 되는 문제였다. 아버지는 황해도 출신으로 6·25전쟁 때 인천으로 피난 나오셨다가 나중에 어머니의 고향인 용유도로 이사했다. 그래서 처음에는 다른 사람의 배에서 동업하시다가 경제적 여유가 생기면서 아버지 소유의 배를 건조하게 되었다. 조선소에서 배를 건조하기 전에 어느 정도 크기로 만들지, 언제 만드는 것이 좋은지 등을 무당에게 받아서 시작했다. 무속신앙을 가진 사람들은 인생의 중요한 일이나 행사는 길일 또는 손 없는 날을 택한다. 손은 손님의 줄임말로 귀신을 뜻하는데, 손 없는 날은 귀신의 방해나 해코지가 없다고 믿는 날이다.

배가 드디어 완성되어 진수할 때 무당을 모셔다가 큰 굿을 했다. 바다에서 조업하는 아버지의 안전을 위해서, 고기와 꽃게를 많이 잡게 해달라고, 가정과 마을의 평안을 위해서, 그리고 불행을 가져다주는 액운은 물리쳐달라고 바다의 신인 용왕에게 빌고 조상신에게도 빌었다. 그리고 무당의 말에 따라 명주실로 묶은 명태와 아기 색동옷을 기관실 안에 놓아뒀다. 이와 같이 어머니는 인생의 중요한 순간이나 일이 있을 때마다 무속신앙을 의지하며 따랐다.

  나와 관련해서 어머니가 점을 보신 일은 대입 학력고사를 앞두고였다. 떼무리 할머니에게 점을 봤는데, 우리 집 옆에 있는 커다란 감나무 아래 정화수를 떠놓고 새벽마다 빌면 좋은 결과가 있을 거라는 점괘를 받아오셨다. 당시 학력고사는 초겨울에 치러졌는데, 새벽에 일어나서 오로지 아들 잘되게 해달라고 추위를 무릅쓰고 물 떠놓고 어머니는 그렇게 빌고 빌었다. 그러나 이러한 우상숭배는 신을 섬기는 행위가 아니라 철저히 자신의 유익과 행복만을 위한 이기적인 행위였다.

> 너는 자기를 위하여(for yourself) 새긴 우상을 만들지 말고 위로 하늘에 있는 것이나 아래로 땅에 있는 것이나 땅 밑 물 속에 있는 것의 어떤 형상도 만들지 말며(신 5:8).

  집안이 잘되고 자녀들이 잘되는 일이라면 어머니의 치성은 대단했다. 어머니는 가족을 아끼고 사랑하는 마음에 무당을 찾고 물을 떠놓고 빌었지만, 이러한 행위는 불안할 때마다 더욱 무속신앙을 의지하게 만드는 결과를 가져왔고, 행동거지에 얽매이게 만드는 일도 많아졌다. 가령 이사할 때면 방향과 날짜에 맞추어 했다. 이사 후에는 집안에 못질을 하더라도 방향과 날짜를 따져야 했다. 어머니는 음식도 가려 먹었고, 잔칫집과 상갓집도 함부로 다니지 못했다. 부정 타서 잘못되는 일들이 생길 수 있다고 믿었기 때문이다.

하루는 어머니가 집에 계실 때 한 스님이 우리 집 앞으로 지나가게 되었다. 그런데 그 스님이 어머니를 유심히 쳐다보더니 말했다.

"아주머니! 대단하십니다. 그 집터는 절터로 기가 세서 아무나 살 수 없는 집입니다. 아주머니의 대가 세시니까 감당하시는 것입니다."

어머니의 신기가 집터의 기운을 눌러서 집안에 사고가 없다는 의미였다. 실제로 우리 집 전 주인 아저씨가 불의의 사고로 일찍 돌아가셨는데, 집터가 좋지 않아서 그랬다는 소문이 돌았다. 당시 어머니는 스쳐들었다가 무당에게 이 이야기를 꺼내니까 어머니의 신기가 세서 그렇게 말한 것이라고 했다. 그러고 보니 인천의 무당집도 절터였다고 한다. 무속신앙을 가지고 있으면 알게 모르게 영적으로 비슷한 사람이나 장소에 이끌린다.

내가 초등학생이었을 때 어머니가 심하게 아프셔서 몸져누웠던 적이 있다. 심한 감기 증상처럼 열이 나고 오한과 몸살을 앓으셨다. 외할머니는 어머니의 병을 낫게 하는 방법이라며 바가지에 된장을 풀어 된장밥을 지으셔서 어머니께 먹였다. 그리고 어머니의 몸과 집 안을 돌아다니면서 여러 의식을 치른 후에야 어머니의 병이 낫는 것을 종종 봤다. 귀신이 붙어서 생긴 질병이라 귀신을 물리치는 해물림 의식을 한 것이다. 한번은 어머니의 병이 더 심해져서 며칠 동안 꼼짝 못하니까 이번에는 떼무리 할머니 무당을 모셔왔다. 그러고는 굿을 해야 낫는다고 해서 동네 사람들도 우리 집에 모여 굿을 하기 시작했다.

지금도 생생하게 기억나는 장면이 있다. 떼무리 할머니가 쌀을 담은 단지에 대나무를 꽂고 계속 징을 치면서 빌다가 아버지에게 대나무를 잡으라고 했다. 아버지가 잡은 대나무는 흔들리지 않았다. 이번에는 구경하고 있던 동네 아주머니가 대신 대나무를 잡았는데 갑자기 흔들리기 시작했다. 점점 강도가 세지더니 아주머니가 대나무가 움직이는 방향을 따라 안방 옆문으로 나가서 굴뚝 뒤에도 갔다가 나중에는 장독대에 가서 멈췄는데 그곳에 나뭇가지가 있었다. 떼무리 할머니는 그 나뭇가지 때문에 부정 타서 어머니가 아픈 것이니 나뭇가지를 멀리 갖다 버리라고 했다. 굿이 끝나고 며칠이 못 되어 어머니는 건강이 회복되었다. 굿 해서 병이 나은 것이었다. 이렇게 어머니가 자주 아프셔서 무당에게 점을 보면 신병 때문에 이런 일들이 생긴다고 했다. 이런 식으로 어머니는 30대부터 본격적으로 신병을 앓아왔다.

한번은 점을 보러 가니 무당이 "당신의 신이 내 신보다 더 크니 내가 당신에게 점을 봐야겠구먼"이라고 했다고 한다. 이런 말을 자주 듣게 되었고 신의 풍파로 집안에 우환도 끊이지 않았는데, 어머니의 신병이 깊어갈 때 무당들은 이것을 신가물이라고 했다. 신가물은 신의 가문 또는 소유물이라는 뜻이다. 조상 중에 많이 빌거나 도를 닦은 사람들의 영이 후손을 지배한다는 의미다. 이렇다 보니 어머니의 신병이 매우 심할 때는 신의 기운을 누르는 눌림굿을 수십 년 동안 여러 번 반복했다. 결국 신의 풍파를 더 이상 견디지 못하고 신들의 존재를 인정하고 받아들이기로 하는 내림굿을 받은 것이다.

어머니는 우상숭배 가운데 수많은 우환을 겪었고, 재산을 거의 다 잃었고, 건강도 잃었다. 결국 신병을 얻어 내림굿을 받고 무당이 되어 마귀의 종이 되었다. 우상숭배의 결과는 비참함이었다.

> 네가 만일 네 하나님 여호와를 잊어버리고 다른 신들을 따라 그들을 섬기며 그들에게 절하면 내가 너희에게 증거하노니 너희가 반드시 멸망할 것이라(신 8:19).

무엇보다도, 우상숭배의 가장 큰 비참함은 자식에게 대물림된다는 것이다. 어머니가 무당이 되기까지 친정의 영적인 내력과, 결혼하면서 시댁의 영적인 내력이 함께 지대한 영향을 미친 결과였다. 양쪽 집안에서 우상숭배했던 영적 대물림이 어머니께 더 심화된 모습으로 나타난 것이다.

chapter 05
-
우상숭배의 저주는 대물림된다

그것들에게 절하지 말며 그것들을 섬기지 말라
나 네 하나님 여호와는 질투하는 하나님인즉 나를 미워하는 자의 죄를 갚되
아버지로부터 아들에게로 삼사 대까지 이르게 하거니와
(출 20:5)

    어머니는 신가물이라는 말을 자주 들었는데, 신가물은 신의 가문에 속하는 사람이다. 대물림으로 신의 제자, 즉 무당이 나오는 가문이라는 의미다. 신가물은 우상을 섬긴 집안의 내력을 갖게 되고, 조상이 어떤 신들을 섬겼는지가 후손에게 그대로 영향을 미친다. 그래서 후손이 조상이 섬기던 신들을 잘 섬겨야 집안이 평안하고 하는 일이 잘된다고 한다. 하지만 조상이 섬기던 신들을 소홀히 하거나 부정을 타면 집안에 우환이 많아지고 일이 잘 풀리지 않게 되는데, 이것을 신의 풍파라고 한다. 신의 풍

파로 고통과 어려움을 겪을 때 무당에게 가서 점을 보면 섬기던 조상의 신들이 노하거나 편치 못하다고 한다.

조상이 섬기던 신들을 잘 대접하지 못하면 후손에게 풍파가 오는데, 조상신을 섬겼으면 조상 바람이 분다고 하고, 칠성신을 섬겼으면 칠성 바람이 분다고 하고, 부처를 섬겼으면 불사 바람이 분다고 한다. 조상이 공을 들이거나 빌었던 신들이 후손에게 영향을 미치는 것이다. 불신자들은 이러한 영적인 영향력에서 벗어날 수 없기에 오히려 자신의 조상이 섬기던 신들을 더 잘 위해주고 섬겨야 한다. 귀신은 섬기면 섬길수록, 후대로 내려가면 갈수록 더욱 관계가 깊어지고 더 잘 섬겨야 한다. 그렇지 않으면 신의 풍파나 신의 바람을 겪게 된다. 이때 신가물을 겪는 사람이 무당을 찾아가서 점을 보면 내림굿을 받아야 한다는 점괘를 듣게 된다. 그래서 내림굿을 통해 신들을 받아들이게 될 때 그 신들의 뿌리는 조상이 섬기던 신들인 것이다.

무당들은 내림굿을 통해 받은 몸주신이 어떤 신이냐에 따라 불사줄, 도줄, 칠성줄, 조상줄 등을 받았다고 한다. 불사줄은 조상이 절에 다니며 열심히 공덕을 쌓고 빌었기에 불사와 관련된 신을 받은 것이다. 도줄은 조상이 산에서 기도 많이 하고 빌어서 산신과 관련된 신을 받은 것을 의미한다. 칠성줄은 조상이 새벽에 정화수를 떠놓고 북두칠성에 빌었던 칠성신과 관련된 신을 받은 것이다. 이처럼 조상줄은 조상 제사를 지내며 조상과 관련된 신을 받은 것이다. 여기서 줄은 줄기라는 뜻으로, 결국 신들을 섬기던 집안의 내력을 의미한다.

어렸을 때 한 동네에 살았던 외할머니 집에 자주 놀러갔다. 안방 시렁에 신주단지가 있었는데, 여기 쌀이 담겨 있었고 과일도 있었다. 그리고 대청마루 위에는 명주실로 감은 명태가 매달려 있었다. 외할머니는 개성 출신으로 불사가 강한 집안에서 자라며 어려서부터 절에 다녔다. 할머니는 처녀 시절 잠시 성당에 다녔다가 조상을 섬기는 집안으로 시집가면서 다니지 못하게 되었다. 외할아버지는 경기도 출신으로 용유도에서 오래 살았고, 장손으로 1년 내내 집안에 제사가 끊이지 않았다. 어릴 적 기억으로는 거의 매달 제사를 지냈다. 외할아버지는 시제를 드리면 진행을 주관했고, 동네에서는 시체를 염하는 일을 도맡았으며, 장례식에서는 상여 위에 올라탄 인도자가 되었다. 이런 일들은 아무나 하는 일이 아니라 영적인 배경이 있어야 가능하다고 한다. 할아버지는 전문적인 역술인은 아니지만 글을 풀어 사람을 볼 줄 알았고, 풍수지리에 밝아서 묏자리를 보기도 하셨다.

한번은 외할아버지가 크게 분노하신 일이 있었다. 까닭인즉 정성껏 신주단지를 모시며 대감신과 칠성신을 잘 섬겼는데도 제사 지내줄 아들이 없었기 때문이었다. 어머니가 첫째 딸이고 아래로 두 여동생을 어린 나이에 질병으로 잃었으며 6년 만에 자식을 낳았는데 딸, 다음도 딸, 그다음도 딸이었다. 딸만 여섯 명을 낳고 그중에 두 명은 잃었으니 외할아버지가 "개뿔 있긴 뭐 있어"라고 분노하며 안방에 모셔져 있던 신주단지를 화장실에 처박고 작대기로 휘저었다. 하지만 필요한 때면 다시 우상을 찾고 섬기는 습성은 그대로였다. 얼마 지나지 않아 할머니가 칠성신에게 물을 떠놓고 빌었고 아들 둘을 낳자 신주단지는 다시 제자리를 찾았다. 그런데 빌어서 낳은 자식치고 잘되는 경우가 거의 없고 망한다. 그만큼 신을 대접하고 섬겨야 하기 때문이다. 그렇지 못할 경우에는 결국 원인 모르는 극심한 우환을 겪게 된다.

그 후 외가는 편한 날이 없었다. 두 외삼촌은 탈선이 잦아 외할아버지와 외할머니의 속을 많이 태웠고, 부부싸움도 잦아 외할머니는 외할아버지에게 맨날 두들겨 맞으셨다. 어머니의 자매 중에는 어려서부터 신기가 있어 싸리나무 울타리를 훌쩍 훌쩍 뛰어넘는가 하면 우울증과 정신이 이상한 모습을 보이던 형제도 있었다. 그럴 때면 외할머니가 복숭아 나뭇가지로 때려서 귀신을 쫓거나 스님을 불러서 경을 읽어 낫게 하기도 했다. 이런 집안 분위기 때문에 외할머니께서 무당에게 점을 보면 신의 풍파라고 했다. '글로 풀거나 도줄로 서면 집안에 잡음이 없다'는 점괘가 나와서 외할머니가 내림굿을 받아야만 했다고 한다. 그래야만 집안의 신들이 좌정되어 우환이 그치고 편안해질 것이라고 했지만, 외할머니는 내림굿을 받지 않으셨다.

그런데 어느 날 외할아버지가 바닷가에 조업 나갔다가 돌아와서는 약주를 드시더니 인생을 한탄하면서 농약을 드시고 자살했다. 묏자리를 미리 봐두신 곳이 있어서, 살아생전에 "나 죽으면 저기에 묻어다오"라고 자식들에게 입버릇처럼 말했는데 그대로 되었다. 외가 쪽은 조상신을 섬기며 절에 열심히 다니던 집안이었다.

친가 쪽에서 친할아버지와 친할머니는 모두 황해도 연백군 호남면 출신으로 6·25전쟁 당시 피난 나와서 경기도 화성군 매송면에 정착했다. 일찍 돌아가신 친할아버지에 대한 기억은 거의 남아 있지 않다. 할머니 댁에 가면 작은방에는 들어가지 못했고, 나중에는 사랑방에도 들어가지 못했다. 어려서는 왜 그러는지 잘 몰랐는데 나중에 그곳에 신당이 모셔져 있었기 때문이라는 사실을 알았다. 할머니는 손주들에게 안 좋은 영향이라도 있을까봐 철저히 숨기고 막았던 것이다. 대부분의 무속인은 자식에게만큼은 무당 일이 대물림되는 것을 진심으로 원하지 않는다.

할머니는 무당 일을 본격적으로 하지는 않았지만 점상을 놓고 간단한 점사와 부적을 쓰셨다. 이런 무당은 앉아서 점 보는 일을 한다고 해서 앉은거리 무당이라고 한다. 어머니 같은 경우는 일어서서 방방 뛰며 굿을 하는 무당이라고 해서 선거리 무당이라고 한다.

반드시는 아니지만 일반적으로 무당의 대물림은 큰딸에게 이어진다. 하지만 무당 되는 것을 끝까지 거부했을 때는 한 대를 건너 3대째는 반드시 무당이 나온다고 한다. 친할머니는 무당이었고 그 윗대 조상에게도 무당이 있었다고 했다. 친가 쪽의 영적 내력은 무속신앙과 무당이 있는 집안이었다.

어머니가 내림굿을 받을 때 양가부리로 신들을 받았다고 했다. 그래서 어머니는 경기도 출신인데 황해도굿을 한다 하여 이북만신이라고 불렸다. 또한 외가 쪽의 조상 숭배와 절에서 섬기던 신들이 어머니께 내려왔다. 그래서 외가 쪽의 불사줄로 신들을 받았기에 어머니는 보살이라고도 불렸다. 우상숭배는 반드시 후손에게 대물림되는 영향을 미친다.

> 너는 나 외에는 다른 신들을 네게 두지 말라 너를 위하여 새긴 우상을 만들지 말고 또 위로 하늘에 있는 것이나 아래로 땅에 있는 것이나 땅 아래 물 속에 있는 것의 어떤 형상도 만들지 말며 그것들에게 절하지 말며 그것들을 섬기지 말라 나 네 하나님 여호와는 질투하는 하나님인즉 나를 미워하는 자의 죄를 갚되 아버지로부터 아들에게로 삼사 대까지 이르게 하거니와(출 20:3-5).

어머니와 나의 양쪽 집안 조상들은 하나님 외에 다른 신들을 섬겼고 새긴 우상을 만들었다. 하늘에 있는 일월성신의 형상을 만들었고, 땅에 있는 지신과 산신의 형상을 만들었고, 물속에 있는 용왕신의 형상을 만들었다. 이 신상들에 절하며 섬겨왔다. 이 신상들은 모두 어머니의 신단에 모셔져 있던 것이었다. 이러한 우상숭배는 하나님이 미워하시는 것이었고, 죄를 갚되 아비로부터 아들에게로 삼사 대까지 이르는 것이었다. 이 말씀은 어머니가 무당이 되면서 조상의 우상숭배 저주가 그대로 이뤄졌다. 이런 저주는 후손들에게 계속 대물림된다. 우리 가족이 신의 풍파를 겪을 때 나외의 다른 형제들도 내림굿을 받고 무당이 될 가능성이 높았다.

그러나 이런 우상숭배 집안에서 하나님께서 나를 먼저 선택하셔서 예수님의 십자가를 믿게 하심으로 이 모든 저주를 끊어지게 하셨다. 예수 그리스도의 십자가를 믿는 것 외에 저주의 영적 대물림에서 벗어날 길은 어디에도 없다.

> 그리스도께서 우리를 위하여 저주를 받은 바 되사 율법의 저주에서 우리를 속량하셨으니 기록된 바 나무에 달린 자마다 저주 아래에 있는 자라 하였음이라(갈 3:13).

내가 받아 마땅한 우상숭배의 저주는 예수님께서 이미 십자가에 달리심으로 해결하셨다. 예수님의 십자가는 저주에서 나를 완전히 해방시키고 자유하게 만들었다. 하나님의 자녀인 나에게 더 이상 저주는 없다. 우리 집안의 우상숭배의 절정은 어머니가 무당 된 것으로 확연히 나타났지만 하나님은 나를 통해 우리 집안에 흐르는 비참한 저주인 우상숭배를 끊기 시작했다.

십자가의 복음을 통해 집안에 흐르는 우상숭배의 저주를 끊고 영혼 구원을 이루기 위해서는 무당 어머니가 섬기는 신들의 정체를 성경적으로 정확하게 이해할 필요가 있었다. 어머니가 섬기는 신들의 정체가 무엇이며, 어떻게 영적 대물림의 저주에서 해방될 수 있는지는 성경만이 가르쳐주기 때문이다. 성경을 통해 영적인 문제의 해답을 알게 되면 문제는 반드시 풀리게 된다.

chapter 06

정답을 알면 문제는 반드시 풀린다

큰 용이 내쫓기니 옛 뱀 곧 마귀라고도 하고
사탄이라고도 하며 온 천하를 꾀는 자라
그가 땅으로 내쫓기니 그의 사자들도 그와 함께 내쫓기니라
(계 12:9)

예수님을 인격적으로 영접하고 목사로 부르심을 받고 2년 정도 시간이 흘렀을 때, 어머니가 내림굿을 받고 무당이 되었다. 하나님께 감사한 일은 내가 예수님을 믿은 이후 어머니가 무당이 되었다는 사실이다. 그때 나는 선교단체에서 형제들과 신앙 공동체 생활을 하며 매일 아침마다 큐티를 하고 밤 10시에 한자리에 모여 묵상한 말씀을 나누고 기도하는 생활을 해왔다. 말씀과 기도의 경건이 생활화되어 군대 생활에서도 제한적이지만 지속하려고 노력했다. 하나님을 알아가면 갈수록 생기는 영적

갈급함으로 성경 공부와 성경 읽기를 멈추지 않았고, 신앙서적을 꾸준히 읽고 있었다.

영적으로 성장하면서 하나님의 주권과 말씀 중심의 신앙생활을 해야 한다는 확신이 마음에 어느 정도 자리 잡고 있었다. 그러기에 어머니가 무당이 되었다고 했을 때 처음에는 몹시 당혹스럽고 감당하기 힘들었지만, 하나님은 살아계시고 나를 사랑하신다는 마음 깊숙한 곳에서 우러나오는 고백은 부인할 수 없었다. 하나님을 사랑하는 마음으로 어머니를 바라보니 어머니가 섬기는 신들과 어머니의 무당 일에 혼란을 겪지는 않았다. 무당의 신들과 무당 일에 하나님의 말씀인 성경이 무엇이라고 설명하는지 명확하게 이해하고 있었기 때문이다.

무당이 되는 과정에서 신기가 있고, 신병을 앓고, 내림굿을 받는 의식을 반드시 통과하게 되는데, 이런 것들은 모두 신과 관련해서 나타나는 현상이다. 신의 존재를 인정하고 인격적으로 받아들이는 내림굿에서는 먼저 허주굿을 한다. 허주굿이란 가짜 주인 행세를 하는 가짜 귀신인 허주, 잡신, 잡귀를 쫓는 것이다. 그다음 올바른 신령 또는 신명을 받아들이기 위해 신들을 가려내는 가리굿을 한다. 그리고 마지막으로 올바른 신령만을 몸주신으로 받아들이는 내림굿을 통해 비로소 무당이 된다.

무당이 되는 전 과정에 관여하는 신이나 신령의 정체는 무엇인가? 무속신앙에 등장하는 수많은 신은 모두 무당 체험을 통해 밝혀지는 신들이다. 무속신앙에는 경전이 없기 때문에 무당의 신들의 정체와 활동은 정확하게 알 수 없다. 무당의 구전 전승과 체험을 통해만 신들의 정체를 알 수 있을 뿐이다. 이렇다 보니 무속에서는 선신과 악신을 구분하기도 하지만 실제로 그 구분이 애매하고 혼동될 때도 많다. 그래서 무당을 연구하는 사람들에 따라 무당의 신들에 대한 정의, 정체성, 활동 등에 대한 의견이 다양하다.

학자들 중에는 무속신앙의 기원을 단군신화에까지 소급하기도 하는 만큼 무속신앙은 우리나라의 종교, 문화, 정신세계에 지대한 영향을 끼쳐왔다. 이런 측면에서 무속 연구를 하면 학문적인 가치와 유익은 얻을 것이다. 그럼에도 무속신앙에 대한 학문적 연구는 무당의 신들에 대한 본질적인 연구가 되지 못한다. 신병과 무당에 대하여 다양한 학문 분야에서 많은 학자가 연구해 왔고, 정신과 의사나 민속학자 중에는 평생을 바쳐 연구한 분들도 있다. 하지만 이런 연구들은 대부분 심리학적이거나 종교현상학적인 연구를 넘어서지 못한다.

종교학자인 미르치아 엘리아데(Mircea Eliade)는 광범위하고 방대한 자료들을 통해 전 세계에 걸쳐 나타나는 샤머니즘 현상을 종교학적으로 연구해 《샤머니즘(Shamanism)》을 출판했다. 샤머니즘은 우리말로 무속신앙을 의미한다. 엘리아데의 샤머니즘 연구에서 중요한 관심사는 샤먼(무당)의 종교적 체험들이다. 무당은 황홀경을 통해 신과 접촉하며, 신령한 세계와 지상 세계를 연결하는 중매자 역할을 한다. 무당은 신병과 꿈과 여러 환경을 통해 신적인 능력들을 얻어 미래의 길흉화복을 예언하고 질병을 치료하고 악한 영들을 쫓는다. 그는 무당이 입는 의복들과 장구와 북 같은 악기들과 입무 과정의 의례의 상징들을 체계적이고 풍부하게 해석했다.

그러나 엘리아데의 샤머니즘은 종교적 현상들을 연구하여 그것들을 해석하고 의미를 부여한 것에 불과하다. 무당의 신병 체험을 신령한 세계 또는 성스러움에 대한 종교적 체험으로 이해한다. 무속신앙에서 현상학적이고 체험적으로 나타나는 신들(the gods)과 정령들(the spirits)과 죽은 자의 혼들(the souls of the dead)을 모두 인정한다. 그는 샤머니즘적인 체험 자체를 연구했고, 샤머니즘적인 체험을 세계의 보편적인 영성(spirituality)으로 보았다. 하지만 무속신앙의 신들을 종교현상학적으로 인정한 것이지, 그 신들의 정체와 기원은 관심 밖이었다. 그렇다 보니 무당의 접신과 신의 세계를 신령하게 보았고, 그러한 종교적인 인간의 삶을 성스러움(the sacred)으로 해석했다.

반면, 민속학자인 서정범 박사는 무속신앙의 신들과 귀신을 인정하지 않으며 합리적으로 무속신앙을 평생 연구했다. 무속신앙을 학문적으로 연구하며 3000명의 무당들을 인터뷰하고 자료들을 정리하여 《무녀별곡》을 출판했다. 무속신앙의 신을 '기(氣)' 또는 '뇌파'로 정의했다. 무당이 신점을 치는 것은 상대방이 방출하는 기(氣)에 담긴 정보를 해석하거나, 무당의 뇌파로 상대방의 잠재의식을 해득하는 것으로 보았다. 무당이 되는 원인은 불우한 환경에서 자라면서 생긴 애정 결핍과 이 과정에서 자기 보호 본능에 의해 예지력이 생기고 부모의 종교적 심성도 물려받았기 때문이라고 보았다. 귀신은 없는 존재이고 귀신을 보았다는 것은 잠재의식의 공포감이 외부자극에 의해 표출된 심리현상이라고 해석했다.

무속신앙의 신들을 인정하지 않으면서 신병을 정신분석학이나 심리학적으로 분석하여 연구하기도 한다. 무당의 신내림을 정신질환인 인격해리 현상으로 파악하고, 현실의 온갖 고통을 자아가 극복하기 위해 다른 인격체로 분열하는 것으로 이해한다. 그래서 신병 체험을 현실의 고통을 극복하고자 하는 현실도피의 기제이거나 열등의식의 돌파구로 이해한다. 정신분석학에서는 무속인은 불우한 환경 때문에 되었다고 하지만, 무속인은 신의 선택을 받았기 때문에 불우한 환경을 겪다가 무당이 되었다고 한다. 보는 관점에 따라 정반대의 의견이 되는 것이다. 평생 무당을 연구한 정신과 의사는 귀신은 믿으면 있고 안 믿으면 없는 존재라고 결론짓는다.

그래서 무당이 섬기는 신들의 정체성을 근원적으로 명확하게 언급하여 이해할 수 있는 곳은 성경밖에 없다. 성경은 무당이 섬기는 신들의 기원과 본성과 활동을 정확하게 설명한다. 성경에는 귀신을 통해 점치는 무당에 대한 언급이 신약과 구약에 한 곳씩 구체적으로 기록되어 있다. 먼저, 사도행전에서 사도 바울 일행이 빌립보에서 만났던 한 여종이다.

우리가 기도하는 곳에 가다가 점치는 귀신 들린 여종 하나(a slave girl who had a spirit by which she predicted the future, NIV)를 만나니 점으로 그 주인들에게 큰 이익을 주는 자라(행 16:16).

여기서 언급된 점치는 귀신 들린 여종은 무당을 의미한다. 성경적으로 무당은 귀신을 통해 점을 보는 사람이다. 점은 장래 일어날 길흉화복을 예언하는 일이다. 여기서 무당 안에 있는 귀신의 정체에 대하여 영어 성경은 '영(spirit)'이라고 언급하고 있다. 우리나라에서는 귀신의 정체에 대한 오해가 많기 때문에 영어 성경의 표현을 참조하면 귀신의 정확한 정체를 이해하는 데 도움이 된다. 귀신의 정체가 '영(spirit)'이라는 동일한 표현이 사무엘상에서 사울왕이 엔돌의 신접한 여인을 찾아간 장면에서도 등장한다.

사울이 그의 신하들에게 이르되 나를 위하여 신접한 여인을 찾으라 내가 그리로 가서 그에게 물으리라 하니 그의 신하들이 그에게 이르되 보소서 엔돌에 신접한 여인(a woman that hath a familiar spirit at Endor, KJV)이 있나이다(삼상 28:7).

여기서도 엔돌의 신접한 여인은 무당을 의미하는데, 그녀 안에 있는 귀신의 정체도 영어 성경은 동일하게 '영(spirit)'이라고 언급한다. 무당 속에서 점을 보는 존재는 '영(spirit)'인데 한글 성경은 귀신이라고 번역했다.

귀신은 성령과 같은 영적인 존재다. 헬라어 원문에서 성령과 귀신은 모두 같은 단어 '프뉴마(πνεῦμα)'를 사용한다. 문맥에 따라 바람, 숨, 호흡, 영으로 해석된다. '영(spirit)'은 눈에 보이지도 않고(요 3:8), 어떤 형체도 지닌 존재가 아니다(눅 24:39). 귀신의 이미지는 문화의 옷을 입기 때문에 우리나라에서는 뿔 달린 도깨비나 하얀 소복을 입고 창백한 얼굴로 입술에 피를 흘리는 처녀 귀신 등을 연상한다. 하지만 귀신은 '영(spirit)'이기 때문에 이와 같은 이미지나 형체를 띤 존재가 아니다. 그래서 성경은 직접적으로 귀신의 영이라고 언급하기도 한다.

> 그들은 귀신의 영(spirits of demons)이라 이적을 행하여 온 천하 왕들에게 가서 하나님 곧 전능하신 이의 큰 날에 있을 전쟁을 위하여 그들을 모으더라(계 16:14).

하나님의 영(the Spirit of God)은 거룩한 영, 곧 성령(the Holy Spirit)이다(고전 12:3). 하지만 귀신의 영(spirit)이 어떤 영인지는 성경은 다음과 같이 설명한다.

> 회당에 더러운 귀신(a demon, an evil spirit, NIV; a spirit of an unclean devil, KJV) 들린 사람이 있어 크게 소리 질러 이르되 (눅 4:33).

귀신은 악한 영, 곧 악령이다. 귀신에 해당하는 영어는 'demon'이고, 헬라어는 '다이모니온(διαμόνιον)'인데, 신약성경에서 가장 많이 사용된 단어다. 한글 성경에서는 주로 귀신을 '더러운 귀신(the evil spirit)' 또는 '악귀(evil spirits)'로 번역했다. 마가복음에서는 주로 더러운 귀신이라고 번역했고(마10:1; 12:43; 막1:23; 3:11; 5:2; 6:7; 7:25), 누가복음에서는 주로 악귀로 번역했고(눅 7:21; 8:2; 19:12-13; 행19:15-16), 마태복음에서는 'spirits'와 'demons'를 모두 귀신으로 번역했다(마 4:24; 7:22; 8:16; 9:32; 10:8; 11:18; 12:24; 17:18).

> 저물매 사람들이 귀신(demons) 들린 자를 많이 데리고 예수께 오거늘 예수께서 말씀으로 귀신들(spirits)을 쫓아내시고 병든 자들을 다 고치시니(마 8:16).

귀신은 성경적으로 더러운 영 또는 악한 영인데, 여기서 이야기하고 싶은 것은 '악한'과 '더러운'의 기준이 세상의 윤리나 도덕이 아닌 하나님과 하나님의 말씀인 성경이라는 것이다. 오직 하나님만이 선하시고(시 34:8; 143:10) 거룩하신 분이다(레 11:45; 사 6:3). 무당이 악한 영의 지배를 받고 점 보는 일을 하지만 세상의 윤리적 기준에서는 악한 모습으로 보이지 않는다. 무속인은 귀신을 쫓아 질병과 정신질환을 치료해주고, 마음에 맺힌 한과 고통을 풀어주고, 예언을 통해 불안한 마음을 위로해주는 선하고 아름다운 모습으로 비쳐진다. 무속인 중에는 사람들을 속여서 무조건 굿을 해야 한다거나 거짓 예언으로 사기 치는 사람들도 있는데, 그것은 지극히 이기적인 탐욕에서 기인하는 것이 대부분이다. 귀신은 고단수여서 세상의 선하고 아름다운 모습으로 하나님을 대적한다.

귀신은 수많은 무리가 존재하며 그들의 우두머리인 사탄을 시중드는 부하들에 불과하다. 사탄은 귀신의 왕이다(마 12:24-27; 막 3:22; 눅 11:15). 사탄(שָׂטָן)은 히브리어의 음역으로 '대적자'라는 의미가 있다. 사탄은 하나님의 뜻에 대적하는 자다. 귀신들도 사탄의 부하로 하나님의 뜻에 대적하는 활동을 한다.

> 큰 용이 내쫓기니 옛 뱀 곧 마귀(the devil)라고도 하고 사탄(Satan)이라고도 하며 온 천하를 꾀는 자라 그가 땅으로 내쫓기니 그의 사자들(his angels)도 그와 함께 내쫓기니라(계 12:9).

사탄의 기원은 천상의 존재였다가 하나님을 대적하여 이 땅으로 쫓겨난 존재다. 그때 그를 따르는 천사와 같은 영적인 존재들이 있었는데 그들이 바로 귀신이다. 사탄의 다른 이름은 마귀이고, 그를 따르는 귀신들은 온 천하를 꾀는 일을 한다. 마귀의 헬라어는 '디아볼로스(διάβολος)'인데 중상모략하고 훼방한다는 의미가 있다.

예수님께서 공생애를 시작하시기 전에 성령에게 이끌리어

광야에서 마귀(the devil)에게 시험을 받으셨다. 마귀는 어떻게 해서든지 하나님의 일을 방해하려 한다. 그래서 마귀는 예수님께서 메시야로서 하나님의 일을 하지 못하게 하려고 타락한 인간의 원초적인 욕망인 먹는 문제, 명예 문제, 탐심 문제로 유혹했다.

그 때에 예수께서 성령에게 이끌리어 마귀(the devil)에게 시험을 받으러 광야로 가사(마 4:1).

하지만 예수님께서 마귀의 유혹을 받으실 때마다 구약성경의 말씀(신 8:3; 6:16; 6:13)으로 분별하셨고, 마귀를 쫓아내실 때는 사탄이라고 지칭하셨다.

이에 예수께서 말씀하시되 사탄(Satan)아 물러가라 기록되었으되 주 너의 하나님께 경배하고 다만 그를 섬기라 하였느니라(마 4:10).

마귀와 사탄은 동일한 존재다. 그러기에 예수님은 마귀를 향하여 "사탄아 물러가라"며 대적하셨다. 사탄과 귀신은 영적인 존재들로 따로 활동하는 것이 아니라 함께 활동한다. 칠십 인의 제자들이 전도 이후 예수님에게 전도 보고를 하는 데서 잘 나타난다.

칠십 인이 기뻐하며 돌아와 이르되 주여 주의 이름이면 귀신들(the demons)도 우리에게 항복하더이다 예수께서 이르시되 사탄(Satan)이 하늘로부터 번개 같이 떨어지는 것을 내가 보았노라 내가 너희에게 뱀과 전갈을 밟으며 원수의 모든 능력을 제어할 권능을 주었으니 너희를 해칠 자가 결코 없으리라 그러나 귀신들(the spirits)이 너희에게 항복하는 것으로 기뻐하지 말고 너희 이름이 하늘에 기록된 것으로 기뻐하라 하시니라(눅 10:17-20).

제자들은 전도 현장에서 예수님의 이름으로 영적인 존재들(the spirits)인 귀신들(the demons)이 항복하는 것을 보았다. 모든 귀신의 활동은 귀신의 왕인 마귀의 활동이기도 하다. 그래서 귀신들이 항복할 때 예수님은 마귀의 다른 이름인 사탄이 하늘로서 번개 같이 떨어지는 것을 봤다고 말씀하셨다. 마귀의 본성이 하나님을 대적하는 것처럼 그를 따르는 귀신들도 하나님을 대적하는 악한 영적인 존재들이다.

결론적으로, 성경에서 말하는 귀신의 정체는 귀신의 왕인 마귀(the devil)와 그를 따르는 악한 영들(evil spirits)이다. 마귀의 활동은 세상을 꾀고(계 12:9), 거짓말하고(마 8:44), 사람들을 억압하고(행 10:38), 하나님이 허락한 제한된 범위 안에서 생명과 재산과 건강을 빼앗고(욥 1:12), 광명의 천사로 가장하고(고후 11:14), 귀신을 쫓아내는(마 9:34) 등의 일들을 한다. 귀신의 활동은 미혹하고(딤전 4:1), 기적을 행하고(계 16:14), 길흉화복을 예언하고(삼상 28:7; 행16:16), 질병을 가져다주고(행 5:16), 정신질환을 일으키는(막 5:15) 등의 일을 한다. 이런 일들은 따로 벌어지는 것이 아니라 동시에 일어난다. 이러한 귀신의 활동과 무당의 신들이 활동하는 것은 동일한 것이다.

무속인이 받아들인 신령 또는 신명의 존재는 성경에서 언급하는 것처럼 마귀 또는 악한 영들이다. 한글 성경에는 이것들을 한국 문화와 정서를 고려해서 귀신이라고 번역한 것으로 보인다. 그렇다 보니 귀신의 정체를 오해하기도 한다. 무속신앙에서는 귀신을 죽은 사람의 영혼이라고 이해한다. 무속 현장에서 내림굿이나 무속인의 귀신 추방을 보게 되면, 귀신들은 자신들을 가족이나 친척 또는 조상 중에 한 명이라고 말하기 때문이다. 그리고 전통적으로 귀신을 억울하고 원통하고 한이 맺혀서 저승에 가지 못하고 구천에 떠도는 존재라고 이해한다.

사람들은 귀신을 "제명을 다하지 못하고 죽은 불신자의 영혼"이라 말하기도 한다. 이러한 귀신 이해는 무속신앙에서 비롯한 것들이다. 귀신은 결코 죽은 사람의 영혼이 아니며, 죽음 이후 영혼이 이 땅에 머무는 일도 결코 일어나지 않는다.

예수님과 함께 십자가에 못 박혔던 행악자들 중 한 명이 죽음 이후 자신을 기억해줄 것을 요구했을 때 예수님께서 "내가 진실로 네게 이르노니 오늘 네가 나와 함께 낙원에 있으리라"(눅 23:43)고 말씀하셨다. 예수님은 '오늘'이라는 정확한 시간을 언급했고, 죽어서 가는 장소도 구체적으로 '낙원'이라고 언급하셨다. 그 행악자처럼 예수님을 믿고 죽으면 즉시 낙원에 들어간다. 하지만 예수님을 믿지 않던 불신자라면 죽음 이후 음부에서 고통 가운데 있게 된다. 이것을 부자와 나사로의 이야기는 잘 설명해준다(눅 16:19-31). 이와 같이 사람이 죽으면 구원받은 자는 낙원으로 가고 그렇지 못한 자는 음부로 간다. 낙원과 음부의 영혼은 서로 왕래할 수 없고, 결코 이 세상으로 돌아올 수 없다.

그런데 무속인은 죽은 사람의 영혼을 불러내어 몸에 실어서 산 사람과 대화하는 예를 많이 보여준다. 마치 내 가족과 동일한 행동을 하고 목소리도 비슷하고 무엇보다 살아생전의 일들을 똑같이 기억해내기도 한다. 그래서 죽은 사람의 영혼이라고 믿는 것이다. 하지만 이러한 귀신을 불러내는 초혼은 성경이 금하는 것으로, 마귀의 역사에 불과하다.

성경에 나온 초혼의 예를 찾아보자. 엔돌의 신접한 여인을 찾아간 사울 왕은 이 여인이 불러낸 영의 형상과 겉옷의 모양새로 그가 사무엘임을 알게 되었다(삼상 28:13). 사무엘의 영은 하나님이 사울을 떠난 일(삼상 28:16), 그의 왕위가 다윗에게 넘어간 일(삼상 28:17)과 이런 일들이 일어난 것은 사울 왕이 아말렉과의 전쟁에서 불순종했기 때문(삼상 28:18)임을 정확하게 알고 있었다. 더욱 놀라운 일은 사울이 블레셋과의 전쟁을 앞두고 그 결과가 궁금해서 엔돌의 신접한 여인을 찾아갔는데, 그곳에서 하나님의 심판으로 사울이 패할 것이라는 예언을 들었다는 것이다(삼상 28:19). 이 예언은 역사적으로 그대로 이루어졌다. 여기서 엔돌의 무당이 불러낸 사무엘은 그의 영혼도 아니고 마귀의 영이 사무엘처럼 변장한 것이다. 그리고 하나님이 엔돌의 무당을 사용하셔서 사울에 대한 예언도 성취되게 한 것이다. 성경은 죽은 사람의 영혼을 불러내어 접촉하는 모든 행위를 금지했다.

> 진언자나 신접자나 박수나 초혼자를 너희 가운데 용납하지 말라 이런 일을 행하는 모든 자를 여호와께서 가증히 여기시나니 이런 가증한 일로 말미암아 네 하나님 여호와께서 그들을 네 앞에서 쫓아내시느니라(신 18:11-12).

귀신을 불러내어 접촉하는 모든 행위는 죽은 조상의 영혼이 아닌 마귀의 영 또는 악한 영들과 접촉하는 것이고 교제하는 것이다. 그러기에 하나님은 이런 일을 가증하게 여기셨고 이런 일을 행하는 자들은 하나님의 백성 앞에서 쫓아내도록 명령하셨다.

신기, 신병, 신명, 신내림, 몸주신, 신의 제자, 신엄마, 신딸, 신점, 잡신 등 무속신앙에서 언급되는 신의 정확한 정체는 모두 귀신이고 마귀의 영 또는 그를 따르는 악한 영들이다. 무당이 불러낸 영혼이 내 가족, 친척, 조상의 이름으로 동일한 모습으로 나타나고 과거의 일들을 정확하게 알아맞힌다 할지라도, 그것은 하나님이 제한하신 능력 안에서 마귀가 얼마든지 할 수 있는 일들이다.

결국, 어머니가 받아들여 몸주신으로 섬겼던 열아홉 신들의 정체는 성경대로 마귀의 영이고 악한 영들이었다. 무속신앙에서 일반적으로 신령은 인간에게 복을 주고 귀신은 인간에게 재앙을 주는 것으로 이해하지만, 성경은 무당 속의 신령의 기원도 마귀이고 귀신이라고 말한다. 신령은 선신이고 귀신은 악신이어서 무당이 받아들인 신령은 올바른 신이라고 말하는 것도 마귀의 거짓과 속임수에 불과하다. 무당이었던 어머니는 마귀와 귀신의 영들을 받아들이고 날마다 지극 정성으로 섬긴 것이다.

무당인 어머니를 성경의 관점으로 이해할 수 있었던 것은 순전히 하나님의 은혜이고 인도하심이었다. 무당과 무속의 신들을 성경적으로 올바르게 이해하지 못하면 고통당하는 무당의 영혼을 진정으로 구원하지 못할 뿐더러 어떠한 영적인 도움도 줄 수 없다. 어머니는 귀신의 영들을 받아서 인간의 길흉화복을 예언하는 점을 쳤고, 귀신을 내쫓아 병을 고쳤고, 굿을 해주며 답답한 문제를 풀어주고 신도의 소원 성취를 위해 날마다 기도해주었다. 세상의 관점으로 보면, 신의 대리자로서 신의 세계와 인간의 세계를 연결해주고, 고통당하고 아픈 사람들을 위로하고 격려해주는 선하고 아름다운 모습이다. 하지만 이러한 모든 행위는 무당 속의 귀신에 의해 이루어지는 일들이기에 하나님이 가증히 여기는 일이고, 하나님을 대적하는 악한 일이다. 그래서 어머니의 무당 일은 미워하고 예수님의 이름으로 내적했지만, 어머니 본연의 고통당하는 영혼은 불쌍히 여기고 사랑으로 품으려고 노력했다.

어머니는 귀신의 영들을 받아들여 무당의 일을 했던 반면, 나는 예수님을 인격적으로 영접하여 하나님의 영인 성령이 내주하고 계심을 확신하고 있었다. 나의 모든 죄와 허물을 대신하여 하나님의 아들이신 예수님께서 십자가에 달려 피 흘려주심으로 그 피값으로 내가 구원받아 하나님의 자녀가 되었음을 믿고 있었다. 그러기에 내 인생의 소유권이 하나님께 있음을 고백하고 있었다.

> 너희 몸은 너희가 하나님께로부터 받은 바 너희 가운데 계신 성령의 전인 줄을 알지 못하느냐 너희는 너희의 것이 아니라 값으로 산 것이 되었으니 그런즉 너희 몸으로 하나님께 영광을 돌리라 (고전 6:19-20).

나의 몸은 성령의 전이고 그리스도께서 피값으로 산 그리스도의 소유물이다. 그런데 성령이 내주하는 아들과 마귀의 악한 영이 내주하는 무당인 어머니가 한 집에서 생활하게 되었다. 나는 예수님을 나의 주인으로 섬기고 있었고, 어머니는 열아홉 몸주신을 어머니의 주인으로 섬기고 있었다.

문제를 정확하게 진단하고 이해하면 답도 올바르게 찾아갈 수 있다. 마찬가지로 무당과 무당의 신들의 정체를 성경적으로 정확하게 이해할 수 있었기에, 무당 어머니의 영혼 구원 문제에 대한 답을 찾아가는 과정과 그 답도 올바르게 얻을 수 있었다.

chapter 07
-
육적인 싸움이 아니라 영적인 싸움이다

우리의 씨름은 혈과 육을 상대하는 것이 아니요 통치자들과 권세들과
이 어둠의 세상 주관자들과 하늘에 있는 악의 영들을 상대함이라
(엡 6:12)

어머니가 무당 되기 전까지 나는 어머니와 말싸움을 벌여본 적이 없었다. 어머니의 마음을 상하게 하거나 잘못한 행동을 해서 회초리로 맞아본 기억도 없을 정도였다. 그저 착하고 순종적인 아이였고 부모님도 내 의견을 많이 존중하는 편이있다. 그런데 어머니가 무당이 되신 이후 나와 어머니의 영적 갈등과 의견 충돌은 극에 달하게 되었다. 초기에는 신앙 때문에 어머니와 자주 심하게 말다툼을 벌였다. 한 집에 살면서도 서로 불편하고 못마땅하게 여겨 함께 사는 것이 아니었다. 나중에 어머니가 예수님을 영접한 뒤 자주 이렇게 말씀하셨다.

"그때 우리가 왜 서로 싸웠는지 알아? 서로 다른 영을 가졌기에 싸웠던 거야!"

어머니 말씀이 옳다. 어머니와의 싸움은 가치관의 충돌이나 문화충돌 같은 육적인 싸움이 아니라 영적인 싸움이었다. 이것이 싸움의 본질적인 원인이다. 내 안에 계신 분은 성령이고 어머니 안에 있는 것은 귀신의 악한 영들이었기에 영적 갈등과 싸움은 피할 수 없는 일이었다. 어머니가 사랑하는 아들과 싸울 일이 뭐가 있겠는가? 나와 어머니의 영적 갈등은 육적인 어머니와의 싸움이 아니라 어머니 속의 마귀와의 싸움이고 악한 영들과의 싸움이었다. 처음에는 어머니와 함께할 때마다 너무 부딪히고 싸우게 되니까 관계가 너무 힘들었고 그 상황 자체를 피하고 싶었다. 그냥 어머니를 무시하거나 포기하고 싶었다. 다행히 고난 가운데 하나님을 찾고 의지하면서 신앙이 성숙해지고 영적인 싸움을 서서히 인식하면서 어머니를 대하는 태도에도 변화가 생기기 시작했다.

군대에서 두 번째 휴가를 나왔을 때도 어머니는 여전히 굿하러 다니느라 바빠 보였다. 오히려 서로 부딪쳐 싸울 일이 없으니까 어머니가 바쁜 것이 나았는지도 모른다. 신을 받고 3년 동안은 가장 영험한 시기라 해서 이때는 점도 잘 맞추고 굿도 잘한다고 여겨진다. 이 때문인지 어머니는 동료 무당들과 자주 굿하러 다니고 산과 바다로 기도하러 다녔다. 어느 날 어머니가 외출 중일 때 조심스럽게 어머니의 신당에 들어가 봤다. 이전보다 더 화려하게 꾸며져 있었고 신상과 무구가 더 늘어 있었다. 무당을 전도하러 다니며 많은 신당을 봤지만 어머니의 신당보다 크고 화려한 신당을 본 일은 손에 꼽을 정도였다. 어머니의 무당 일이 어느 정도 자리를 잡은 것처럼 보였다. 휴가 중에 누나가 대화 좀 하자며 진지하게 말을 건넸다.

"엄마가 무당인데, 너! 신앙을 포기할 수 없어?"

"누나도 알잖아. 나 목사 되려는 거."

"너는 이기적이야. 너만 생각할래? 어머니와 우리 가족이 어떻게 되든 상관없어? 너 때문에 어머니가 무당 일 하는데 괴로워하는 거 알아? 너 언제까지 어머니하고 싸울 건데?"

지난번 휴가 나왔을 때 가족들이 어머니의 뜻에 따르도록 회유했었음에도 여전히 마음의 변화가 없는 나의 모습에 답답함을 토로했다. 누나는 이전에 책망했던 말과 동일하게 설득하려 했다. 마음의 미동조차 보이지 않자 차분하게 설득하려던 누나는 목소리가 점점 격해지더니 꾸짖듯이 나무랐다.

"한 집안에 종교가 둘이면 망하는 거 몰라? 망하는 꼴 보고 싶어? 너 때문에 집안이 망한다고…."

누나는 가족의 영적이고 경제적인 어려움을 모두 내 책임으로 돌렸다. 나와 어머니의 영적 갈등이 심해지는 것이 종국에는 집안에 파국의 위기를 몰고 올 거라고 염려하는 듯 보였다. 그래도 이전에 교회에 열심히 다녔던 누나였기에 이러한 모습에 착잡함과 답답함이 느껴졌다. 누나도 집안의 우환을 겪으면서 어머니 문제는 신앙으로 극복되는 것이 아니라고 받아들인 것 같았다. 그래도 성경을 조금이라도 알고 있는 누나를 설득해보는 게 어떨까 하는 생각이 들었다.

"누나도 알잖아? 엄마는 마귀를 섬기는 거라고. 엄마는 그게 귀신의 역사인 줄 몰라. 어머니 무당 일 관두고 교회 다니시게 하면 안 될까?"

"너는 그게 가능하다고 생각하니? 신의 풍파로 집안이 풍비박산 나면서 어쩔 수 없이 어머니가 무당이 되었지. 무당 하고 싶어서 하는 건지 알아? 이제 집안이 안정되고 기왕 어머니가 무당이 되어서 마음먹고 제대로 무당 일 해보려고 하는데, 네가 왜 이렇게 방해를 놓는데?"

더 이상 서로 언성만 높아지고 감정만 상하게 되어 대화를 이어갈 수 없었다. 부대 복귀를 얼마 남겨두지 않고 누나가 아버지와 함께 다시 한번 이야기해보자고 했다. 어머니를 위해 신앙을 포기하라고 설득하려는줄 알았다. 그런데 아버지가 뜻밖의 제안을 했다.

"너하고 엄마하고 같이 있으면 맨날 싸우니까 떨어져 있는 게 어떻겠어? 외국으로 유학 가는 거 어때?"

누나와 나의 유학에 대하여 알아본 것 같았다. 내가 몇 년 해외에 나가 있으면 당분간은 어머니와 다투는 일도 없을 것이고, 앞으로 내 생각이 바뀔지도 모른다는 생각을 하신 것 같았다. 나도 그렇게 하는 것이 괜찮은 생각 같다고 대답했다. 해외에 나가

더라도 신앙생활은 잘 유지할 수 있으리라 생각했고, 한편으로는 유학을 보내준다고 하니 기분은 좋았다.

제대 후 유학원에 돌아다니며 유학갈 곳을 알아보고 호주로 유학 가기로 결정했다. 영어 공부하며 서류를 하나둘씩 준비하고 있었다. 제대한 지 며칠 지나지 않아서 친할머니가 우리 집에 방문하셨다.

"애야, 나하고 얘기 좀 하자. 너 어미 뜻 따를 수 없겠냐?"

"할머니, 정말 죄송한데요. 그럴 수는 없어요. 저 목사 되려고 하는데요."

"그래, 그럼 한 가지만 부탁하자. 절대로 신당에 성경과 찬송가를 숨겨놓지 말거라."

어머니께 신의 벌전으로 안 좋은 일이 생기거나 점 손님이 오는 데 방해가 될까봐 염려하신 것 같았다. 할머니의 염려와 달리 나는 성경책을 신당에 숨겨둘 마음도 없었고 혹시 내가 숨겨놓는다 해도 당시 어머니의 신력으로는 충분히 찾을 수 있었다. 집 안에서 성경책과 찬송가를 찾아내 갖다 버린 적이 벌써 여러 번 있었다. 이 때문에 자주 싸우다 보니 아예 성경책과 찬송가는 동네 도서관에 놔두고 다녔다.

제대하고 집에 머무는 시간이 길어지면서 어머니와 이야기할 시간들이 생기기 시작했다. 어머니는 나를 회유하려고 자주 이런 말씀을 하셨다.

"믿음은 다 같은 믿음이야. 신은 같다. 너는 너의 신을 믿는 거고 나는 나의 신을 믿는 거야. 다 마음으로 의지하는 거라고. 다 잘되라고 믿는 건데. 네 것만 고집하지 마라."

"어머니! 다 같은 믿음이 아니에요. 참 신이 있고 거짓 신이 있어요. 하나님은 진짜 신이고 무당의 신은 가짜 신이에요. 사람이 만든 신들이라고요. 우상을 섬기는 거예요. 마귀가 역사하는 거라고요."

나는 성경에서 우상숭배에 대하여 가르치는 대로 어머니께 진지하고 고지식하게 반박했다. 눈치를 살피며 큰 용기를 가지고 설명한 것이었다. 한번은 대화의 끝이 어떻게 마무리되든 어머니와 신앙적인 논쟁을 해보고 싶었다. 사실 영적인 문제가 논쟁으로 결론이 나고 해결되는 것이 아니라는 것을 알고 있었다. 오히려 논쟁은 또 다른 논쟁을 불러오고 격한 싸움과 깊은 갈등만 가져온다는 것도 알고 있었다. 그럼에도 한번쯤은 나의 영적인 도전을 어머니께 선포해보고 싶었고, 그 반응도 궁금했다.

"어머니, 예수님 믿고 교회 다니시면 안 돼요? 어머니가 섬기는 신들은 마귀예요. 귀신들이라고요."

무당이 된 지 얼마 안 되는 어머니께 겁 없이 복음을 전해보려고 했다. 그런데 이것이 어머니를 영적으로 격동시켰다. 갑자기 어머니의 눈빛과 목소리가 날카로워지며 나에게 한방을 날렸다.

"귀신 씨나락 까먹는 소리하고 있네. 뭐? 마귀? 말 같지도 않은 소리 당장 집어치워!"

어머니의 고집은 이전부터 황소고집이었다. 좀처럼 생각을 바꾸는 분이 아니었다. 무속신앙의 영향을 받는 사람은 일반적으로 이와 비슷하게 반응한다. 무속인은 자신이 섬기는 신이 모두 최고신이기에 전반적으로 고집이 세다. 그래서 그들은 같은 신들을 섬기는 것이 아니기에 연합하기도 힘들고 어렵다.

고집이 셌던 어머니도 예전에는 자식들이 교회에 다니는 것을 반대하지 않았다. 어머니는 종종 "교회에 다녀서 나쁜 사람이 되는 경우는 없다더라"며 나와 누나가 교회에 다니는 것에 관대하셨다. 그런데 지금은 귀신의 영에 사로잡힌 무당이 되고 나니 나의 전도에 강하게 거부할 수밖에 없었다. 우상숭배가 심한 사람들은 복음에 대한 영적인 거부감이 강하다. 무당인 어머니와 신앙적인 대화 자체가 불가능했다. 더군다나, 어머니가 무당이 되신 지 2년이 가까워지는 시기라 점 손님들을 많이 받고 있었고 단골 신도도 늘고 있었다. 속된 말로 영빨이 센 시기였다. 그동안 다양한 점 손님들을 만난 것 같았다. 하루는 나를 회유하려는 듯 교회 다니면서 점 보러 오는 손님들을 언급했다.

"너 그거 알아? 너무 교회에 빠지지 마라. 교회 다니는 사람들도 점 보러 왔었다."

"어머니, 그게 무슨 말씀이세요?"

"교회에 오래 다녔다는 사람들도 앞날이 불안하고 무엇이 잘 될 것인지 궁금하면 점만 잘 보러 오더라."

"거짓말하지 마세요."

"내가 왜 거짓말해? 내 손님 다섯에 하나는 교회 다니는 사람들이야. 사람은 답답하고 일이 풀리지 않으면 무당 찾게 되어 있어."

한번은 우연히 어머니가 20대 후반 여성의 점을 보는 모습을 보게 되었다. 그 여성이 나간 후 어머니가 나에게 이런 말씀을 했다.

"저 여성이 뭘 점 보고 갔는지 아냐? 취업이 안 돼서 어떤 직업을 가져야 하는지 물으러 왔더라. 그런데 딱 보니 교회 다니는 것 같기에 물어보니 모태신앙이더라. 그래서 내가 말했지. 신은 다 같은 신이니까 당신의 신이나 잘 섬겨라. 교회 잘 다니고 헌금 잘해라 그러면 취업될 테니까."

이 말을 듣는데 씁쓸한 마음을 금할 수 없었다. 어머니를 전도하는데 힘들었던 이유 중 하나가 교회 다니면서 점 보러 오는 손님들이었다. 그 사람들이 어머니의 마음을 더욱 완고하게 만들고 있었다. 나중에 어머니가 예수님을 믿고 난 후 이전에 어머니가 했던 말들을 확인해 보았다.

"어머니! 이전에 교회 다니면서 점 보러 오는 손님이 많다고 말씀하신 거 사실이에요? 날 설득하려고 꾸며낸 이야기 아니었어요?"

"그건 사실이었어. 교회에 오래 다녔다고 모두 하나님을 진실하게 믿겠냐? 교회 다닌다고 다 똑같은 신자겠냐?"

어머니는 망설임도 없이 단호하게 대답했다. 군 제대 후 이전보다는 큰 무리 없이 어머니와 일상적인 대화는 지혜롭게 할 수 있었다. 어머니와 나는 서로 다른 영을 가졌기에 영적인 자극을 하면, 순식간에 싸움으로 번진다는 것을 이전 경험을 통해 잘 알고 있었다. 그래서 되도록이면 신앙적인 말은 제외하여 부딪히지 않고 말다툼도 하지 않으려고 노력했다. 군대에 있는 동안 기도하면서 영적으로 준비되기도 했고, 어머니를 인격적이고 성숙하게 대할 수 있었기 때문이었다.

게다가 호주 유학을 준비하고 있어서 조금 있으면 어머니와 헤어질 것도 염두에 두었다. 그래서 어머니의 어떤 자극에도 반응하지 않고 인내하며 참을 수 있었다. 유학이 어느 정도 준비되어 어느 시기에 출국할지 아버지와 상의하던 중이었다. 어느 날 아버지가 이런 말씀을 하셨다.

"지금 집안 사정으로 너에게 유학비는 1년만 대줄 수 있다. 그리고 그다음부터는 어머니가 버는 돈으로 유학비 대줄 테니까 신앙 포기해라. 네가 교회 다니면 어머니의 무업에 방해가 되고 성공할 수 없다고 한다."

갑자기 여러 고민이 들었다. '어머니가 점 보고 귀신이 벌어주는 돈으로 공부하는 것이 괜찮나?'라는 부끄러운 고민도 들었다. 마음이 너무 불편해졌다. 신앙 포기를 담보로 유학을 간다는 것은 하나님의 뜻이 아니라는 확신이 생겼다. 그래서 부모님께 결연하게 대답했다.

"신앙은 포기할 수 없어요. 저 유학 가지 않을래요."

옆에서 듣고만 있던 어머니의 눈에 갑자기 힘이 들어가고 눈빛이 매서워졌다. 그리고 쇳소리 같은 느낌의 섬뜩한 목소리가 날아왔다.

"내 뜻 따르지 않을 거면 칼로 내 목을 콱…. 그냥 따서 죽어 버릴 거야."

정신 차릴 여유도 없이 소름과 무서움이 몰려왔다. 어머니와 말다툼을 자주 했어도 이같이 극단적으로 말한 적이 없었다. 이렇게 말씀하시는 성품도 아니었다. 한순간 머릿속이 멍해졌다. 서둘러 어떻게든 어머니의 마음을 진정시키고 싶었다.

"엄마! 왜 그런 섬뜩한 말씀을 하세요? 죽긴 왜 죽어요."

다시 한번 어머니의 카랑카랑한 목소리가 들려왔다.

"너! 내 뜻 안 따를 거야?"

나와 어머니의 대화를 듣고 있던 아버지가 나를 안방으로 불렀다. 처음에는 아무 말씀 없이 연신 담배를 피웠다. 이것이 나를 더욱 불편하고 공포스럽게 했다. 잠시 침묵이 흐른 뒤 걸쭉한 욕도 섞어가면서 거칠게 훈계하기 시작했다.

"너! 엄마 뜻 안 따라? 네가 뭔데 집안을 이렇게 혼란스럽게 만들고 있어. 4 대 1이야. 너 빼고 모두 엄마 뜻 따르고 있는데 네가 왜 집안 전체를 힘들게 하는데? 엄마가 다시 아프고 집안이 풍비박산 나야겠어? 어떻게 할 거야? 야! 인마! 어떻게 할 거야?"

다시 침묵이 흐르고 나는 아무 대답도 하지 못하고 있었다.

감정을 억누르면서 나를 설득하기 위한 아버지의 협박이 계속됐다.

"부모가 자식에게 소금 가마니를 등에 지고 물로 끌라 하면 이치에 맞지 않아도 그렇게 하는 게 자식 된 도리인데, 너는 어떻게 된 놈이 네 고집만 피우는 거야. 너는 김일성보다 더 나쁜 놈이야. 김일성은 휴전선 이북에서 나쁜 짓해서 나에게 피해는 주지 않지. 너는 자식이잖아. 그런데 가족의 뜻을 따르지도 않고 엄마 무당 일도 못하게 방해하고 있어."

나는 여전히 아무 대답도 할 수 없었다. 이것이 아버지의 분노를 더욱 격발시키는 것 같았다. 아버지는 왼손으로 뾰족한 크리스털 재떨이를 들었다 놨다 하고 있었다. 나는 '저 재떨이로 맞으면 되게 아플 텐데. 피나겠지. 하나님! 저 재떨이 날아오지 않게 해주세요'라고 속으로 계속 기도하고 있는데 갑자기 엄청난 욕설과 함께 마지막 경고가 날아왔다.

"야 이 새끼야! 엄마 뜻 따르지 않으려면 지금 당장 집 나가. 두 번 다시 집에 들어오지 마."

욕설과 고함지르는 아버지 앞에서 내가 할 수 있는 일은 도망치는 것뿐이었다. 무슨 사달이라도 벌어질 살벌한 분위기였다. 그래서 부랴부랴 슬리퍼만 신고 집 밖으로 빠져나왔다. 딸랑 운동복 차림뿐이라 어떻게 해야 하나 고민이었다. 당장 집에 돌아가면 아버지에게 맞아 죽을 것 같고 그렇다고 어디 갈 곳도 없었다. 다행히 주머니에서 동전이 손에 잡혔다. 무작정 버스를 타고 만석감리교회 청년부 담당인 안효석 목사님을 찾아갔다. 교회 사무실에서 만나 그간의 집안 사정과 방금 전 상황을 말씀드리며 어떻게 해야 좋을지 여쭈었다. 곰곰이 생각하던 목사님께서 내 형편을 안타까워하며 조언해주셨다.

"아무래도 다시 집에 돌아가는 것은 무리인 것 같아. 조금 힘들더라도 집을 떠나서 상황을 다시 지켜보는 게 좋을 것 같은데…. 기도하면서 하나님께 지혜를 구하고 무어라 말씀하시는지 기도 응답을 받아보자. 어디 갈 곳은 있어?"

그때 한 분이 떠올랐다. 군 입대 전 청주에서 신앙 공동체인 사랑방에서 함께 생활했던 송주형 간사님이었다.

"청주에 갈 곳이 있어요."

"그럼 잘 됐네. 나도 기도해줄 테니까 힘내자."

그러고 나서 목사님은 5만 원을 내 손에 집어주셨다. 목사님의 조언처럼 좀 떨어져서 기도하며 하나님의 지혜와 방법을 구하는 것이 필요한 시기라는 생각이 들었다. 집으로 돌아와 살짝 현관문으로 들어가 잠시 집을 떠나 있기 위해 옷을 챙기고 있는데 아버지께 들켰다. 아버지는 곧바로 "너 지금 집 나가면 두 번 다시 집에 못 들어올 줄 알아. 다시는 안 볼 테니까 그런 줄 알아"라며 마지막 경고를 하셨다.

아버지의 말씀에 대답도 못하고 대충 짐을 챙겨서 가방 하나 메고 밖으로 나오는데 갑자기 비가 억수같이 쏟아지기 시작했다. 몹시 분노하신 아버지 때문에 우산을 가지러 다시 집으로 돌아갈 수 없었다. 비를 맞으며 인천터미널로 갔다. 영화나 드라마에서 슬픈 장면이 나오면 비가 오는데 내가 바로 그 상황의 주인공이었다. '내 처지가 얼마나 슬펐으면 하나님도 우시겠나?'라고 생각하며 차창 밖으로 흘러내리는 빗물을 보면서 거의 두 시간 반을 울었다. 그런데 희한하게도 마음이 불안하고 염려되는 것이 아니라 따뜻해지고 평안함이 느껴지며 성령의 감동이 밀려왔다. '아들아! 내가 너를 기뻐하노라. 내가 너와 함께하노라.'

버스 안에서의 눈물은 집에서 쫓겨나서 슬퍼서 흘린 눈물이 아니었다. 신앙을 포기하지 않고 지키려 했던 나를 하나님이 기뻐하신다는 사실에 감격해서 흘리는 눈물이었다. 마음속에 들려왔던 소리는 성령의 음성이었다고 확신한다. 내 영혼에 큰 위로가 되었다. 청주 시외버스터미널에 도착하자 이미 간사님이 마중 나와 계셨다. 언제나 친형처럼 고민거리를 들어주고 챙겨주시던 분이다. 당시 간사님은 결혼한 지 얼마 되지 않았는데 신혼집에 방 하나를 내어주셨다. 다음 날 부모님이 너무 걱정이 되어 전화를 걸었다. 아버지와 어머니는 여전히 분노가 가득 차 있었다. 수화기 너머로 격분에 찬 아버지의 목소리가 들려왔다.

"앞으로 호적에서 네 이름 팔 테니까 그런 줄 알아. 너하고 이제 부모 자식 간의 인연은 끝이야. 두 번 다시 집에 들어올 생각하지 마라."

옆에서 듣고 있던 누나가 흥분된 목소리로 전화기를 건네받았다.

"어제 집에 난리 났었어. 엄마가 네 모든 물건을 앞마당에서 불태워버렸어."

집에 놔두고 온 물건들은 여러 신앙서적과 교재, 옷가지, 앨범, 기념품 등이었다. 그런데 어머니가 비 오는 와중에 이 모든 물건을 불태워 없앤 것이었다. 특별히 끔찍스러웠던 것은 교회에서 받아온 수건들에 새겨진 십자가 부분만 가위로 다 오려냈다는 것이었다. 이 사건 때문에 나의 24년 동안의 모든 과거는 흔적도 없이 사라지게 되었다. 그래서 지금도 어렸을 때 사진이 하나도 없다. 나중에 어머니가 예수님을 믿고 그때 목 따서 죽어 버릴 거라고 말한 것과 내 물건을 모두 불태운 것에 대하여 여쭤봤다. 어머니가 차분하게 설명했다.

"그때는 제정신이 아니었어. 너하고 영이 다르니까 그랬던 거지. 귀신 바가지니까 그랬던 거야."

어머니가 목 따서 죽어 버리겠다고 했을 때는 결코 평상시 어머니의 모습은 아니었다. 어머니가 잘못되는 것은 아닌지 엄청나게 불안했다. 그때가 어머니께 가장 과격하고 위협적인 말을 들었던 순간이었고 영적 갈등이 극에 달한 상황이었다. 어머니가 칼로 목 따서 죽는다고 했을 때, 중학교 때에 읽었던 김동리의 단편소설 〈무녀도〉가 떠올랐다. 주인공인 무당 어머니와 서양 예수교를 받아들인 아들이 갈등하다가 둘 다 죽는 비극적인 이야기인데, 그 생각이 한동안 머리에서 떠나지 않았다. 하지만 마음 한편으로는 하나님이 생명의 주권자이시고 마귀도 하나님의 허락 하에서 제한된 능력으로 활동하는데, 어머니께 비극적인 일은 일어나지 않을 거라는 믿음을 붙잡고 있었다. "여호와께서 사탄에게 이르시되 내가 그를 네 손에 맡기노라 다만 그의 생명은 해하지 말지니라"(욥 2:6)고 말씀하신 것처럼, 집을 떠나 있는 동안 이 약속의 말씀을 붙잡고 어머니께 아무 일도 일어나지 않을 것을 믿으며 기도했다.

간사님 집에서 며칠을 지내는 동안 함께 기도하며 마음이 안정되고 보니 앞날에 대한 대책을 세워야 했다. 그날부터 벼룩시장 인력광고란을 보며 일용직 잡부 일을 구했는데 처음 몇 달은 춘천에서 시설하우스 짓는 일을 했고, 그다음에는 평택의 아파트 현장에서 숙식을 제공받는 잡부 일을 하며 복학하기 전까지 학자금을 충분히 모을 수 있었다.

집을 떠나 있었지만 부모님께 혹시나 안 좋은 일이 생기면 어떡하나 염려 되어 안부를 묻기 위해 가끔씩 전화를 걸었다. 시간이 지나면서 부모님의 분노도 많이 수그러들어 있었다. 그러던 어느 날 어머니와 통화하게 됐는데, 어머니가 나의 어릴 적 이야기를 꺼내며 다시 회유하려고 하셨다.

"너는 내 뜻 안 따르면 길바닥에 걸인 깔고 점 볼 팔자로 태어났어. 네가 선학동에서 태어났을 때 탯줄을 목에 걸고 태어난 거 알아? 네가 태어나기 전에 무당 불러다 너를 위해 한 번 빌었고, 태어나서 얼마 지나지 않아 다시 너를 위해 빌었어. 너는 칠성의 아들이라고."

내가 칠성의 아들로 태어나 점 볼 팔자라는 말이 어머니가 내 마음을 돌이키기 위해 한 마지막 회유였던 것으로 기억한다. 이런 말에 믿음이 흔들리지 않았고, 나중에 어머니가 예수님을 믿은 후 이 말이 기억나서 어머니께 여쭤보니 순전히 귀신이 한 이야기라고 말씀해주셨다.

그런데 특이하게도 내가 목에 탯줄을 감고 태어난 것은 사실이었다. 나를 위해 두 번 무당이 와서 건강하게 태어나고 자라게 해달라고 빈 것도 실제로 있었던 일이다. 마귀는 터무니없는 거짓말을 하지 않는다. 마귀는 나의 과거에 있었던 사실을 근거로 내가 거적 깔고 점 볼 팔자라고 했던 것이다. 마귀가 근거 없는 말을 한다면 누가 속아 넘어가겠는가? 그럴듯하게 말을 하니까 속는 것이다.

하나님의 자녀에게는 사주팔자라는 속박과 굴레는 없다. 그리스도인 중에는 심심풀이로 점을 보았다가 불길한 점괘를 들으면 그것이 마음에 걸리고 찜찜해하는 것을 가끔 보게 된다. 하지만 거듭난 그리스도인이라면 점괘나 사주팔자에 지배받지 않는다. 한낱 마귀의 거짓과 속임수에 불과할 뿐이다. 그러나 불신자의 경우는 다르다. 예수님을 믿지 않았던 어머니는 무당이던 친할머니의 사주와 같아 무당이 되었다. 사주대로 되었고 그렇게 살 수밖에 없었다. 하지만 나는 예수님을 믿고 이 모든 굴레에서 완전히 벗어나게 되었다.

그러므로 이제 그리스도 예수 안에 있는 자에게는 결코 정죄함이 없나니 이는 그리스도 예수 안에 있는 생명의 성령의 법이 죄와 사망의 법에서 너를 해방하였음이라(롬 8:1-2).

예수 그리스도를 믿으면 예수님을 믿기 전에 지배받았던 죄와 사망의 법에 속한 가계에 흐르던 영적인 저주들이 완전히 끊어진다. 그리고 이제는 새로운 생명의 성령의 법인 그리스도의 지배를 받는다. 성령으로 거듭난 삶을 살게 되는 것이다. 내가 예수님을 믿지 않았다면 우상숭배의 저주대로 길바닥에 거적 깔고 점을 보았을지도 모르는 일이다. 예수님을 믿기 전에는 사주팔자에서 벗어날 수 없다.

집을 떠나 있는 동안 내가 부모님을 위해 할 수 있는 일은 기도밖에 없었다. 특히 어머니의 섬뜩했던 말씀 때문에라도 어머니의 생명을 위해 간절히 기도해야 했다. 현실만 생각하면 마음이 답답해지고 뚜렷한 해결책도 없어보였다. 하지만 하나님께 기도하면 평안을 얻고 희미하게나마 소망의 빛을 품을 수 있었다. 그렇게 기도할 때마다 부모님의 영혼과 어떻게 전도할 수 있을지 하나님의 지혜와 방법을 구하게 되었다.

chapter 08
-
우리 집에서 일어난 갈멜산의 대결

> 엘리야가 모든 백성에게 가까이 나아가 이르되 너희가 어느 때까지
> 둘 사이에서 머뭇머뭇 하려느냐 여호와가 만일 하나님이면
> 그를 따르고 바알이 만일 하나님이면 그를 따를지니라 하니
> 백성이 말 한마디도 대답하지 아니하는지라
> (왕상 18:21)

고난 가운데 하나님의 사랑을 깊이 경험하게 되면서 불신자들의 영혼의 곤고함과 비참함을 나 자신의 과거와 가족이 그동안 겪은 삶을 통해 보게 되었다. 그러면서 다른 사람들의 영혼을 향한 안타까운 마음과 불쌍히 여기는 마음이 샘솟게 되었다. 십자가의 은혜를 경험하며 주님의 마음이 나의 마음속에 부어져서 가능한 일이었다. 무엇보다 부모님의 영혼을 생각할 때마다 이러한 마음이 더욱 요동쳐서 영혼 구원을 위해 눈물로 기도하게 되었다. 여기에는 내가 어머니의 뜻을 따르지 않으면 어머니

께서 죽어버리겠다고 협박했던 사건이 한몫했다.

　집에서 쫓겨나 타지에서 힘들게 노동하며 생활하게 된 것에 대한 원망은 없었다. 육체적으로는 조금 고단했지만, 영적으로는 하나님을 찾고 의지하게 되면서 오히려 위로와 평안을 누리고 있었다. 게다가 막노동으로 땀 흘리며 돈을 벌 수 있어서 재미있고 만족스러웠다. 하지만 부모님의 영혼을 위해 기도할 때마다 그 영혼이 너무 불쌍해서 견딜 수가 없었다.

　세상 관점에서 보면, 무당 어머니의 인생은 아무런 문제가 없는 것처럼 보였다. 오히려 다른 사람들의 미래를 예언하며 소망을 주고, 마음의 아픔과 육체의 질병을 치료하며 위로해주는 신령한 직업을 가진 사람처럼 보인다. 하지만 영적인 눈으로 보면, 어머니는 마귀의 영에 영혼이 사로잡혀 속박과 공포 가운데 온전히 귀신만을 섬기는 고독함 가운데 살아가고 있었다. 또한 자신과 가정 문제는 스스로 해결하지 못하는 상황에 늘 직면했다. 어머니의 영혼의 실질적인 고통과 외로움을 잘 이해하고 있었기에 더욱 불쌍히 여기는 마음으로 어머니의 영혼 구원을 위해 간절히 기도하게 되었다.

　무당 가정에 가보면 겉으로 보이는 화려함과 달리 많은 상처가 있다. 무속인의 경우 부부 사이가 깨어진 가정이 많다. 그리고 가족 중에 무당이 나온 것을 받아들이는 것이 쉽지 않기 때문에 파탄 난 가정도 많다. 이처럼 무속인의 가정 대부분이 어려움에 처해 있는데 우리 집의 경우 나는 목사가 되겠다고 하고 어머니는 무당 일을 계속하고 있었던 것이다. 특별히 무당 어머니를 성경적으로 어떻게 대해야 할지 난처할 때 디모데전서 말씀을 묵상하면서 적극적으로 가족을 돌보는 것이 하나님의 뜻임을 깨달았다.

> 누구든지 자기 친족 특히 자기 가족을 돌보지 아니하면 믿음을 배반한 자요 불신자보다 더 악한 자니라(딤전 5:8).

어머니가 무당이 되신 후 믿음 때문에 가족으로부터 많은 핍박을 받았다. 결국 부모와 자식 간의 천륜까지도 끊자는 말을 들었고 집에서 쫓겨나기도 했다. 하지만 이것은 부모님의 진심이 아니었다. 마귀의 지배 가운데 있는 어머니와 그 영향 아래 있는 가족들이 나를 미워하는 것은 당연한 일이었다. 서로 영이 다른데 어찌 화목할 수 있겠는가? 가족과 육적으로 부딪히는 현실 속에서 때로는 힘들었지만, 신앙의 눈으로 보는 것을 포기하지 않았기에 끝까지 가족을 품을 수 있었다. 하나님은 나에게 무속인 가족을 돌보라는 믿음을 주셨다고 생각했다. 그래서 어떻게든 기도하면서 지혜롭게 가족을 돌보려는 노력이 필요했다.

그동안에는 믿음의 형제들에게 어머니가 무당인 것에 대한 기도 제목을 나누거나 기도 부탁을 하지 않았다. 어머니가 무당임을 말하는 것 자체가 부끄럽고 창피했기 때문이었다. 그런데 조금씩 마음이 열리면서 믿음이 성숙한 형제들에게 어머니를 위한 기도 제목을 나누기 시작했다. 사랑방 형제들과 함께 기도하는 시간을 가졌다. 날마다 큐티와 개인 기도 시간에 어머니 속의 악한 영들을 대적하며 영혼 구원을 위해 기도했다. 집을 떠나 있는 상황에서 어머니를 최선으로 섬길 수 있는 일은 기도가 유일했다. 기도하는 것이 어머니 속의 마귀를 향한 가장 강력한 영적 무기이기도 했고, 그것이 어머니의 영혼을 살리기 위한 최선의 효도라고 생각했다.

대학을 졸업하고 부모님 집으로 돌아와서는 집 근처의 영천장로교회에 다니며 금요기도회와 새벽기도회에서 어머니를 위해 기도했다. 집 안에 귀신을 섬기는 신당이 있었기에 날마다 어머니께 역사하는 악한 영들을 예수님의 이름으로 대적하며 결박하는 기도를 해야 했다. 또한 영적 전쟁이 치열하게 벌어지는 곳이었기에 기도하지 않으면 나 스스로의 믿음을 지키기도 힘들었을 뿐만 아니라 영적인 좌절과 무력함에 빠지기 쉬웠다. 집으로 돌아온 이상 어떻게든 어머니와의 담판을 벌여야만 했던 것이다. 이때 나의 무기는 기도뿐이었다. 당시 나에게 기도는 실제였고 하나님의 능력을 경험케 하는 은혜의 수단이었다. 기도하면 어머니께 역사하는 악한 영들과 싸울 용기와 무당 어머니도 하나님의 능력으로 구원받을 수 있다는 소망을 얻을 수 있었다.

기도의 능력은 무당집과 무당 어머니라는 영적인 최악의 환경을 뛰어넘어 우리 가정에 하나님께서 일하시는 것을 보도록 이끌었다. 어머니의 사정과 환경이 어떻게 되든 상관없이 믿음을 잃지 않고 지속적으로 기도할 수 있었다. 당장 눈에 보이는 응답이 없기에 어찌 보면 지루한 싸움이었다. 하지만 믿음의 눈으로 보면 나의 기도는 쌓이고 있었고 물이 100도에서 끓듯 기도의 분량이 차면 응답된다는 확신이 있었다. 하나님이 구원하시는 때까지 믿음을 잃지 않도록 확신을 갖고 기도했다.

개인기도 시간을 하루에 짧게는 한 시간에서 길게는 두 시간 정도 가졌다. 영적으로 힘들고 지칠 때는 기도원에 가서 밤새 기도했던 적도 많았다. 내가 하나님께 어머니를 위해서 기도하는 동안 어머니도 나를 위해 기도하고 있었다. 나는 어머니의 영혼 구원을 위해 기도했고, 어머니는 내가 어머니의 뜻을 따르게 해달라고 기도했다. 나는 예수님의 이름으로 기도했고, 어머니는 신령의 이름으로 기도했다. 누구의 기도가 능력 있고 결국 응답되겠는가?

어머니의 무당 일을 동의하지는 않지만, 어머니께 본받을 만한 것이 하나 있었는데 그것은 기도 생활이었다. 어머니는 간절히 비는 기도 생활을 철저히 했다. 새벽 3시에 일어나자마자 찬물로 목욕하는 일로부터 기도를 준비했다. 따뜻한 물로 목욕하면 안 되었다. 그리고 맑은 옥수를 단지에 받아 옥상으로 올라가서 동서남북으로 신들에게 문안 인사하고 사방에서 점 손님이 많이 오게 해달라고 기도했다.

그다음 신당으로 들어가 초와 향을 피우고 옥수를 바치고 신상들에게 일일이 문안 인사하고, 신단 아래에 방석을 깔고 그 위에 징을 올려놓고 본격적으로 기도를 시작했다. 징채를 잡고 징을 "동! 동! 동! 동!" 두드리면서 두세 시간 기도했다. 리듬감 있게 주문을 외우는 것 같기도 했고, 경을 읽는 것 같기도 했고, 속도가 빨라지면 리듬감 있게 "랄랄랄랄~" 같은 방언 소리처럼 들리기도 했다. 나중에 어머니께 방언으로 기도하셨냐고 하니까 그것은 아니라고 했다. 어머니의 기도가 계속 반복되고 기도가 빨라지면서 그렇게 들렸던 것 같았다. 어머니는 언제나 동일한 시간에 일어나서 서너 시간을 기도했다. 거르는 날이 거의 없었다. 나보다 두 배 이상 기도하는 것이었다.

내가 새벽기도에 나갈 때부터 돌아왔을 때까지 여전히 기도하고 있는 어머니의 모습을 항상 목격했다. 신도들이 자신이나 가족의 이름으로 가져온 무구나 신상이 신당 위에 있었는데 그들을 위해 일일이 기도했고, 점 손님들 많이 오게 해달라고 기도했고, 가족들을 위해서도 기도했다. 나를 위해서는 더욱 간절히 기도했을 것이다. 기도에 대한 어머니의 노력과 정성은 나의 기도를 훨씬 능가했다.

가끔씩 어머니의 영이 흐려져서 점을 잘 맞히지 못하면 특별기도도 다녔다. 자주 찾아가서 밤새 기도했던 곳은 서울의 북한산이었다. 강화도 앞바다에 가서도 기도했고, 용유도 오성산이 절토되기 전에는 그곳 물줄기에 가서도 기도했다. 그리고 덕교동 아랫말에 장뿌리라고 부르는 야트막한 산이 거잠포 나루 쪽으로 뻗어 있는데, 바닷가 절벽 위에 기괴한 소나무인 당산나무가 있는 곳에서도 자주 기도했다.

무당들은 기도하지 않으면 영이 흐려져서 점을 잘 보지 못하고 무당 일도 잘 불리지 못한다. 영험한 무당은 기도 많이 하는 무당이고 영험하지 않은 무당은 기도를 게을리 하는 무당이다. 무당은 기도를 많이 할수록 귀신이 충만해지며 영이 맑아져서 점도 잘 보고 굿도 잘하게 된다.

나는 하나님께 어머니의 영혼 구원을 위해 기도하며 응답을 기다리고 있었고, 어머니는 신령들에게 나를 위해 기도하며 응답을 기다리고 있었다. 마치 아합왕 시대에 갈멜산 상에서 엘리야 선지자와 850명의 바알과 아세라 선지자들의 영적 대결이 있었던 것처럼, 우리 집에서도 갈멜산 상의 대결이 서로의 기도를 통해 벌어지고 있었다.

나의 기도와 어머니의 기도의 대결은 너무 극명하게 드러났다. 나의 기도는 하나님이 듣는 것이기에 어느 것 하나 땅에 떨어지지 않고 응답받는 능력 있는 기도였다. 내가 기도하는 대로 어머니의 영적 상태에 즉각 응답이 나타났다. 어머니의 영험함이 떨어져서 점을 잘 못보고 손님들이 끊어지기 시작했다. 이것은 어머니가 예수님을 믿은 후 증언하신 이야기다. 하지만 어머니의 기도는 나의 삶에 응답은커녕 어떠한 영향도 주지 못했다. 어머니와 함께 살면서 직접 느낀 것이다.

기도 응답은 오랜 시간과 정성에 의해서가 아니라 기도 대상이 누구인가에 의해 주어진다. 나의 기도가 어머니의 기도보다 시간과 정성에서는 뒤처졌을지 모르지만 나의 기도 대상은 창조주 하나님이고, 어머니의 기도 대상은 귀신의 영들인 신령들이었다. 나의 기도는 성령이 나의 연약함을 도와주었지만(롬 8:26), 어머니의 기도는 어떤 도울 힘도 없는 우상에게 하는 것이었다(합 2:18-19).

갈멜산에서 바알과 아세라 선지자 850명의 기도에는 응답이 없었고 엘리야 선지자의 기도에는 하나님께서 강렬하게 응답하셨다. 기도하는 사람 수에서는 850 대 1이다. 사람 수로 응답받는다면 바알과 아세라 선지자들의 기도가 응답되어야 한다. 하지만 단 한 명인 엘리야 선지자의 기도가 응답되었다. 기도하는 태도에서 보더라도, 바알과 아세라 선지자들은 그들의 신들의 이름을 부르며 제단 주변에서 뛰놀고 칼과 창으로 몸에 상처를 내며 강렬하고 자극적으로 부르짖었지만 응답이 없었다(왕상 18:26-29). 하지만 엘리야 선지자는 "여호와여 내게 응답하옵소서 내게 응답하옵소서 이 백성에게 주 여호와는 하나님이신 것과 주는 그들의 마음을 되돌이키심을 알게 하옵소서 하매"(왕상 18:37)라며 하나님 뜻대로 기도했다. 엘리야의 기도 응답은 "이에 여호와의 불이 내려서 번제물과 나무와 돌과 흙을 태우고 또 도랑의 물을 핥은지라"(왕상 18:38)라는 말씀처럼 누가 보더라도 하나님의 기도 응답임이 명백하게 보이도록 나타났다.

어머니는 온갖 정성과 노력을 다해서 나를 위해 기도했지만 바알과 아세라 선지자들의 기도처럼 응답이 없었다. 하지만 하나님 뜻대로 간구한 나의 기도는 엘리야 선지자의 기도처럼 신당을 부수고 모든 신상을 제거하며 가족 모두가 하나님께 돌아오는 명백한 응답이 있었다.

어머니를 위해 끊임없이 기도하면서 어머니의 영혼을 하나님께 온전히 맡길 수 있었고, 하나님의 일하심과 인도하심을 따라 믿음으로 응답하려고 노력했다. 기도의 완성은 믿음의 결단인 순종으로 이루어진다고 확신하고 있었다(마 7:7-8). 이러한 믿음 때문에 어머니의 영혼 구원을 기도함과 동시에 어떻게든 그리스도의 복음을 지혜롭게 전할 수 있는 계기를 찾고자 노력했다. 그전까지는 어머니의 영적인 상태에 대한 고려 없이 너무 무모하게 복음을 제시하려 했고, 아니면 교회로 직접 인도하려 했기 때문에 영적 마찰이 일어나 다툼만 일으켰다.

2 구원

우상숭배의 저주에서 해방되는 길

그러므로 이제 그리스도 예수 안에 있는 자에게는 결코 정죄함이 없나니
이는 그리스도 예수 안에 있는 생명의 성령의 법이 죄와 사망의 법에서 너를 해방하였음이라(롬 8:1-2).

구원은 하나님의 역사하심과 인간의 믿음의 응답이 협력하여 만들어내는 신비한 작품이다. 그러기에 구원은 내 생각만 앞서 행하여도 이루어지지 않으며, 하나님의 인도하심에 대한 믿음의 응답이 없어도 이루어지지 않는다. 하나님의 구원은 죄와 우상숭배의 저주에서 완전한 해방을 가져다주고 온전한 하나님의 통치가 이루어지도록 이끄신다. 하나님은 신실하셔서 약속의 말씀을 붙잡고 믿음으로 순종하는 하나님의 자녀에게 그 말씀이 삶 가운데 성취되도록 인도하신다.

chapter 09
-
나의 때와 나의 방법을 내려놓다

> 보소서 내가 양털 한 뭉치를 타작마당에 두리니
> 만일 이슬이 양털에만 있고 주변 땅은 마르면
> 주께서 이미 말씀하심 같이 내 손으로 이스라엘을 구원하실 줄을
> 내가 알겠나이다 하였더니
> (삿 6:37)

부모님의 영혼 구원을 위한 약속의 말씀인 "이르되 주 예수를 믿으라 그리하면 너와 네 집이 구원을 받으리라 하고"(행 16:31)를 붙잡고 항상 기도했다. 이 말씀이 나의 삶 가운데 어떻게 성취될 것인지를 믿음으로 소망하며 하나님의 인도하심에 영적으로 민감하게 반응할 필요가 있었다. 그래서 먼저 구원받은 나를 통하여 일하실 하나님의 세밀한 음성에 응답할 수 있도록 기도로 깨어 있어야 했다. 기도한다는 것은 하나님을 신뢰하고 나의 모든 것을 온전히 맡기는 것임과 동시에 하나님의 일하

심에 믿음으로 응답하는 것이라고 생각했다.

  무당이 되기 전에 어머니는 내가 교회에 다니는 것을 반대하지는 않았다. 하지만 무당이 된 후로 교회 다니는 것을 무척 싫어했다. 교회에 다니는 것보다도 내가 예수님을 믿는 것 자체가 어머니께 위협이 되었다. 내가 교회에서 예배드리고 올 때는 특히 영적인 자극이 되셨는지 괴로워하며 박해했다. 갑자기 언성이 높아지고 느닷없이 버럭 화를 냈다.

  "교회에 다니지 말라고. 꼭 교회에 가야겠어? 누구 미치는 꼴 보려고 그래?"

  이런 저항이 영적인 싸움이라는 것을 알고 있었기에 어머니께 별다른 반응을 하지는 않았다. 내가 반응하면 마귀에게 하는 것이어서 오히려 어머니의 화만 더 돋우는 결과를 가져왔을 뿐만 아니라 예수님을 믿는 것에 어려움만 가중시켰다. 어머니의 인격은 아들인 나를 사랑하였지만, 어머니 속의 악한 영들은 나를 미워하였던 것이다. 마귀는 어머니의 마음을 격동시켜서 나의 신앙생활을 방해하고 핍박했다.

  아무리 어머니가 무당이고 내가 그리스도인이라 할지라도 모자 관계에는 변함이 없는 것이었다. 일상적인 대화를 나누며 은연중에 필리핀과 홍콩으로 단기선교 갔다 온다는 것을 알렸고, 선교단체에서 대표가 되어 활동한다는 것도 알렸다. 신앙생활을 핍박하던 어머니도 내가 변함없이 교회와 선교단체에서 열정적으로 활동하는 모습을 지켜보고 있었다. 그러던 어느 날 어머니가 흘리듯이 말을 내뱉었다.

"너는 진짜 믿음인 것 같다."

진담인지 자조 섞인 농담인지는 알 수 없었지만, 신앙생활을 열심히 하는 나의 모습에 강한 인상을 받으신 것만은 분명해보였다. 무당인 어머니를 전도하기 위해 여러 시도를 해보았는데, 이것은 육적인 싸움이 아니라 영적인 싸움이었다. 어머니의 마음속에는 어머니의 의지도 있었지만 마귀의 의지도 함께 작용하고 있었다. 어머니는 자신의 의지로 신들을 받아들였지만 마귀의 의지에 지배받고 있었다. 그러기에 어머니의 영혼 구원을 위해서 내가 싸워야 하는 대상은 육신의 어머니가 아니라 어머니 속에서 역사하고 있는 악한 영들임을 인식하고 있어야 했다. 어머니가 귀신을 쫓고, 병을 고치고, 점을 보는 것은 마귀가 주인 행세하며 하는 일들이었다. 하지만 때로 어머니의 영혼은 아들인 나를 여전히 사랑하고 있다는 것을 일상적인 대화 가운데 느낄 수 있었다. 영적인 충돌 외에 여느 어머니들처럼 밥이며 빨래며 가사 일에 힘쓰시는 것은 이전과 동일했다. 어머니의 마음 안에는 어머니의 의지와 악한 영들의 의지가 공존하고 있었던 것이다. 무당이 마귀의 영을 받아들였다 할지라도 24시간 내내 마귀의 지배를 받는 것은 아니다.

어머니가 무당이 되신 직후 한동안, 어머니를 전도하기 위한 나의 방법은 너무도 무례하고 미성숙했다. 어머니의 인격은 철저히 무시한 채 어머니를 마귀 또는 사탄이라 운운했고 우상숭배하는 것이라며 비난했다. 지금 생각하면, 나의 이기적인 분노를 표출한 것에 불과했다. 어머니의 영혼을 진정으로 사랑해서 했던 말이 아니었다. 이럴 때마다 오히려 마귀의 영만 자극하여 어머니를 분노하게 하고 괴롭게 만들 뿐이었다. 상대방은 배려하지 않고 나 중심으로 일방적으로 전도하려 했던 것이다. 이제는 어머니의 영적인 상태를 아는 이상 불필요한 싸움은 피하고 어머니의 인격이 예수님을 받아들일 수 있는 분위기를 만들려고 노력했다. 그래서 되도록이면 어머니를 영적으로 자극하는 말들은 하지 않았다.

이전에는 싸우기도 많이 했고, 걸핏하면 어머니의 무속 일을 무시하며 빈정대는 투로 말했다. 어머니가 굿하고 오면 뻔히 알고 있으면서 "어머니! 어디 갔다 오세요?"라며 쏘아붙였다. 신당 때문에 집안에는 향 냄새와 촛불 냄새가 배어 있었는데 불쾌하다는 듯이 코를 킁킁거리며 "엄마! 집에서 숨 못 쉬겠어요."라며 불평하기도 했다. 어머니가 거실에서 무구인 그릇이나 징에 광택을 내고 있는 모습을 보기라도 하면 측은해 보이면서도 화가 나서 "엄마! 지금 뭐하고 계시는 거예요?"라며 투덜거렸다.

인격적으로 미성숙하고 부끄러운 행동이었다. 그런 행동이 모두 우상숭배인 것은 맞지만, 어머니의 영혼을 생각해서 지혜롭게 대처할 필요가 있었다. 이제는 그런 불필요한 말들은 하지 않고 무당 어머니가 아닌 어머니의 영혼을 생각하며 이전의 어머니인 것처럼 진심으로 사랑하는 마음으로 대하기 시작했다.

영적으로 자극하지 않고 상냥하게 다가서니 어머니와 싸우는 일이 확 줄었다. 개인적이고 사소한 일들에 대해서만 대화를 나눴다. 이전의 어머니를 대하듯 하니 내 마음도 편안했다. 그런데 이상한 것은, 어머니와 마주 앉아 있으면 어머니가 내 눈을 똑바로 쳐다보지 못하고 시선을 피하는 것이었다. 이런 일이 반복되자 어머니께 내 눈을 보고 말씀하시라고 거듭 부탁했다. 어머니가 예수님을 믿은 이후 그때 왜 시선을 피했는지 설명해주었다. 진짜 무당은 진짜 그리스도인을 알아보고 그의 눈을 똑바로 쳐다볼 수 없어서 그럴 수 밖에 없었다는 것이었다. 마귀의 영이 함께하는 무당은 성령이 함께하는 그리스도인의 눈을 똑바로 쳐다보며 말하지 못한다.

어머니와 대화할 때 어머니의 삶이 안쓰럽기도 하고 사랑으로 섬기고자 하는 마음에 자주 안마를 해드렸다. 이전에 어머니는 용유도 시골에서 대부분의 인생을 사시며 고된 일들로 피곤하면 자녀들에게 몸을 밟아달라거나 안마를 부탁하곤 했다. 그때는 어리기도 했고 귀찮기도 해서 조금 해드리다가는 "이만하면 됐지"라며 짜증 부린 적이 많았다. 어른이 되고 신앙이 조금씩 성숙해지면서 고단한 인생을 살아온 어머니를 생각하면 긍휼히 여기는 마음이 생겨났다. 더군다나 어머니의 영혼이 악한 영들에게 사로잡혀 있다는 현실이 더욱 어머니를 사랑하게 만들었다. 그래서 어머니가 "그만하면 됐다"고 말씀하기 전까지 안마를 해드릴 수 있었다. 육신적으로는 마음을 다하여 섬겼고,

마음속으로는 어머니 속에서 역사하는 마귀를 대적하고 결박하는 기도를 했다.

> 그런즉 너희는 하나님께 복종할지어다 마귀를 대적하라 그리하면 너희를 피하리라(약 4:7).

당시에는 몰랐는데 나중에 어머니는 안마를 받을 때 내 손길이 닿는 곳마다 아팠다고 고백했다. 그리고 영이 흐려져서 점 손님이 오지 않았다고 했다. 이런 걸 보면 어머니는 나의 안마를 받으면서 마음에서는 어머니의 인격과 마귀의 인격이 갈등하고 있었던 것으로 보인다. 또한 내가 인천 집에 다녀가기만 해도 점 손님이 오지 않는 일이 생겼다고 했다. 눈에 보이거나 느껴지지는 않지만 마귀는 그리스도인을 만나는 것만으로도 타격을 받는다.

어머니를 전도하는 데 특히 많은 도움을 준 믿음의 친구이자 지금은 동아시아 선교사인 곽찬희가 있었다. 우리는 선교단체에서 함께 임원 사역을 하면서 전도의 열정으로 복음을 들고 캠퍼스 구석구석을 누비던 사이였다. 그는 밤마다 학교 정문 앞 전원교회에 가서 어머니의 영혼 구원을 위해 함께 기도해주던 소중한 친구였다. 매일 정오에는 캠퍼스 안에 뒷숲이라는 곳에서 이삼십 명의 학생이 모여서 기도 모임을 가졌다. 어느 날 기도 모임을 마치고 곽찬희와 남아서 어머니에 대하여 이런저런 이야기를 나누게 되었다. 그런데 그가 갑자기 어머니께 전도해보는 것이 어떻겠냐는 제안을 했다.

'어떤 그리스도인도 무당과는 상종하려 하지 않는데 전도를 하겠다니….' 당혹스러웠지만 처음 듣는 말이라 고맙기도 했다. 결과는 하나님께 맡기고 친구와 함께 전도를 시도해보는 것도 의미 있는 일이라는 생각이 들었다. 그래서 전화로 어머니께 친구를 데리고 집에 가도 되냐고 여쭈니까 괜찮다며 흔쾌히 허락해주셨다. 조마조마하며 여쭤본 것인데 대답이 의외로 긍정적이었다. 무당이기 전에 어머니로서 아들의 부탁을 기쁨으로 받아주었다. 어머니는 내 친구가 예수님을 믿는다는 것을 염두에 두었을 것이고, 영적으로 이미 알고 계셨을 것이다. 나의 의도도 아셨겠지만 어머니는 개의치 않은 것이다.

우리 집 현관 앞에 도착해서 무당집 팻말을 보며 친구와 함께 서게 되었다. 친구는 사탄을 대적하며 결박하는 기도를 하자고 했다. 우리는 함께 현관 기둥에 손을 얹고 통성으로 한참 기도했다. 우리 집과 어머니께 역사하는 악한 영들이 예수님의 이름으로 떠나갈 것을 큰 소리로 외쳐댔다. 친구는 방언과 통성으로 끝자락에 "~찌어다"라고 반복되는 기도를 했다.

"이 집에 역사하는 더럽고 악한 영들은 나사렛 예수 그리스도의 이름으로 명하노니 결박을 풀고 떠나갈찌어다."

"내 친구의 엄마 속에서 역사하는 마귀는 예수님의 이름으로 명하노니 떠나갈찌어다."

"이 지역을 묶고 있는 흑암의 권세는 예수님으로 이름으로 명하노니 떠나갈찌어다."

"예수님의 이름으로 명하노니 이 집에 더 이상 마귀의 역사는 없을찌어다."

우리는 함께 기도하면서 어머니가 하나님의 자녀로 거듭날 것을 믿음으로 선포했다. 또한 어머니의 영혼을 구원해내기 위해서는 먼저 강한 자인 마귀를 예수님의 이름으로 결박해야만 했다.

> 사람이 먼저 강한 자를 결박하지 않고서야 어떻게 그 강한 자의 집에 들어가 그 세간을 강탈하겠느냐 결박한 후에야 그 집을 강탈하리라(마 12:29).

마지막으로 예수님의 이름으로 우리 집이 거룩한 곳이 되며 하나님께 영광 돌리는 집이 되게 해달라고 기도했다. 전심을 다하여 기도해준 친구가 너무나도 고마웠다. 그 덕에 용기를 얻을 수 있었다.

어머니를 전도하기 위해 친구와 이런 시도를 했다는 것이 지금 생각해보면 참으로 순수하고 대단한 믿음이었다. 그때는 믿음으로 기도하면 그대로 이루어진다고 믿었다. 그런데 놀라운 일은 수개월이 지나서, 정확하게 7개월이 지나서 그때 기도한 것이 모두 그대로 이루어졌다는 것이다. 나와 친구는 그것을 확실히 목도했다. 우리의 기도는 청년 시절의 객기 어린 공허한 메아리가 아니었다. 기도는 불가능해 보이는 것을 가능케 하고 없는 것을 있게 하는 능력이었다.

우리가 믿음으로 행하는 작은 일이라고 생각하는 일들을 하나님은 결코 작게 보지 아니하신다. 당시에는 미미해 보이는 기도일지라도 기도의 대상인 하나님께서 듣고 계시는 일이기에 모두 큰일이다. 당장 눈에 어떤 결과로 보이는 것 같지 않았지만 사탄의 견고한 진은 우리의 기도를 통해 조금씩 무너지고 있었다(고후 10:3-4).

기도를 마치고 집 안으로 들어가 신당을 친구에게 보여주고 다시 한번 그곳을 향해 기도했다. 어머니는 친구를 대접하기 위해 농수산물도매시장까지 가서 장을 보고 계셨다. 잠시 후 어머니가 돌아와서 친구를 소개해드리고 저녁식사를 함께했다. 지금도 친구에게 고마운 것은, 우리 어머니를 무당이 아닌 친구 어머니로 상냥하게 대해줬다는 것이다. 예를 들어, 저녁식사를 하고 어머니가 과일을 내오셨는데 신당에 올렸던 것임에도 친구는 불편해하거나 싫은 내색을 하지 않고 함께 먹었다. 친구는 우상에게 드려졌던 음식을 신앙의 양심으로 거부할 수도 있었지만 어머니를 배려하는 마음으로 감사하게 받아먹었다. 어머니도 이런 태도에 좋은 인상을 받았다고 하셨다. 나중에 나도 친구 집에 방문하여 그의 부모님께 인사드리고 잠도 자고 오는 가운데 서로의 가정에서 알게 되는 사이가 되었다.

어머니가 친구에게 좋은 인상을 갖게 되고 내가 그의 부모님을 알게 된 것이 나중에 우리 부모님이 졸업 예배에 참석하는데 중요한 매개체가 되었다. 당시 믿음으로 행한 일들이 나중에 어머니의 마음을 열게 만드는 중요한 역할을 한 것이다. 친구가 어머니를 전도하러 와서 구체적으로 복음을 제시하거나 신앙적인 대화를 나눈 것은 없었다. 어머니를 위해 기도하고 좋은 관계를 맺은 것뿐이었는데, 이것이 나중에 전도의 문이 열리게 하는 접촉점이 된 것이다.

친구와 우리 집을 방문한 이후 어머니의 영혼 구원을 위해 믿음의 형제들에게 함께 기도해줄 것을 적극적으로 요청할 수 있었다. 기도로 동역해준다는 것이 얼마나 큰 위로와 용기가 되는지 경험했기 때문이다. 어머니와의 영적인 싸움에서 든든한 지원군을 얻은 듯했다. 그동안 어머니가 무당이라는 사실을 밝히지 않았는데 비로소 기도 제목으로 나누게 된 것이다.

하지만 한 형제는 어머니가 무당이라는 말에 혀끝을 "쯧쯧" 차고 혼잣말로 "안됐다"라며 나를 불쌍한 눈으로 쳐다보기에 마음이 씁쓸했다. 또 어떤 형제는 어머니가 무당이기 때문에 열심히 신앙생활 하는 것이냐고 묻기도 했다. 사실 나는 어머니가 무당이기 때문에 전도하기 위해 열심히 신앙생활 하는 것이 아니었다. 하나님의 은혜를 경험하고 하나님을 사랑하기에 성령의 감화로 신앙생활을 했을 뿐이었다. 함께 격려해주고 함께 기도해주기를 바랐을 뿐인데, 형제들이 다 내 마음 같지 않았다. 아무래도 무당에 대한 선입견이나 부정적인 인식 때문인 듯했다. 신앙이 성숙하지 못한 사람에게 감당 못할 기도 제목을 나누면, 오히려 그것을 판단만 한다는 것을 알게 되었다. 이후부터는 신앙이 성숙한 형제들에게만 어머니에 대한 기도 제목을 나눠야겠다고 생각했다.

어머니 전도를 위해 기도 제목을 나누니 신앙공동체 생활을 함께하는 형제들이 답을 찾아주려고 힘을 모았다. 한 형제는 은사와 영성이 뛰어난 분이 있다며 어머니를 위해 기도받으러 가보자고 해서 형제들과 방문한 적이 있다. 무당 어머니와의 갈등과 어려움에 대하여 그분과 나누고 앞으로 어떻게 전도해야 하는지 여쭤보았다. 그분은 나에게 어머니 속의 마귀를 제압할 수 있는 영적인 능력과 은사를 받아야 한다고 권면해주었다. 강력한 성령 체험과 방언의 은사를 받아야만 어머니 속의 마귀를 내쫓고 영혼을 구원할 수 있을 것이라며 더 열심히 기도하라고 강조했다. 그분은 여러 번 귀신을 쫓아냈었다며 신뢰감을 주었고, 마지막으로 어머니를 위해 간절히 기도해주었다.

나는 지푸라기라도 잡고 싶은 심정이었기에 조금이라도 어머니 전도에 도움이 될 거라는 제안이나 조언이 있으면 어떻게든 따라하려고 노력했다. 실질적인 조언들은 대부분 강력한 성령 체험을 하고 귀신 쫓는 은사를 받아야 한다는 것이었다. 그래서 밤마다 교회에 가서 강력한 영권과 은사를 달라고 간절히 기도했다. 친구 곽찬희도 기도의 동역자가 되어서 이런 은사들을 받게 해달라고 함께 기도해주었다.

  대학 졸업이 가까워지면서 마음이 분주해지고 급해지기 시작했다. 신학대학원에 입학해야 하는데 어머니가 무당인 상태로 신학 공부를 시작할 수는 없는 노릇이었다. 어머니가 무당인 상태로 전도사가 된다는 것이 우스워 보였고, 은혜롭지도 못하다고 생각했다. 어떻게 해서든지 신학대학원에 입학하기 전에 어머니를 전도하기 위해 조언이나 도움을 줄 수 있는 분들을 열심히 찾아다녔다. 기도원에도 자주 다녔다. 응답받기 위해서는 소나무 한 그루가 뽑힐 때까지 기도해야 한다는 권면도 받아서 밤이 새도록 나무를 부여잡고 흔들며 기도하기도 했다.

  1998년 초에 어머니 문제만을 놓고 곽찬희와 작정 기도하기 위해 충북 청원면의 어느 산기슭에 있는 기도원에 찾아갔다. 이번에는 단단히 마음먹고 어떻게든 하나님의 응답을 받고 돌아오리라는 각오로 들어갔다. 저녁 부흥집회에 참석하고 새벽까지 어머니의 영혼 구원만을 위해 기도했다. 얼마나 간절하게 기도했는지 밤을 새우고 새벽녘이 되어서야 지쳐서 마룻바닥에서 잠시 잠이 들었다.

  날이 밝자마자, 기도원 원장님이 기도를 많이 하시는 분이라기에 만나 뵙고 어머니의 영혼 구원에 대하여 상담했다. 그런데 원장님은 전날 집회를 인도하신 부흥사 목사님이 능력 있는 주의 종이라며 소개해주셨다. 마침 인천에서 목회하고 계셔서 그 목사님의 교회에 방문하여 다시 상담을 받았는데, 자신의 집회를 따라다니며 강력한 영권과 성령의 은사를 받으라고 조언해 주셨다. 이전에 찾아다니며 만난 분들의 조언과 별반 다르지 않았다. 그래도 다시 한 번 그 조언에 순종하여 부흥 집회를 따라다녔다. 오산리 기도원의 집회에도 참석했고 그곳 기도 굴에서 하나님의 특별한 은사를 달라며 밤새도록 기도도 해봤다.

그런데 어느 순간부터 어머니 전도를 위해 특별한 성령 체험이나 은사를 받아야 하는지에 대한 회의가 생기기 시작했다. 무엇보다 부흥사 목사님을 따라다니며 언제까지 기도해야 하는지 기약도 없었다. 더군다나 집을 자주 비우게 되어 가족을 돌보기도 쉽지 않았고 개인적인 경건 생활의 관리도 어려워 더 이상은 따라다니지 않게 되었다.

하나님 뜻대로 주어지는 성령의 은사가 다양하듯 하나님께서 무당 어머니의 영혼을 구원하기 위해 일하시는 방법도 다양할 거라는 생각이 들기 시작했다. 그런데 나는 신학대학원에 입학하기 위해 어머니를 빨리 전도하려는 조급한 마음에 소위 영성 있고 능력 있다는 분들이나 귀신 쫓는 은사가 있다는 분들만 찾아다니며 도움을 받고자 한 것이다. 그렇다 보니 그동안 어머니를 전도하기 위해 하나님의 방법을 찾으며 약속의 말씀을 붙잡고 기도하던 것을 소홀히 했음을 깨닫게 되었다. 마음이 조급해지면서 나의 때와 나의 방법에 집착하게 되었고, 하나님의 때와 하나님의 방법은 등한시하고 있었다. 나의 방법은 주변에서 권면해준 것처럼 특별한 은사를 받아서 어머니 속의 마귀를 내

쫓는 일이 먼저 이루어지고 복음을 전하는 것이었다. 하나님보다 사람들을 더욱 의지하는 경향이 있었다. 성경 속에서 답을 찾으려고 애쓰기보다는 주변 사람들이 경험 속에서 권면해주는 것에서 답을 찾으려고 했다.

    더 이상 사람들을 찾아다니지 않기로 결심했다. 그리고 성경을 묵상하며 말씀으로 하나님과 나의 관계를 다시 점검하기 시작했다. 이제부터는 하나님의 때에 하나님의 방법대로 어머니가 구원받도록 하나님을 신뢰하며 기다리게 해달라고 기도하게 되었다. 때로는 기다림이 믿음의 표현이라는 것을 깨달았다. 하나님께 맡겼다고 하면서도 기다리지 못하니까 내가 앞서서 방법을 찾으려 애썼고, 그런 나를 도와달라고 하나님께 기도하는 형국이었다. 성령보다 앞서지 않게 해달라고 그렇게 많이 기도했지만 현실에서는 내가 앞서 달려가고 있었고 나의 필요를 도와달라고 요구하고 있었다.

    그때까지 나의 모습을 돌아보니 너무 사람만 의지했고, 사람에게만 위로받기를 원했고, 사람에게만 조언 듣기를 원했다는 것을 깨달았다. 그래서 도움이 될 만한 사람들을 찾아다니며 상담하고 거기에만 집중하지 않았나 하는 생각이 들었다. 그리고 그들의 조언대로 기도 응답이 되지 않으면서 조금씩 영적으로 지치고 소진되어갔다. 다시 마음을 돌이켜 하나님께만 집중하고 규모 있게 기도 생활을 시작하면서 마음가짐을 새롭게 하기로 다짐했다.

당시 나는 사사기 말씀을 묵상하면서 기드온을 통해 나도 하나님의 사명을 감당할 수 있다는 외적 증거를 얻고자 하는 마음이 생겨났다. 기드온이 하나님으로부터 사사로 부르심을 받았을 때 부르심의 외적 증거를 얻기 위해 하나님을 시험했다. 양털 뭉치가 한 번은 젖게 하고 한 번은 젖지 않게 해달라는 것이었는데, 기드온은 이 시험의 응답을 통해 사명을 감당할 수 있다는 확증을 얻기를 원했다.

> 보소서 내가 양털 한 뭉치를 타작마당에 두리니 만일 이슬이 양털에만 있고 주변 땅은 마르면 주께서 이미 말씀하심 같이 내 손으로 이스라엘을 구원하실 줄을 내가 알겠나이다 하였더니(삿 6:37).

나 또한 어머니 전도를 통해 목사로 부르신 하나님의 확증을 확인하고 싶었다. 교회에 가서 기도할 때마다 나의 처지에 대한 울분이 토해져 나왔다. 마음속 깊은 곳에서 하나님을 향한 하소연과 함께 간절한 기도의 눈물이 터져 나왔다.

"다른 사람 전도하기 전에 너희 가정부터 전도하라고 할 것입니다."

"어머니도 구원하지 못하면서 어떻게 다른 사람의 영혼을 구원할 수 있겠냐고 하지 않겠습니까?"

"너희 어머니가 무당이 되기까지 너는 무엇 했냐고 하면 저는 무어라고 대답해야 합니까?"

"하나님의 능력이 마귀의 능력보다 강한데 어머니 속의 마귀의 영을 왜 쫓아내지 못했냐고 하지 않겠습니까?"

"어머니 전도를 통해 하나님께서 목사로 부르셨다는 외적 증거를 얻게 해주십시오."

이렇게 기도한 후 이제는 믿음으로 하나님께 내 인생을 온전히 맡기기로 결심했다. 어머니 문제는 하나님께서 책임지실 것을 믿고 나는 목회자의 길을 가라는 부르심에 충실하기 위해 본격적으로 신학대학원 입시 공부를 시작하기로 마음먹었다.

내 생각을 내려놓으니 무당 엄마 전도 해법을 찾아 더 이상 헤매지 않게 되었다. 이제는 하나님께 온전히 맡겼기에 집에서 규모 있는 생활을 하게 되었다. 매일 새벽기도회에 다녀오는 것으로 하루를 시작했고, 금요기도회에 나가 늦게까지 어머니의 영혼 구원을 위해 기도하게 되었다. 날마다 하나님의 말씀을 묵상하며 나의 삶을 해석하는 말씀에 귀 기울이게 되었다. 그리고 도서관에 가서 성경책을 읽고 연구하며 신학대학원 입시 공부에 온전히 집중할 수 있었다. 한 집에 살면서 아들은 신학대학원 입시 공부에, 어머니는 점 보는 일에 집중하고 있었다.

신기한 일은 하나님께 내 인생과 어머니 문제를 온전히 맡겼을 때, 오히려 어머니와의 영적인 갈등이 거의 줄어들었다는 것이다. 하나님께서 내 인생뿐만 아니라 어머니의 인생도 다스리고 계시다는 느낌을 받았다. 결국 마귀도 하나님의 통치 가운데 있는 것이다.

말씀의 인도와 기도 가운데 어머니께 어떻게든 자연스럽게 그리스도의 복음을 전할 수 있는 계기를 만들고자 하나님의 때를 기다리고 있었다. 인생을 온전히 하나님께 맡기고 순종하기 시작했을 때, 하나님께서도 내 인생에 적극 개입하셔서 일하기 시작하셨음을 느낄 수 있었다. 하나님의 부르심에 순종하여 신학대학원 입시 공부에 집중한 지 한 달 쯤 흘렀을 때, 부모님께 자연스럽게 복음을 전할 수 있는 좋은 기회가 왔다.

chapter 10

하나님은 예배 가운데 일하고 계셨다

두세 사람이 내 이름으로 모인 곳에는
나도 그들 중에 있느니라
(마 18:20)

어머니는 내가 어려서부터 무당들에게 나에 대한 점과 운세를 꾸준히 봐왔다. 그런데 어느 순간부터 무당들이 나에 대한 점괘가 나오지 않는다고 했다. 그 시기를 짐작해보면 내가 예수님을 나의 구주, 나의 하나님으로 영접한 이후부터라고 확신한다. 순전히 신점을 치는 무당이 그리스도인의 사주를 보면 죽은 사주로 나오거나 점괘가 나오지 않는다고 한다. 하지만 어떤 무속인은 그리스도인에게 마치 사주가 있거나 점괘가 나오는 것처럼 속이고 거짓말할 때도 있다. 신은 받았지만 항상 접신이 되는 것이 아니기 때문에 자신의 생각과 느낌으로 점괘와 사주를 말하는 경우도 많다.

한번은 어머니가 무당이 되신 이후 나의 제대를 앞두고 인천과 서울의 유명한 무당들을 찾아다니며 내 점괘를 봤다고 한다. 내가 군대에 있는 동안 어머니가 내림굿을 받았고 짧은 휴가 기간에도 수없이 부딪히며 갈등을 겪었기 때문에, 제대하고 완전히 집으로 돌아왔을 때가 마음에 걸렸던 모양이다. 그런데 어머니가 만난 무당들이 한결같이 이렇게 대답했다고 한다.

"아들을 꺾을 수 없어."

어머니는 이 대답을 듣고 나서 한동안 우셨다고 한다. 그래도 우리 가족을 잘 알고 계시는 고향의 무당인 노랑저고리 아주머니에게는 다른 대답을 들을까 하여 찾아갔지만 역시 동일한 대답을 들었다고 한다. 그 무당은 나아가 "아들 뜻을 따르라"며 어머니께 전도 아닌 전도의 말까지 했다. 무속인은 신자 안의 하나님이 자신들이 섬기는 신들보다 더 크다는 것을 알고 있다. 나의 신앙이 꺾이지 않는다는 말들이 어머니 마음속에 자리 잡고 있던 귀신만을 섬겨야 한다는 견고한 진을 무너뜨리며 마귀에 대한 어머니의 의지도 조금씩 약화되는 계기가 되었던 것 같다. 이때부터 하나님께서 어머니의 마음속에 조금씩 일하고 계셨다고 생각한다.

졸업을 앞두고 한 집에서 살게 되면서 어머니의 영적인 능력이 많이 꺾였다는 것을 피부로 더욱 실감할 수 있었다. 방 안에 성경책과 찬송가를 두었음에도 어머니가 그것을 알지 못하는지 아니면 알고도 모르는 척하는지 아무 말도 하지 않으셨고 갖다버리지도 않으셨다. 매일 아침에 나가서 저녁때까지 도서관에서 성경을 읽고 연구하고 신학대학원 입시 공부를 하고 있음에도 아무 말씀도 하지 않으셨다. 이전에는 몰래 성경을 읽거나 교회에 갔다 온 것도 어떻게 아셔서 몹시 화를 냈고, 성경책도 다 찾아내서 갖다버리셨다. 어머니의 영험함이 이전보다 확연히 흐려진 상태인 것은 분명했다.

그러는 가운데 어머니를 전도할 수 있는 좋은 기회가 다가오고 있었다. 1998년 2월에 대학 졸업식이 있었는데, 부모님을 초청하기로 계획을 세웠다. 졸업식 전에 내가 활동하던 선교단체에서 졸업 예배를 먼저 드릴 예정이었고, 졸업생 부모님도 초대해서 함께 예배드리는 자리였다. 기도 가운데 이곳에 부모님을 자연스럽게 초청하면 좋겠다는 생각이 들었다. 부모님을 설득하면서 곽찬희의 부모님도 오신다며 꼭 참석해달라고 부탁했다. 다른 부모님도 모두 참석한다고 하니 그래도 아들을 생각하는 마음에 아버지가 먼저 움직였다. 다른 부모들도 참석한다는데 내 아들만 부모가 참석하지 않으면 아들의 체면이 서지 않는다며 염려하셨다. 아버지는 졸업 예배라는 것보다도 아들의 체면을 먼저 생각하신 것이다.

문제는 어머니의 마음을 움직이는 것이었다. 어머니는 예수님을 믿는 사람들이 모인다는 것을 알고 있었기에 참석하지 않으려고 하셨다. 영적으로 자신에게 좋지 않다는 것을 이미 알고 계셨다. 그런데 아버지가 나를 위해 4년 동안 고생해서 대학을 졸업하는데 함께 가서 축하해주자고 설득해서 어머니와 남동생도 졸업식에 참석하게 되었다.

부모님은 아들의 졸업을 축하하기 위해 참석하는 것뿐이지만, 하나님은 이 일을 통해 부모님의 영혼을 구원하기 위한 놀라운 은혜의 시간으로 이끌고 계셨다. 졸업 예배는 오전에 학생회관 2층에서 열렸는데, 가족들이 도착해 올라가려고 하자 어머니는 갑자기 올라가지 않겠다며 완강하게 버티셨다. 그러고는 1층 식당에 앉아 계셨는데 이번엔 남동생이 어머니를 강권했다. "엄마! 여기까지 왔는데 형 체면 생각해서 올라가요." 아버지도 내 체면을 생각하면서 "기왕 온 거 올라갑시다"라며 어머니를 설득했다. 어머니는 멈칫멈칫했지만 놀랍게도 2층으로 따라 올라가셨다. 하나님의 전적인 은혜이자 기적과도 같은 일이었다. 교회 문턱을 한 번도 넘지 않은 분들이 난생 처음 예수님의 이름으로 모여 예배드리는 곳에 참석하게 된 것이다. 더군다나 어머니는 마귀의 영에 사로잡힌 무당이었다.

2층 소강당에 들어갔을 때 곽찬희의 부모님이 먼저 와 계셔서 부모님을 소개시켜드리고 옆 자리로 인도했다. 친구 부모님은 우리 부모님을 웃으면서 반갑게 맞아주셨다. 친구를 통해 그의 부모님도 우리 어머니가 무당이라는 것은 알고 계셨다. 그럼에도 친구의 부모님이 반갑게 맞아준 것은 어머니께 좋은 인상을 심어주기에 충분했다. 나중에 어머니가 "네 친구 부모, 사람이 됐더라"라고 하신 것을 보면, 무속인은 마귀의 영 때문에 그리스도인을 무조건 대적하고 미워할 거라고 생각하는 경향이 있는데 반드시 그렇지만도 않다. 그리스도인을 미워하도록 충동질하는 것은 마귀의 영이지 무속인 본연의 인격은 여느 사람들처럼 상대방의 성품을 본다. 친구 부모님 때문에 그나마 우리 부모님이 낯선 분위기에서 조금은 안정된 마음으로 그 자리에 계속 앉아 계실 수 있었다.

찬양팀의 찬양으로 예배가 시작됐고 나는 예배 중에 순서가 있어서 강단에 올라가 앉았다. 예배 도중 앞을 보니 부모님과 남동생만 머리를 푹 숙이고 있었다. 얼마나 불편하고 어색할까 하는 생각도 들었다. 내 차례가 되어 강대상 앞에 서서 참석하신 분들을 바라보는데 그곳에 앉아 계시는 부모님을 보면서 마음이 울컥했다. 설교를 마치고 이상진 간사님이 졸업하는 형제들과 그동안 키워주신 부모님의 은혜와 특별히 예수님을 믿지 않는 부모님들을 위해 기도하자며 인도했다. 계획하거나 기대하지 않던 기도 시간이었다. 간사님이 우리 어머니가 무당이라는 것을 알고는 있었지만 의도적으로 그렇게 기도를 인도했는지는 모른다. 하지만 그 기도 시간이 어머니의 신력과 영험함이 완전히 무너지는 결정적 계기가 되었다. 기도가 시작되자 한동안 통성기도가 있었고, 기도를 마치며 졸업 예배는 그렇게 마무리됐다. 부모님은 아들의 졸업을 축하하기 위해 왔다가 생애 첫 예배에 참석하게 된 것이었다. 이는 하나님이 우리 가정을 위해 일하고 계시다는 확실한 증표였다.

우선 부모님이 졸업 예배에 참석한 것 자체가 기적과 같은 은혜였고, 예배 끝까지 고통을 참으며 남았다는 것은 더욱 놀라운 은혜였다. 나중에 어머니가 졸업 예배에 참석한 일을 자세히 말씀해주셨다. 2층 소강당에 올라가는 순간 가슴이 턱 막혀오는 것을 느꼈다고 했다. 어머니 마음속에는 마귀의 영이 있고 다른 모든 사람의 마음속에는 그리스도의 영이 있는데 어떻게 편안할 수 있었겠는가? 하나님을 예배하는 그 자리에서 어머니의 영혼은 몹시 괴로워하기 시작했다고 한다.

예배가 시작되자 얼굴이 화끈화끈 타오르고 가슴이 터질 것 같아서 벌떡 일어나 뛰쳐나가고 싶은 마음이 계속 일었는데, 마음 한쪽에서 '이렇게 뛰쳐나가면 아들 체면이 어떻게 되겠는가'라는 생각이 들어 꾹 참았다는 것이다. 바로 이게 어머니의 마음이다. 마귀는 어머니께 예배를 거부하고 뛰쳐나가도록 괴롭혔지만, 어머니는 아들을 생각해 버틸 수 있었다. 마귀의 영을 주인으로 섬기고 있지만 어머니의 의지는 마귀를 거부하고 다른 것을 택했다. 그래서 어머니는 괴롭고 힘들었지만 아들의 체면을 생각하면서 끝까지 예배에 남아 있을 수 있었다. 무속인이 신의 뜻을 거부하고 자신의 의지대로 행동하지 못하는 까닭은 신의 벌전을 입을까봐 두려워서다. 그런데 하나님의 은혜는 어머니의 의지를 붙잡아주셨다.

어머니의 영적 고통의 절정은 통성기도를 할 때였다. 어머니 말에 의하면, 여기저기서 웅성웅성하는 소리가 들려오는데 머리가 빠개질 것처럼 말할 수 없는 두통이 몰려왔다고 한다. 마음속에는 마귀의 괴롭힘과 고통이 있었고, 육체적으로는 화기가 차올라서 얼굴이 엄청나게 화끈거렸다는 것이다. 이러다 미치는 게 아닌가 하는 생각이 들 정도였다고 한다. 그럼에도 어머니는 아들을 생각하면서 꾹꾹 버티신 것이다. 아들을 사랑하는 마음이 마귀가 주는 고통을 참고 견디게 하는 힘이 된 것이다.

지금 생각해보면, 어머니가 예수 그리스도의 복음을 들었을 때 어머니의 의지로 마귀의 의지를 거부하고 복음을 받아들인 것이라고 확신한다. 무당이 마귀에게 사로잡혔다고 해서 그의 본연의 마음이 복음을 못 듣는 것은 절대 아니다. 단지 마귀가 고통으로 방해하고, 받아들이면 잘못될 거라며 거짓으로 협박하니까 복음을 거부하는 것이다. 무당도 마음의 선택이 있다. 무당이라고 하루 24시간 신적인 존재로 사는 것은 결코 아니다. 이 사실이 무당이 구원을 받는 데 아주 중요한 핵심이다.

> 네가 만일 네 입으로 예수를 주로 시인하며 또 하나님께서 그를 죽은 자 가운데서 살리신 것을 네 마음에 믿으면 구원을 얻으리니 사람이 마음으로 믿어 의에 이르고 입으로 시인하여 구원에 이르느니라(롬 10:9-10).

군대 귀신이 들린 거라사 광인이 예수님께서 오는 것을 보고는 자신을 괴롭게 하지 말아달라고 했다(막 5:7). 예수님이 거라사 광인에게 무엇을 해서가 아니라 예수님의 존재 자체가 위협이 되었던 것이다. 귀신들은 예수님이 가까이 오시는 것이 두려웠다. 그러기에 마귀의 영은 어머니를 더욱 괴롭고 고통스럽게 했던 것이다. 졸업 예배는 하나님이 함께 계신다는 약속의 말씀이 성취되는 자리였다. 마귀에게 사로잡힌 어머니가 하나님을 예배하는 장소에서 버티기 힘들었던 것은 당연했다.

모든 예배하는 곳은 하나님이 임재하는 거룩한 장소다. 더 소중하고 덜 소중한 예배가 존재할 수 없다. 예수님의 이름으로 두세 사람이 모이는 곳이면 어디든지 하나님의 약속의 말씀에 따라 하나님이 함께하시는 은혜의 자리이기 때문이다(마 18:20). 그러기에 예수님의 이름으로 모이는 예배는 크고 작음이나 형태의 어떠함과는 상관없이 하나님이 함께하시기에 언제나 소중하고 은혜로운 자리임을 어머니를 통해 확실하게 깨달았다.

어머니가 졸업 예배에 참석하신 것은 하나님의 구원 계획에 중요한 전환점이었다. 인천 집으로 돌아온 이후 어머니의 점 손님이 뚝 끊어졌다. 단골조차도 찾아오지 않았다. 이전 같으면 어머니는 영험함도 회복하고 점 손님도 오게 해달라고 산으로 바다로 기도 처소로 며칠씩 기도하러 다녔을 텐데 그렇게 하지도 않으셨다. 졸업 예배에 참석한 후로 신력이 완전히 꺾인 것이다.

그렇지만 새벽에 옥상에 올라가 정화수 떠놓고 기도하고 신당에 들어가서 기도하는 일은 계속됐다. 내가 새벽기도회에 나가면서 또는 돌아와서 어머니와 마주칠 때가 종종 있었는데 화도 내지 않으셨다. 나를 꾸짖거나 나무라지도 않으셨다. 점을 볼 수 없는 상황이 됐기에 "너 때문에 점 손님 뚝 끊겼다"며 책망하고 나를 야단칠 수도 있었다. 점 손님이 끊기면서 수입이 줄어들고 있음에도 그랬다는 것은 어머니의 신력이 완전히 꺾였다는 반증이었다. 하나님은 어머니 마음속에서 역사하는 마귀의 권세를 점점 약화시키셨고, 어머니의 강퍅한 마음은 그리스도의 복음을 받아들일 수 있도록 서서히 무너지고 있었다. 어머니의 신력이 꺾여서 점을 보지 못하는 상황이 3개월 정도 계속되었다. 나는 여전히 신학대학원 입시 공부에 전념하고 있었지만, 어머니를 전도하기 위해 어떤 특별한 노력은 하지 않고 있었다. 다만 기도하면서 하나님의 일하심과 인도하심에 민감하게 반응하려고 했다. 그러던 어느 날 우리 집에 그리스도의 복음이 전해지는 구원의 때가 다가왔다.

chapter 11

하나님은 만남을 통해 일하신다

*사람이 마음으로 자기의 길을 계획할지라도
그의 걸음을 인도하시는 이는 여호와시니라*
(잠 16:9)

하나님은 전혀 예상치 못한 만남의 축복을 통해 일하실 때가 있다. 룻이 우연히 보아스의 밭에 간 일이 하나님의 섭리 가운데 하나님의 구원 계획을 이루기 위한 필연이 된 것처럼 나에게 일어난 우연한 만남이 어머니를 전도하기 위한 하나님의 필연이 되었다. 당시에는 몰랐는데 지나고 보니 하나님의 구원 계획 가운데 하나의 퍼즐로 끼워진 만남이었다는 것을 깨닫게 된다.

1998년 5월 26일, 마지막 주 수요일에 도서관에서 공부하고 돌아와서 저녁을 먹고 수요예배에 가려고 준비하고 있었다. 갑자기 밖에서 요란한 소리가 들려왔다. 두 부부가 신당에서 나오는데 어머니가 몹시 분노해서 거친 욕설을 하고 있었다.

"점은 안 보고 뭐하는 짓거리야."

"아주머니 말씀하는 것을 책으로 엮으려고 합니다."

"개똥 같은 소리하고 있네. 재수 없으니까 당장 꺼져."

고래고래 소리 지르며 바가지에 소금과 고춧가루를 담아와서는 손님들에게 마구 뿌려댔다. 그러고는 집 밖으로 뛰쳐나갔다. 중년 남성분은 양복을 입고 있었고 다른 분들도 단정하게 차려입은 것이 점 손님처럼 보이지는 않았다. 그래서 어떻게 오셨냐고 여쭸더니 당당하게 교회 목사인데 전도하러 왔다고 했다. 처음에는 당혹스럽기도 하고, 한편으로는 듣던 중 반가운 소리였다. 무당에게 전도하러 온 목사라는 말에 "저도 교회에 다니는데 어디서 오셨어요?"라고 물으니 구월동 먹자골목 끝자락에 있는 교회에서 왔다고 했다. 그때는 수요예배 전이라 예배에 다녀온 뒤에 찾아뵙고 싶다고 하니 교회 주소를 적어주었다.

수요예배를 마치고 주소지로 찾아가보니 지하에 있는 작은 교회였다. 지금은 중국에서 선교 사역을 감당하는 K 목사님이었다. 목사님과 대화를 나누면서 왜 무당집에 방문했는지 알게 되었다. 목사님도 영적인 문제로 가정이 많은 환란과 고통을 당했고, 지금도 해결되지 않아서 그런 사람을 보면 도와주고 싶은 마음이 생긴다고 했다. 목사님과 대화를 나누면서 목사님의 가족 내력을 어렴풋이 알게 되었다.

목사님은 강원도 영월에서 아버님이 운수업을 해서 어린 시절 집에 사람을 두었을 정도로 유복하게 자랐다고 했다. 불교 집안이라 아버님의 사업이 성공하면서 절까지 지었는데 세월이 흘러 신의 바람이 불기 시작하면서 갑자기 아버님의 사업이 망하기 시작했고 가족에게 영적인 문제가 발생했다. 둘째 누나가 무슨 연유인지 귀신에 들리게 되었다. 그 일로 가족이 모두 교회에 나가게 되었지만, 둘째 누나의 영적인 문제가 해결되지 않은 채 남아 있었다.

그 누나는 원래 정상인이었는데 영적인 문제가 오면서 정신 질환이 생겼고, 이것이 해결되지 않아 그때까지도 정신과 치료를 받고 있었다. 지적 수준과 말하고 행동하는 것이 초등학생 수준으로 낮아졌다. 온전한 인격이었는데 영적인 문제로 정신 질환을 앓으면서 인격적인 손상을 입은 상태였다. 정신병원에 다니며 치료도 받았지만 차도가 없었고, 자주 함께 예배 드리고 안수기도를 해도 나아지지 않았다. 목사님은 우상숭배의 결과라며 치를 떨었다. 그러면서 누나가 좀더 일찍 예수님을 만났더라면 이러한 저주에서 해방될 수 있었을 것이라며 안타까워했다. 목사님의 누나는 오랜 세월이 흐르는 동안 교회도 다니고 정신과 치료도 받았지만 회복이 쉽지 않아 보였다. 그런 상황에서 목사님께서 우리 집에 어머니를 전도하기 위해 방문했던 것이다.

목사님께 그동안 신앙생활해온 것과 목사로 소명받은 것을 이야기하니까 적극적으로 도와주고 싶다고 말씀해주셨다. 목사님과 대화를 계속하면서 나는 목사님의 이야기에 공감했고, 목사님도 우리 가정의 영적인 문제에 공감하셨다. 이전에 어머니께 도움이 될 만한 사람들을 많이 만났는데, 그분들이 이해하고 도와주려 했던 것에는 감사하지만 대부분 나와의 공감보다는 카리스마 있게 해법만 제시하려는 경향이 있었다. 하지만 목사님은 우리 가정의 영적인 고통과 비슷한 일을 먼저 경험해서 그런지 내 처지와 어머니의 영적 상태를 충분히 공감해주셨다. 이런 점에서 내 마음이 많이 열렸고 의욕이 생기기 시작했다. 대화를 나누는 동안 불편함이나 부담감을 전혀 느낄 수 없었다.

어떤 사역자가 무당 전도할 때 무당과 마귀를 동일시하며 "마귀야 물러가라"고 외치는 것을 본 적이 있다. 무당은 마귀의 영에 사로잡혔지만 마귀는 아니다. 무당도 엄연히 인격이 존재한다. 그러기에 나는 무례한 방법으로 어머니의 인격을 무시하면서 복음을 전하고 싶지는 않았다. 그런데 목사님은 자신의 경험으로부터 나와 깊이 공감하며 어머니의 영적인 상태를 충분히 이해하고 계셨다. 악한 영들에게 사로잡혀 무당 일을 하고 있는 어머니의 영혼을 불쌍히 여기는 마음을 느낄 수 있었다. 대화를 나눌수록 나와 공감해줄 뿐만 아니라 어머니의 영혼을 불쌍히 여기는 마음이 있다는 것이 큰 위로와 용기가 되었다. 결국 내 마음이 움직였다. 이러한 목사님과 협력해서 어머니께 복음을 전하면 좋겠다는 생각이 들었다. 여러 사역자들을 만나보았지만 이번처럼 협력해서 어머니께 적극적으로 복음을 전해야겠다는 의욕이 생기기는 처음이었다. 그때의 만남을 통해 전도

사역을 하기 전에 상대방과 공감하는 자세와 영혼을 불쌍히 여기는 마음이 우선되는 것이 얼마나 중요한지 깨닫게 되었다. 이후 무속인들을 전도할 때마다 상대방에게 공감하고 그의 영혼을 불쌍히 여기는 마음으로 다가가서 복음을 전하고자 노력했다. 그런데 말씀을 묵상하면서 상대방에 공감하며 불쌍히 여기는 마음이 예수 그리스도의 마음이고, 이것이 곧 예수 그리스도의 사랑의 표현 방식이라는 것도 깨닫게 되었다.

예수님은 자신에게 나아오는 수많은 무리의 고통과 문제를 해결해주시기 전에 불쌍히 여기시는 마음부터 가지셨다. 방황하는 영혼이나 고통당하는 영혼들을 불쌍히 여기시는 마음이 그들을 돕는 마음의 동기였다. 예수님의 마음인 '불쌍히 여기다'의 헬라어는 '스플랑크니조마이(σπλαγχνίζομαι)'로, '창자가 끊어질 듯하다, 가슴이 찢어지는 것처럼 아프다, 동정심으로 움직이다'라는 의미다. 그러기에 불쌍히 여기는 마음은 깊은 곳에서 우러나오는 진심으로 돕고자 하는 마음이다.

> 무리를 보시고 불쌍히 여기시니(σπλαγχνίζομαι) 이는 그들이 목자 없는 양과 같이 고생하며 기진함이라(마 9:36).

예수님은 목자 없는 양처럼 고생하며 방황하는 영혼들을 불쌍히 여기는 마음을 먼저 가지셨다. 양들은 목자를 만나기 전까지는 참된 쉼과 평안을 누릴 수 없다. 예수님은 친히 목자로 오서서 양들의 모든 필요를 채워주셨다. 영혼의 양식인 말씀을 가르치셨고, 죄인들에게 천국 복음을 선포하셨고, 모든 질병과 약한 것을 고쳐주셨다(마 9:35). 예수님은 제자들에게 목자 없는 수많은 양들을 위하여 추수할 일꾼을 보내달라고 하나님께 기도할 것을 말씀하셨다(마 9:38). 예수님께서 목자 없는 양들을 향하여 가졌던 불쌍히 여기는 마음은 추수할 일꾼인 전도자가 갖추어야 할 마음의 자세였던 것이다.

예수님의 불쌍히 여기는 마음은 하나님 아버지의 마음과 동일하다. 둘째 아들이 아버지의 유산을 가지고 먼 나라에 가서 허랑방탕하게 살다가 모든 것을 잃었다. 비로소 죄를 깨닫고 회개하여 아버지께 돌아왔을 때 아버지가 그 아들을 맞아준 마음이 불쌍히 여기는 마음이다.

> 이에 일어나서 아버지께로 돌아가니라 아직도 거리가 먼데 아버지가 그를 보고 측은히 여겨(σπλαγχνίζομαι) 달려가 목을 안고 입을 맞추니(눅 15:20).

아버지는 집나간 아들이 돌아오기만을 기다리고 있었고, 그 아들이 나타났을 때 먼저 발견하고 달려가서 기쁨으로 맞아주었다. 피곤하고 지친 영혼을 있는 모습 그대로 안아주었고, 성대하게 잔치를 베풀어주며 이전의 아들의 지위를 회복시켜주었다. 아버지가 돌아온 아들을 기다리셨고, 먼저 보셨고, 달려가셨고, 기쁨으로 맞아주시는 모든 행동에서 아버지의 불쌍히 여기는 마음이 잘 나타나 있다.

하나님의 마음이자 예수님의 마음인 불쌍히 여기는 마음을 가져야 할 것을 예수님은 선한 사마리아인의 비유에서 잘 설명하신다. 70인의 제자들이 전도 파송되고 돌아오자 그들의 보고를 들은 예수님께서 이 비유를 말씀하셨다. 예수님은 강도를 만나 고통당하며 죽어가는 자에게 누가 진정한 이웃이 되겠냐고 물으셨다.

> 어떤 사마리아 사람은 여행하는 중 거기 이르러 그를 보고 불쌍히 여겨(σπλαγχνίζομαι) 가까이 가서 기름과 포도주를 그 상처에 붓고 싸매고 자기 짐승에 태워 주막으로 데리고 가서 돌보아 주니라(눅 10:33-34).

선한 사마리아인은 피해를 당한 사람의 생명을 구하기 위해 가던 길을 멈추고 모든 물질과 시간과 노력을 쓰는 태도를 보여주었다. 선한 사마리아인이 이렇게 행동할 수밖에 없었던 것은 그에게 불쌍히 여기는 마음이 있기 때문이었다. 이 마음은 예수님의 마음이자 하나님의 마음이기도 하고, 전도자가 반드시 가져야 하는 마음이기도 하다. 누군가를 돕고자 하고 복음을 전하고자 한다면 이러한 불쌍히 여기는 마음이 앞서야 한다.

목사님과 협력해서 어머니께 복음을 전해야겠다는 결심이

선 이상 빨리 실행에 옮기고 싶었다. 뛰는 가슴을 주체할 수 없어 마냥 뒤로 미룰 수가 없었다. 그래서 바로 다음 날 저녁 다시 우리 집에 오셔서 어머니를 전도하는 데 도움을 주시면 좋겠다고 말씀드렸다. 목사님은 결연하게 "그럼 내일 저녁 7시에 봅시다"라고 약속해주셨다.

목사님과 약속을 하고 뜨거운 가슴을 안고 집으로 돌아왔지만, 내일 무슨 일이 어떻게 일어날지 그때는 어렴풋이도 몰랐다. 단지 어머니께 복음을 전할 기회를 만들어보자는 것까지만 생각하고 있었다. 그다음은 하나님 손에 맡긴다는 심정이었다. 어머니를 전도하기 위해 그동안 기도하며 여러 차례 시도해보았지만, 결과는 내 뜻대로 되는 것이 아니라는 것을 잘 알고 있었다.

나중에 그때를 돌아보니, K 목사님을 만나게 되고 다음 날 다시 만나기로 약속하는 모든 과정 가운데 하나님은 어머니의 구원을 위해 주도적으로 이끌고 계셨다는 것을 깨달았다. 지금 이 순간 하나님께서 나의 삶을 인도하고 계신다고 고백하는 것은 쉽지 않다. 때로는 하나님께서 지금 이렇게 인도하신다고 확신했는데 나중에 보니 그렇지 않은 경우도 종종 발생한다. 그럼에도 매 순간 하나님의 뜻에 순종하고자 최선을 다한다면, 그 발걸음을 인도하시는 분은 하나님이라는 사실은 명백하다.

chapter 12

-

말씀이 마음의 중심을 붙잡아주다

> 요시야가 또 유다 땅과 예루살렘에 보이는 신접한 자와 점쟁이와
> 드라빔과 우상과 모든 가증한 것을 다 제거하였으니
> 이는 대제사장 힐기야가 여호와의 성전에서 발견한 책에
> 기록된 율법의 말씀을 이루려 함이라
> (왕하 23:24)

지금도 그날의 놀라운 은혜와 기적들을 잊을 수 없다. 어머니가 예수님을 영접하며 마귀의 종에서 하나님의 자녀로 거듭나던 날이었기에…. 어머니의 인생과 우리 가족에게 출애굽의 역사가 일어났던 날이다.

그날 하루는 영천장로교회에서 새벽기도회를 드리는 것으로 시작했다. 전날 만난 K 목사님과 약속이 있어서 영적으로 더 준비하기 위해 평소보다 간절히 기도했다. 이렇게 간절하게 기도했던 시간이 있었던가? 무엇보다 하나님께서 앞서 행하시도록

기도했다. 부모님 중에 한 분이라도 저녁 시간에 다른 곳에 계셔도 안 되었고, 점 손님이 와서도 안 되었고, 갑자기 무슨 일이 생겨서 부모님이 그 자리를 비워도 안 되었다. 그래서 부모님께 복음을 전할 수 있는 환경을 열어달라고 기도했다.

그날도 평소처럼 아침 일찍 도서관에 가서 먼저 말씀을 묵상하며 공부를 시작했다. 말씀 묵상은 하나님과의 관계를 점검하며 말씀 중심으로 신앙생활 할 수 있도록 이끌어주었다. 그리고 변화무쌍한 환경과 감정과 주변 사람들의 말에 흔들리지 않도록 중심을 잡아주는 역할을 했다. 이전에는 큐티 교재로 말씀을 묵상했는데, 신학대학원 입시 공부를 시작하면서부터는 통독과 정독을 함께하면서 성경 한 장씩을 묵상하고 있었다.

그날 묵상하던 본문은 열왕기하 23장에 등장하는 요시야의 종교개혁 장면이었다. 그날 어머니 전도를 앞두고 의도적으로 이 본문을 선택해서 묵상한 것이 아니었다. 성경을 한 장씩 차례대로 묵상해오면서 우연치 않게 이 본문을 묵상하게 되었다. 그날 아침 이 말씀을 묵상한 것이 밤늦은 시간까지 나의 중심이 흔들리지 않도록 잡아주었다. 말씀 가운데 요시야의 종교개혁이 여호와의 전에서 발견된 율법 책인 말씀을 근거로 철저히 실행되는 것에 눈길이 갔다. "이 책에 기록된 이 언약의 말씀을 이루게 하리라"(왕하 23:3)는 구절을 통해 하나님의 말씀을 듣는 자세에는 그 말씀이 나의 삶 속에 성취되도록 순종하고자 하는 믿음과 결단이 필요함을 깨달았고, 그 말씀을 어떻게 실천할 것인지 묵상했다. 요시야는 언약의 말씀을 근거로 철저하게 우상숭배를 제거했다. 4-6절 말씀을 집중적으로 묵상했다.

> 왕이 대제사장 힐기야와 모든 부제사장들과 문을 지킨 자들에게 명령하여 바알과 아세라와 하늘의 일월성신을 위하여 만든 모든 그릇들을 여호와의 성전에서 내다가 예루살렘 바깥 기드론 밭에서 불사르고 그것들의 재를 벧엘로 가져가게 하고 옛적에 유다 왕들이 세워서 유다 모든 성읍과 예루살렘 주위의 산당들에서 분향하며 우상을 섬기게 한 제사장들을 폐하며 또 바알과 해와 달과 별 떼와 하늘의 모든 별에게 분향하는 자들을 폐하고 또 여호와의 성전에서 아세라 상을 내다가 예루살렘 바깥 기드론 시내로 가져다 거기에서 불사르고 빻아서 가루를 만들어 그 가루를 평민의 묘지에 뿌리고(왕하 23:4-6).

묵상하면 묵상할수록 이 구절의 장면이 어머니의 신당과 너무나 뚜렷하게 오버랩되어 다가왔다. 바알과 아세라와 하늘의 일월성신과 그 신들을 위한 기명들은 기능과 역할에서 어머니의 신당에 모셔져 있는 신들과 별반 차이가 없어 보였다. 바알 신과 아세라 신이 인간에게 풍요와 다산을 약속해주는 것이나 무속의 신들이 인간의 복과 생명을 주관하는 것이나 마찬가지였다. 일월성신의 이름으로 신상들이 있는 것은 아예 똑같았다. 요시야가 우상숭배를 얼마나 증오했던지 신상들과 기명들을 불사르는 것도 모자라 그것들을 가루로 빻아서 기드론 시내에 뿌리게 했다. 나는 특별히 이 장면이 마음에 다가왔다. 하나님이 얼마나 우상숭배를 미워하시는지에 대한 요시야의 믿음과 앞으로 어떠한 우상숭배도 허락하지 않겠다는 의지의 표현이라고 묵상했다. 요시야가 우상숭배를 없애는 과정을 묵상하면서 내가 요시야의 입장이었다면 어떻게 했을지, 성경에는 없는 나의 처지와 복잡한 감정이 투사된 가정과 상상을 해봤다.

"요시야가 권세를 가진 왕이라 할지라도 오랜 세월 물들어서 익숙해 있는 우상숭배를 단번에 없애는 것이 결코 쉽지 않았을 것이다. 강하게 반대하는 사람들은 없었을까?"

"율법책의 말씀을 듣고 그 순간 우상숭배를 없애야겠다고 단박에 결심했을까? 아니면 시간 여유를 가지고 천천히 결심했을까?"

"우상을 위한 신상들과 기명들은 좋은 재료를 사용한 값비싼 물건들이었을 텐데, 그것들을 불사르고 가루로 빻는 것을 아까워하며 망설이지는 않았을까?"

"우상숭배하던 물건을 만지거나 제거하면 안 좋은 일들이 생길 수 있다는 것을 불안해하거나 염려하지는 않았을까?"

극심한 우상숭배라는 공통분모가 있어서 요시야의 입장에 나를 대입하며 이런저런 상상을 해봤다. 나의 염려와 걱정과 달리 요시야는 어떠한 주저함도 없이 과감하게 우상숭배를 없애는 종교개혁을 단행했다. 요시야의 믿음의 결단을 묵상하면서 많은 것을 생각하게 되었고 깊은 인상이 남았다. 이것은 단순히 성경에 있는 위대한 믿음의 소유자인 요시야의 이야기가 아니라 내가 조금 있으면 직면하게 될 실제 상황이기도 했다. 그러면서 하나님의 말씀에 대한 요시야의 태도를 보게 되었다.

> 요시야가 또 유다 땅과 예루살렘에 보이는 신접한 자와 점쟁이와 드라빔과 우상과 모든 가증한 것을 다 제거하였으니 이는 대제사장 힐기야가 여호와의 성전에서 발견한 책에 기록된 율법의 말씀을 이루려 함이라(왕하 23:24).

하나님의 말씀이 그의 삶 속에서 이루어지도록 행동하는 모습이다. 하나님의 말씀을 삶 속에서 살아내는 것이 진정한 믿음임을 깨닫게 되었다. 그래서 요시야는 우상숭배를 주도하고 조장하는 예루살렘에 있었던 신접한 자와 박수를 제거했다. 여기서 신접한 자는 여자 무당을, 박수는 남자 무당을 의미한다. 그리고 우상숭배와 관련된 모든 기구들을 예루살렘에서 제거하도록 단행했다. 요시야는 율법 말씀을 성취하기 위해 이런 일을 결행했다. 철저히 말씀 중심으로 생각했기 때문에 가능했다. 우상숭배가 극심하던 당시 상황을 고려하면 이런 결행은 쉽지 않았을 것이다. 여기에 더해서 하나님 말씀대로 순종하고 그 후 일어날 일들은 하나님께 온전히 맡겼기 때문에 가능했던 것이다. 나도 요시야와 같은 믿음과 결행을 통해 하나님의 말씀이 내 삶

속에서도 이루어질 수 있기를 기도했다.

특별히 요시야의 종교개혁에서 마음 아프게 다가왔던 부분은 신접한 자나 무당을 제거하는 장면이었다. 이전부터 구약에서 무당 관련 본문이 나오면 어머니가 연상되어 괴롭고 힘들었다. 율법에 "너는 무당을 살려두지 말라"(출 22:18)고 명시되어 있기 때문이었다. 이스라엘은 하나님이 다스리시는 신정국가인데 무당은 악한 영과 교통하며 하나님의 백성을 미혹하여 하나님을 거역하도록 만들었기에 용납될 수 없었다. 우리나라는 이스라엘과는 종교적 배경이 다르지만, 무당 일이 우상숭배를 조장하고 영혼을 혼미케 하는 데 일조한다는 생각 때문에 늘 무거운 부담이 있었다. 그래서 늘 어머니께 복음을 빨리 전해야겠다는 조급함이 있었다. 그런데 오늘 본문을 통해 다시 그런 마음이 솟아나 더 간절히 기도할 수밖에 없었다.

우상들과 무당들을 제거한 요시야의 종교개혁을 묵상하면서, 단 한 사람이 언약의 말씀 앞에 순종하기로 결심하니까 놀라운 일이 벌어진다는 것을 깨달았다. 주변 사람들과 환경을 의식하지 않고 하나님과 언약의 말씀에 온전히 순종하기로 하면 결과는 하나님께서 책임지신다는 것을 확신했다. 그날 깨달은 말씀을 삶에 적용하며 '하나님! 요시야처럼 언약의 말씀에 근거해서 우상숭배 제거에 대한 믿음과 결단을 저에게도 주시옵소서'라고 기도했다.

이 말씀 묵상이 나의 중심이 흔들리지 않도록 붙잡아줄 줄은 그때는 몰랐다. 그날 저녁에 부모님을 전도할 때 아침에 묵상한 말씀이 어려운 상황과 여건에 타협하거나 굴복하지 않고 하나님의 뜻과 하나님께서 기뻐하는 일을 추구하도록 이끄는 힘이 되었다. 또한 수많은 갈등과 고민을 뛰어넘어 확신 가운데 나아가도록 도와주었다.

chapter 13

우상숭배에서 해방되는 길이 있어요

그러므로 이제 그리스도 예수 안에 있는 자에게는 결코 정죄함이 없나니
이는 그리스도 예수 안에 있는 생명의 성령의 법이
죄와 사망의 법에서 너를 해방하였음이라
(롬 8:1-2)

    1998년 5월 27일 목요일, 약속 시간인 저녁 7시가 다가올수록 더욱 초조해졌다. 마귀의 방해 없이 부모님이 모두 집에 계셔야 했기 때문이다. 다행히 부모님과 저녁식사를 하게 되었고, 식사 후엔 커피를 마시며 거실에 앉아 있었다. 부모님이 나가시지 않고 집 안에 계신 것부터가 하나님이 이미 일하고 계신 것이었다.

    '띵동' 하는 초인종 소리가 나자 내가 급히 나갔다. K 목사님이 사모님과 친구 목사님 두 분과 함께 방문해주셨다. 반갑게 인

사하며 안으로 안내하는데 어머니가 어제 오셨던 목사님인지 알게 된 순간 갑자기 돌변했다. 어제처럼 부엌에서 소금과 고춧가루를 바가지에 담아 나와서는 그분들을 향해 뿌려댔다. 그리고 부릅뜬 눈과 거친 목소리로 욕설을 퍼붓기 시작했다.

"재수 없는 서양 귀신들은 물러가라. 남의 영업을 방해해도 유분수지! 미친 연놈들, 싸가지 없게."

어머니는 알 수도 없고 들어보지도 못한 욕설들을 퍼붓고는 맨발인 채로 집 밖으로 뛰쳐나갔다. 분노와 욕설의 수위가 어제와는 비교할 수 없을 정도로 강했다. 내 얼굴이 화끈거려 목사님들께 너무 무안하고 송구스러웠다. 마귀와 악한 영들의 최후의 발악이고 저항이었다. 나중에 어머니께 그때의 상황을 설명드리며 왜 그러셨냐고 여쭤봤더니 이렇게 고백하셨다.

"그때는 내가 내 몸이 아니었어. 귀신 바가지였으니까 그렇게 했지."

목사님들은 어머니께 갑작스럽게 봉변을 당했지만 마귀의 역사라는 것을 아시니 개의치 않았다. 그 상황에서도 자연스럽게 웃으면서 인사하고 집 안으로 들어왔다. 이번에는 어제와 오늘의 상황을 지켜보신 아버지가 화가 치밀어 오르는 듯이 고성을 지르기 시작했다.

"당신들이 뭔데 우리 집에 와서 이래라 저래라 그러는 겁니까? 아내가 싫다는데 왜 자꾸 오는 거요? 남의 집에 분란만 일으키고…."

"무당 일 아무나 하는지 알아요. 할 수 있다고 하고 할 수 없다고 안 하는 것이 아니에요. 다 팔자고 운명이지."

"왜! 남의 가정사에 개입하는 거요. 돌아가세요."

아버지도 어머니처럼 화를 내며 손님들을 다그쳤다. 그도 그럴 것이, 전혀 알지도 못하고 친분도 없는 사람들이 느닷없이 찾아와서는 어머니의 무당 일을 언급하며 뭐라고 하는 것 자체가 불쾌한 일이었다. 아버지는 우리 집이 오히려 어머니가 무당이 되면서 안정되고 편안해졌다고 생각하셨다. 사실 모르는 사람들이 갑자기 찾아와서 남의 인생에 가타부타하는 것은 예의에 어긋나고 경우에도 바르지 못한 일이다. 아버지도 이런 예의 없는 행동이 남의 집에 분란만 더 초래하고 있다고 여기신 것이다. 그러나 아버지의 분노와 거부에도 불구하고 나와의 약속이 먼저 있었기에 목사님들은 거실로 들어와서 둥그렇게 둘러앉았다. 목사님들은 웃는 낯으로 "안녕하세요? 평안하세요?"라며 일상적인 인사를 건넸다. 웃는 얼굴에 침 못 뱉는다고, 아버지는 이미 들어와 앉아 계신 분들에게 나가라고 하시지는 못했다. 나는 떨리고 조마조마한 목소리로 "아버지! 제가 초대한 목사님들이에요"라고 소개했다. 나를 나무라고 화내실 줄 알았는데 아버지는 아무 말씀도 없었다. 천만다행이었다. 나는 준비한 커피와 과일을 내왔다. 잠시 어색한 침묵이 흐르고 친구 목사님 중 한 분이 진지하게 말씀을 꺼냈다.

"아버님! 어머님이 무당에서 해방되는 길이 있어요. 아드님이 목사 된다고 들었는데 아드님 뜻 따르셔야죠?"

우리 집에 방문하기 전에 내가 목사로 소명받은 것을 이미 알고 말씀하신 것인데, 처음부터 너무 세게 나오는 것이 아닌가 싶었다. 나와 다른 분들은 상황을 예의주시하며 사탄의 역사를 대적하는 기도를 마음속으로 하고 있었다. 아버지가 별다른 반응을 보이지 않자 말을 계속 이었다.

"우상숭배하면 집안이 망하고 자녀들에게 대물림됩니다."

목사님들은 우상숭배했던 자신들의 집안 이야기와 왜 목사가 됐는지 등의 이야기를 돌아가면서 꺼내며 아버지와 공감대를 형성하려고 했다. 어떤 목사님은 부모님이 칠성신에게 그렇게 빌고 섬겨서 집안이 잘 되는 것처럼 보였지만 결국 오히려 우환만 들끓었다고 했고, 다른 목사님은 조상을 섬기며 우상숭배했지만 그게 다 소용없는 것이었다고 했다. 이런 대화들 가운데 어떻게 목사가 되었는지를 세세하게 간증하기도 했다. 아무래도 목사가 되려는 나를 접촉점으로 삼아 대화를 풀어가는 것으로 보였다. 무속인을 전도하면서 자녀를 접촉점으로 대화를 풀어가는 것만큼 유익한 것은 없다. 어떤 부모도 자식만큼은 끔찍이 생각하기 때문인데, 특히 자녀에게 무당의 영적인 고통이나 무당 일이 고스란히 대물림된다는데 흔들리지 않을 부모가 어디 있겠는가?

보통의 부모라면 자식에게 무당 일을 대물림시키기를 원하지 않는다. 자녀에게 무당 일이 대물림되어도 괜찮다고 하는 분들이 간혹 있는데, 이것은 신의 풍파 때 겪는 고통을 알거나 그것을 운명으로 받아들이기 때문이지 본심은 자녀에게 대물림되는 것을 원치 않는다. 목사님들은 지금껏 겪어온 예를 들면서 우상숭배의 허구를 이야기하고, 자녀들의 앞날을 위해서라도 무속에서 벗어나야 한다고 설득했다. 말씀하시는 분 외에는 아버지를 위해 기도하며 영적인 싸움을 하고 있다는 것을 느낄 수 있었다.

아버지도 우리 집에 있었던 우환과 고통 가운데 어머니가 무당 되면서 겪은 일들을 나누었다. 목사님들이 아무리 설득해도 어머니는 무당에서 벗어날 수 없다는 것을 반증하기 위함이었다. 그래도 놀라운 것은, 하나님의 은혜로 아버지가 목사님과 대화를 이어갔다는 것이다. 목사님들의 말에 반감을 드러내시기도 했지만 그래도 마음이 조금이라도 열렸으니 가능한 일이었다. 그렇지 않았다면 집 밖으로 나가시면 그만이었다. 서로 대화를 주고받는 가운데 시간이 흘러 밤 11시가 가까워졌다. 전도하면서 이렇게 오랜 시간 동안 복음을 전하기 위해 인내의 시간을 갖는다는 것은 결코 쉬운 일이 아니다. 아버지는 복음을 들을 듯 말 듯하는 모습만 되풀이하며 시간만 지체하고 계셨다. 그런데 이 또한 어머니를 만날 시간을 벌어주려는 하나님의 계획이었다. 나는 대화 도중에 나와서 어머니가 어디 계시는지 찾아봤는데 다행히 앞집 할머니 댁에 머무르고 있었.

결국 목사님들 중 한 분이 "오늘은 너무 늦었으니 다음에 다시 찾아뵙겠습니다"라며 인사를 건네고 모두 일어났다. 부모님 전도 계획이 이렇게 끝나는가 싶었다. 복음을 전하기 위해 장장 네 시간 동안 사탄을 대적하는 기도를 하면서 아버지를 설득하고 복음 전할 기회를 찾으려고 애쓰신 목사님들이 너무 고마웠다. 하지만 다음 기회로 미뤄야 한다는 생각이 들자 몹시 아쉬웠다. 무엇보다 새벽에 간절히 기도하고 이 시간만을 기다려왔고, 특별히 아침에 요시야의 종교개혁을 묵상하면서 철저한 우상숭배 제거를 나의 삶에도 적용되게 해달라고 기도했는데 이대로 끝낼 수 없다는 생각이 들었다. 무엇보다 목사님들과 어머니가 대화할 기회조차 없었던 것이 못내 아쉬웠다. 우리 집이 있는 2층에서 목사님들을 현관까지 배웅하러 내려가는데 아침에 묵상했던 말씀이 계속 떠올랐다. 그 말씀이 나의 중심을 붙잡았다. 목사님께 어려운 발걸음을 했는데 어머니를 한번만이라도 만나는 것이 다음 기회를 위해서라도 좋겠다는 생각이 들었다. 그래서 계단을 내려오는 도중에 목사님들에게 "너무 늦은 시간이라 죄송한데요. 그래도 어머니를 한번만 만나 뵙고 가실 수 있겠어요?"라며 간곡히 부탁했다. 어떻게든 어머니 전도를 위해 할 수 있는 최선을 다하고 싶었다. 늦은 밤이었음에도 "그럼 인사라도 하고 가지요"라는 대답이 돌아왔다. 나는 들떠서 어머니가 계시던 앞집 할머니 댁으로 모두 모시고 갔다. 할머니 댁은 한 칸짜리 반지하방이어서 다 들어가기에는 비좁은 방이었다. 나와 목사님 한 분만 인사하기 위해 방 안으로 들어가고 나머지 분들은 밖에서 기다렸다.

　목사님들께서 우리 집에 들어오실 때 어머니는 맨발로 뛰쳐나가 동네를 배회하다가 소주 두 병을 사가지고 할머니 댁에 와서 혼자 다 마시고는 눈물로 할머니께 그토록 하소연을 했다고 한다. 할머니는 어머니가 무당 일하며 서럽고 힘들어할 때마다 찾아와서 하소연하면 친정엄마처럼 들어주고 위로도 해주는 고마운 분이었다.

　방 안은 술 냄새가 가득했고 어머니의 얼굴은 눈물자국으로 얼룩져 있었다. 몇 시간째 울고 계셨다. 마귀와 악한 영들이 떠날 날이 된 줄로 알고 서럽게 울었던 모양이다. 나는 앞집 할머니께 "오늘 우리 집에 오신 분들은 목사님들이세요. 어머니를 전도하려고 했어요"라고 솔직하게 말씀드렸다. 방 안에 들어온 목사님은 어머니를 보자마자 "아주머님! 시간이 너무 늦었어요. 저희들 그만 가볼게요"라며 작별인사를 건넸다. 말 그대로 인사만 하고 떠나려 했다. 그런데 그 순간 할머니가 진심어린 걱정으로 어머니를 타일렀다.

　"내가 딸 같아서 얘기하는데, 아들 뜻 따라. 내가 살아온 인생을 알잖아. 그 길밖에 없어."

　할머니께서 구체적으로 무슨 말씀을 하시는지 그 순간에는 몰랐다. 그런데 어머니는 그 말귀를 알아듣고는 조금 망설이더니 놀라운 고백을 하셨다.

　"우리 집 대장은 남편이니, 남편이 따르면 저도 따를게요."

전혀 예상하지 못했던 어머니의 대답에 내 심장이 뛰기 시작했다. 염치 불구하고 흥분된 목소리로 다시 목사님들께 부탁했다.

"좀 늦었지만 아버지를 다시 한 번만 만나주시겠어요. 아버지가 믿으면 어머니도 따라서 믿으시겠대요."

이미 밤 11시가 넘은 시간이었다. 부모님이 오늘 예수님을 믿으실지 나중에 믿으실지 알 수 없는 일이었다. 하지만 내겐 복음을 전해서 하나님이 역사하시면 믿으시게 되리라는 확신이 있었다. 아니더라도 나중에 그 복음이 역사할 것이라고 믿었다. 어쨌든 복음을 전할 기회를 마련하게 된 것이다.

할머니와 어머니 그리고 목사님들과 다시 우리 집으로 올라갔다. 아버지는 어머니를 기다리며 잠자리를 준비하고 계셨는데 갑자기 목사님들이 다시 오니까 영문도 모른 채 어리둥절하셨다. 모두 다시 거실에 둘러앉았다. 나는 담대하고 확신에 찬 목소리로 아버지에게 말씀드렸다.

"아버지! 아버지가 예수님 믿으시면 어머니도 따라서 믿으신대요."

아버지는 당황하는 모습이 역력했다. 조금 전까지 네 시간 넘게 설득해도 복음을 들으려 하지 않았는데 그 말을 다시 끄집어낸 것이다. 반응이 어떨지 걱정이 앞섰는데, 그런 걱정할 틈도 없이 할머니께서 이번엔 아버지를 타이르셨다.

"아재! 아들 뜻 따라."

그러면서 뜻하지 않게 할머니께서 살아온 인생을 간증하셨다. 아버지를 설득하기 위해서였다.

"나는 젊어서 식당을 크게 했고 남편은 경찰로 남부럽지 않게 살았어. 그거 알잖아? 그런데 나에게 신기가 있고 신의 풍파가 찾아오면서 집안이 망하게 되었어. 남편은 경찰하다가 그만두게 되고 식당도 영업이 제대로 되지 않아 점점 어려워졌지. 몸은 몸대로 아프고 해서 점을 봤더니 내림굿을 받아야 한다는 거야. 내림굿을 여러 번 받았지만 무당으로 불리지도 못하고, 집안에 법당만 모시고 신의 기운을 누르는 눌림굿만 하고 식당일을 계속했어. 그런데 그 많던 재산 다 날리고 망하게 되었지. 그럭저럭 식당일 하는데 하루는 이웃집에 사는 분이 우리 교회에 부흥회 있으니까 딱 한 번만 가자며 너무 귀찮게 하는거야. 그래서 마지못해 한 번만 가겠다고 하고는 부흥회에 갔지. 그런데 설교가 끝나갈 무렵 갑자기 강대상에서 불덩어리가 내 머리로 날아와서 부어지는 거야. 그러면서 내 속에서 뭔가 빠져나가며 '요년아 내가 졌다' 이런 소리가 들리지 뭐야. 이런 일이 세 번 연달아 일어났어. '요년아 내가 졌다.' '요년아 내가 졌다.' '요년아 내가 졌다.' 이 일이 있은 후로 우리 가족 모두가 교회에 나가게 되었어. 그러고 나서 법당을 치웠지. 우상숭배해서 집안 다 망하고 교회에 나가게 된 거야. 그래서 지금은 정부에서 보조금 받으며 반지하방에서 살고 있잖아. 무당 일 잘되는 것 같아도 결국에는 망하는 길이야."

전혀 예상치 못했던 할머니의 놀라운 간증이 이어지는 동안 주변에는 숨소리 하나 들리지 않았다. 나를 포함해 주위에 둘러앉은 분들은 모두 부모님을 위해 기도하고 있다는 것을 느낄 수 있었다. 머리를 숙이고 잠잠히 듣고 있던 아버지에게 할머니께서 마지막으로 쐐기를 박는 권면을 하셨다.

"아들 뜻 따르고 교회에 다녀."

아버지는 할머니의 말씀에 어떤 반박도 하지 않고 얼굴이 굳어지며 심각해지셨다. 고민하는 눈치였다. 이 기회를 잡아 한 목사님이 할머니의 말을 거들었다.

"무당에서 해방되는 길이 있어요. 예수님 믿으면 집안의 모든 저주는 사라집니다. 할머니가 말씀하신 것처럼, 무당 일 계속하시면 집안이 망하고 자녀에게 대물림됩니다. 아드님을 위해서라도 예수님을 믿으시기 바랍니다."

기도하는 영적인 분위기에 압도된 것일까? 아버지는 뭔가 결심한 듯 심각하고 단호하게 대답하셨다.

"그럼, 믿어볼게요. 예수님 한번 믿어보지요."

하나님의 전적인 은혜라고밖에 할 수 없는 아버지의 놀라운 고백이었다. 믿어보겠다는 아버지의 말에 어머니도 스스로 "나도 따라서 믿을게요"라고 고백하셨다. 무당 어머니 입에서 예수님을 믿겠다는 놀라운 고백이 나온 것이다. 어머니는 아버지를 따라 함께 복음을 들을 수 있는 상황이 되었다. 이 기회를 놓칠세라 지체 없이 한 목사님께서 예수 그리스도의 복음을 전하기 시작했다. 결정적이고 중요한 순간에 기도를 늦출 수 없어서 눈을 뜬 채 부모님의 반응을 살피며 더욱 간절하게 기도하기 시작했다. 복음 메시지는 무당인 어머니를 염두에 두고 간단명료하게 전해졌다. 하나님의 천지창조와 하나님의 형상대로 지음 받은 인간을 설명하고, 하나님의 말씀을 거역하고 타락함으로 죄인이 된 인간이 얼마나 심각하고 비참한 상황이 되었는지 우상숭배의 실례를 들며 설명하셨다. 모든 문제의 근원인 죄 문제를 해결하지 않고는 영적 고통에서 벗어날 길이 없다고 단호하게 말씀을 전하셨다.

오직 예수 그리스도만이 죄 문제를 해결할 수 있으며 우상숭배의 저주를 완전히 끊을 수 있다고 확신 있게 선포했다. 예수님은 하나님의 아들이시며 그리스도로 오셔서 세 가지 직분을 감당하셨는데, 선지자로서 하나님을 알게 하고, 제사장으로서 우리 죄를 용서해주시고, 왕으로서 우리를 다스리시는 분이라고 설명했다. 예수님께서 어머니의 죄를 대신하여 십자가에 못 박혀 죽으시고, 죄와 사망의 권세를 이기고 부활하셔서 어머니께 새 생명을 주신다고 설명했다. 예수님의 십자가와 부활을 믿음으로 받아들이고 예수님을 나의 구주, 나의 하나님으로 영접하면 죄에서 구원받고 하나님의 자녀가 되어 마귀의 종인 무당에서 완전히 벗어난다고 증거했다. 하나님의 자녀가 되면 예수님의 이름으로 마귀도 물리치고, 예수님의 이름으로 기도하면 어떤 어려움도 극복할 수 있도록 하나님이 도와주신다는 확신도

주었다. 무엇보다 어머니가 두려워하거나 불안해하지 않도록 애쓰시는 것 같았다. 드디어 복음을 다 전한 후 부모님이 예수님을 믿을 수 있도록 했다.

"예수님을 나의 구주, 나의 하나님으로 영접하시겠습니까?"

모두의 시선이 아버지에게 향해 있었다. 침묵 속에 얼마간의 시간이 흘렀다. 누구도 재촉하지 않고 숨죽여 아버지의 응답을 기다리고 있었다.

"한번 믿어보지요."

"저도 남편 따라서 하겠어요."

어머니는 조금 전에 약속하신 대로 아버지의 응답이 떨어지기가 무섭게 바로 대답하셨다. 자정을 넘어가고 있었다. 오랜 영적인 싸움은 이렇게 승리로 기울고 있었다. 목사님의 영접 기도문 한 구절 한 구절을 모두가 함께 따라했고 부모님은 예수님을 나의 구주, 나의 하나님으로 영접했다. 무당인 어머니가 예수님을 영접할 때 귀신을 쫓기 위한 의식 같은 것은 하지 않았다. 할 필요도 없었다. 성경은 악한 영들을 쫓기 위한 어떤 의식을 요구하지 않고 믿음만 요구한다. 귀신에 사로잡힌 무당이라 할지라도 본인의 의지가 있는 한 예수 그리스도를 마음으로 믿고 입으로 시인하면 구원을 받는다.

> 네가 만일 네 입으로 예수를 주로 시인하며 또 하나님께서 그를 죽은 자 가운데서 살리신 것을 네 마음에 믿으면 구원을 받으리라 사

람이 마음으로 믿어 의에 이르고 입으로 시인하여 구원에 이르느니라(롬 10:15).

이 말씀은 불신자뿐만 아니라 무속인들에게도 동일하게 적용되는 구원의 길이다. 어머니가 예수님을 영접한 순간 어머니 속에 거했던 귀신의 영들은 쫓겨났다. 귀신을 쫓는 가장 확실한 방법은 예수 그리스도를 영접하는 것이다. 귀신이 쫓겨나는 경험적인 현상은 흔히 있지만, 당사자가 예수 그리스도를 영접했을 때 비로소 귀신이 떠나갔다는 확증이 되는 것이다. 성령이 들어온 마음에 마귀는 다시 들어오지 못한다. 어머니는 마귀의 종에서 하나님의 자녀로 거듭났다. 마귀의 통치 가운데 있던 공포의 삶에서 성령의 통치를 받는 자유의 삶을 얻었다. 예수님을 영접한 순간 어머니께 일어난 놀라운 은혜의 일이었다.

오랜 영적 전쟁은 예수님의 십자가와 부활을 통해 죄와 사망의 권세, 곧 배후에서 역사하는 마귀의 권세를 이기신 예수 그리스도를 영접함으로 끝났다. 소주 두 병을 마시고 취한 상태에서 예수님을 영접한 사람은 어머니가 유일할 것이다. 그러나 어머니는 영접할 당시 정신은 또렷했다고 한다. 한 목사님께서 부모님께 마음을 확인하는 질문을 하셨다.

"예수님 영접하니까 어떠세요?"

아무래도 무당인 어머니의 마음에 어떠한 변화가 생겼는지 궁금해서 그렇게 질문하신 것 같았다. 나 또한 대답이 궁금했다.

"다 끝났네요. 이제는 해방된 마음입니다."

기대하는 마음으로 기다리는데 아버지가 먼저 대답했다. 그냥 현실적인 대답이었다. 아버지는 귀신이 어머니를 밤이고 새벽이고 깨워서 산으로 바다로 기도를 가게 하면 어머니의 안전이 걱정돼서 항상 따라다니셨다. 이제 이런 것 안 해도 된다고 하니 해방된 기분인 것이었다. 어머니는 이렇게 고백했다.

"마음이 편안합니다."

그동안 마음 편할 날이 없었는데 예수님을 영접한 후 처음으로 느낀 감정이 편안함이었다. 무당이 내림굿을 받을 때 귀신을 받아들이고 처음으로 느끼는 감정도 편안함이라고 한다. 수많은 고민과 갈등을 거친 뒤 신을 받아들였기에 귀신들의 괴롭힘이 끝났다고 생각하기 때문이다. 하지만 이것은 거짓 편안함이다. 그때 그 순간 편안함은 느끼지만 이후 귀신 섬기기를 소홀히 하거나 잘못 섬기면 공포와 징벌이 닥친다. 그러나 어머니가 예수님을 영접하고 나서 느꼈던 편안함은 내림굿 이후 느끼신 감정과는 사뭇 다른 것이었다. 귀신의 어떤 해코지나 방해가 없었다는 데서 오는 안도감과 더불어 예수님을 영접했기에 그리스도가 직접 다스리시는 마음의 편안함이었다. 이것은 예수님이 주시는 진정한 마음의 편안함, 곧 평안이다.

평안을 너희에게 끼치노니 곧 나의 평안을 너희에게 주노라 내가 너희에게 주는 것은 세상이 주는 것과 같지 아니하니라 너희는 마음에 근심하지도 말고 두려워하지도 말라(요 14:27).

어머니는 세상이 줄 수 없는 마음의 평안을 얻었다. 이제 더 이상 마귀의 종이었던 것을 근심하거나 두려워할 필요가 없어졌다. 예수님이 주시는 진정한 평안이 주어졌기 때문이다. 목사님들은 부모님이 예수님을 영접한 것을 축복하며 격려해주셨다. 그런데 순간 어머니가 누구도 기대하지 못하던 놀라운 요청을 하셨다.

"내 마음이 어떻게 될지 모르니 지금 당장 법당을 치워주세요."

모두들 어안이 벙벙했다. 예수님을 영접했으니 법당을 치우긴 치워야 하는데 누군가 선뜻 말할 수 없는 상황이었다. 아니, 정확히는 이제 막 예수님을 영접하고 서로 격려의 말을 하고 있는 터인지라 거기까지 생각하지 못하고 있었다. 아침에 말씀을 묵상하면서 '우상 제거를 어떻게 해야 하나'라고 고민하던 바로 그것이었다. 그런데 어머니가 먼저 치워 달라고 요청하신 것이다. 어머니의 마음에 감동을 주신 성령의 강권적인 역사하심이라고 확신했다. 그렇지 않고는 그렇게 즉각 확신 있게 요구할 수 없기 때문이다. 어머니는 무당이었을 때 신의 뜻을 거역하면 신의 벌전을 받는다는 공포에 늘 시달렸다. 실제로 부정을 타서 여러 번 신의 벌전도 받았다. 그런데 어떻게 예수님을 영접하자마자 법당을 치워달라고 할 수 있단 말인가?

어머니의 결단이라기보다는 하나님의 일하심에 대한 어머니의 믿음의 반응이라고밖에 설명할 길이 없다. 법당을 제거하는 것은 하나님이 지켜주신다는 믿음이 없으면 불가능한 일이었다. 그뿐만 아니라 법당을 제거하는 일은 엄청난 경제적 손실도 감수해야 가능한 일이었다. 그런데 어머니는 예수님을 영접하고 무당의 삶에서 벗어나던 순간 성령의 감동과 감화로 법당을 치워달라고 하셨다. 어머니가 세우며 키워가던 법당을, 이제는 어머니의 청에 의해 완전히 부수고 제거하게 되었다. 귀신 들린 사람이나 귀신을 받아들인 무당이 귀신을 추방하기 위해서는 자신의 의지로 귀신 들림의 통로가 되었던 것들을 자신의 의지로 제거해야만 한다. 누가 대신해줄 수 있는 일이 결코 아니다. 무속인을 전도하기 위해 주변 사람들의 믿음과 기도가 반드시 필요하다. 그럼에도 궁극적인 선택은 무속인 당사자의 몫이다. 어머니는 예수님을 영접하는 일과 우상을 제거하는 일 모두를 성령의 도우심으로 감당하셨다. 어머니의 대답이 끝나기 무섭게 나는 기쁜 마음으로 확신에 차서 목사님들께 다시 부탁드렸다.

"법당에 있는 모든 신상과 무구를 하나도 빠짐없이 제거해주시면 감사하겠습니다."

나의 거듭된 요청에 갑자기 분주해지기 시작했다. 법당을 치워달라는 어머니와 나의 요청에 어느 누구도 두려움 없이 법당을 철거하기 시작했다. 한 목사님이 인천 앞바다에 아는 소각장이 있다고 했다. '하나님의 말씀이 얼마나 놀랍고 정확하게 맞아떨어질 수 있단 말인가!' 요시야가 기드론 시내에서 우상들을 불태우고 가루로 빻아서 뿌렸던 일이 나에게도 그대로 이루어지고 있었다. 아침에 묵상하며 나에게 적용시켰던 하나님의 말씀이 눈앞에서 그대로 성취되어 현실이 되는 광경을 목격하게 된 것이다.

우선 신당에 들어가 무신도와 신상들과 무구들을 밖으로 하나씩 꺼내왔다. 거기에는 신도들이 자신과 가족의 이름으로 올린 무구와 기명이 많았다. 꽤 값이 나가 보이는 물건도 여럿 있었다. 어머니는 법당에 있는 물건들의 값어치가 3000만 원 이상이라고 하셨다. 엄청난 손실을 감당하는 어머니의 놀라운 믿음의 결단이었다. 적은 액수가 아니기에 만물상에 팔거나 얼마간의 돈을 받고 넘긴다고 할 수 있는데도 말이다.

그러나 이것은 어디까지나 세상적인 생각이고, 실제로 법당의 물건들을 팔거나 다른 곳에 옮겨놓으면 영적으로 악한 영향을 받는다. 무당이 예수님을 믿으면 법당은 그 순간 그 자리에서 완전히 제거하는 것이 영적으로 옳고 바람직하다. 예수님을 믿고도 신당을 제거하지 못하면 이전으로 돌아가기 쉽다. 실제로 그런 경우도 여럿 봤다. 어머니의 신당에서 나온 물건들로 봉고차 세 대가 가득 찼다. 신당을 철거하고 나니 새벽 3시 무렵이었다. 너무도 오래 그리고 늦은 시간까지 기도로 영적인 싸움을 하며 부모님께 복음을 전하기 위해 수고해주신 목사님들께 감사했다. 목사님들은 천하보다 귀한 한 영혼이 구원받는 것만큼 기쁘고 감사한 일이 어디 있느냐며 작별 인사를 하고 떠났다.

철거된 신상들과 무구들은 인천 앞바다 소각장에서 불태워질 것이다. 하지만 열아홉 신들의 이름이 적힌 종이는 내가 직접 떼어내어 휴지통에 버렸는데, 목사님들이 떠나신 후 아침에 묵상한 말씀이 기억나 앞마당에서 바로 불태워버렸다. 고급 창호지에 적혀 있는 우리 집안의 우상들이 한 줌의 재로 변하는 순간이었다.

집으로 들어오니 어머니가 거실에 걸려 있는 호랑이 그림도 치워달라고 하셨다. 무속에서 호랑이 그림은 산신을 상징한다. 신당의 무신도에도 큰 호랑이 위에 산신 할아버지가 큰 지팡이를 들고 앉아 있는 그림이 있었고, 동일한 신상도 있었다. 무당이나 무속신앙을 가진 사람들의 가정에 유독 호랑이나 용 그림이 많다. 무속에서 용 그림은 용왕 신을 상징하는데 이것도 영적으로 좋지 않다. 큰 붓글씨의 한자 '불(佛)' 자나 달마도 그림도 영적으로 안 좋기는 매한가지다. 호랑이 액자까지 철거하면서 우리 집에 있던 눈에 보이는 우상은 모두 제거됐다. 이제는 눈에 보이는 우상 못지않게 어머니의 마음속에 남아 있는 우상숭배의 잔재도 제거하기 위한 믿음의 사역을 시작해야겠다고 다짐했다. 이렇게 해서 어머니가 내림굿을 받고 무당이 된 지 6년 만에 예수님을 영접하여 하나님의 자녀가 되셨고 신당은 완전히 철거됐다.

신당이 다 치워져 갈 새벽 무렵 남동생이 집으로 돌아왔다. 철거되는 신당을 보면서 왜 없애냐며 버럭 화를 냈다. 순간 나도 화가 치밀었지만 부모님이 결정하고 철거하는 일인데 동생이 왜 화를 내는 것인지 생각해보았다. 무속인의 가정은 무속인이 예수님을 믿고 돌아올 때 온 가족이 예수님을 믿고 돌아오는 것이 바람직하다. 일부는 먼저 믿고 일부는 믿지 않으면 영적인 어려움이 생길 수 있다. 동생에게 복음을 전하려고 말을 건넸다.

"부모님 모두 예수님을 믿고 어머니는 더 이상 무당 안 하기로 했어. 너도 예수님 믿자."

"내가 왜 교회 나가?"

동생이 곧바로 언성을 높이며 맞받아쳤다. 이것은 당연한 영적인 반응이었다. 가정복음화를 하는 데 부모님이라는 커다란 벽을 넘었더니 또 다른 벽이 나타났다. 부모님이 예수님을 믿으면 다른 가족들도 쉽게 예수님을 믿을 거라 순진하게 생각했던 것일까? 영적인 싸움은 아직 끝난 것이 아니었다. 씩씩거리며 밖으로 나간 동생의 영혼은 우리 가족이 사랑으로 품고 기다려야 하는 기도 제목으로 하나님께서 남겨주셨다. 이때가 새벽 3시 반쯤이었다.

누구도 쉽게 잠자리에 들지 못했다. 신당이 있던 방은 휑했고, 오랫동안 찌들은 촛불 냄새와 향 냄새만이 벽지에 스며들어 있어 코를 찌르고 있을 뿐이었다. 어머니가 잠시 바람 쐬러 나간다고 하셨다. 무슨 심경의 변화가 있는 것인지 걱정했지만 그냥 어머니를 믿기로 했다. 한 20분 만에 다시 돌아와서 말씀하시기를, 뭔가 허전한 것 같아서 동네 한 바퀴 휙 돌고 왔다는 것이었다. 괜한 걱정이었다. 나 또한 쉽게 잠을 이룰 수 없어서 신당이 치워진 방에서 기도하며 밤을 새기로 마음먹었다. 아무래도 귀신들의 공격이 있지 않을까 염려도 돼서 기도하며 영적 싸움을 하기로 했다. 한두 시간 정도 신당이 있던 방에서 기도하고 새벽 기도회에 갔다 와서야 잠시 잠자리에 들 수 있었다. 아침에 일어나자마자 신당이었던 방을 내 방으로 꾸미고 그곳에서 내가 지내기로 했다. 우상숭배하고 귀신을 불러들이던 방이라 가족 중에 내가 가장 안전하다고 생각했다. 깨끗하게 치웠지만 벽지에서 뿜어져 나오는 향과 촛불 냄새는 제거할 수 없었다.

둘째 날 저녁에 신당이었던 방에서 잠이 들었는데 새벽 두세 시경 눈앞이 자꾸 아른거려서 피곤한데도 잠을 이룰 수 없었다. 자던 중이라 형체를 정확하게 설명할 수 없는 것들이 날아다니는 것처럼 왔다갔다하고 있었다. 피곤해서 그런 것인지 아니면 악한 영들의 도전인지는 알 수 없었지만 믿음으로 명령했다.

"나사렛 예수 그리스도의 이름으로 명하노니 더러운 귀신들아 물러가라. 이제 이곳은 더 이상 너희 집이 아니다."

순간 안개가 걷히듯 그것들이 사라졌다. 영적인 현상이라는 것을 깨달았다. 원래 영적으로 보고 느끼고 하는 것을 별로 좋아하지 않았는데 처음으로 경험하는 일이었다. "별 것도 아니네. 감히 어딜…." 작은 소리로 중얼거리며 다시 잠자리에 들었다.

아침에 어머니께 새벽에 경험한 일을 말씀드렸더니 "할아버지 신이 너를 시험해본 것 같다"라고 말씀하셨다. 6년 동안 새벽마다 귀신들을 불러들였고 신점을 치던 곳이라 그럴 수도 있겠다는 생각이 들었다. 마귀와 악한 영들은 두려운 존재가 아니다. 성령이 함께하는 하나님의 자녀라면 마귀, 아니 마귀 할아버지라 할지라도 두려워할 필요가 없다. 우리가 믿는 예수님은 이미 십자가에서 하나님의 원수인 마귀를 이기고 발등상 되게 하셨기 때문에 우리는 예수님의 이름으로 이미 승리한 싸움을 싸우고 있다(눅 20:43).

어떤 분은 우상숭배하던 물건이나 장소가 영적으로 안 좋은 영향력을 미친다고 한다. 어떤 분은 법당의 물건을 잘못 만졌다가 몸에 이상이 생기고 안 좋은 일이 일어나는 것을 경험했다고도 한다. 그런 경우를 종종 듣기도 하고 보기도 했다. 믿음의 확신이 없거나 불신자인 경우에는 확실하게 영적인 영향을 받는다. 하지만 하나님의 자녀라는 확고한 믿음이 있다면 어떤 문제도 발생하지 않는다.

내가 어릴 적에 한번은 노랑저고리 아주머니가 무당하지 않겠다며 무구들을 바닷가 절벽 아래에 모아놓고 불을 놓았는데 동네 아이들이 그 주변에서 놀다가 한 친구가 불타다 남은 무당칼을 가지고 휘두르며 놀았다. 그 후 그 친구는 일주일간 움직이지도 못하고 아파서 학교를 결석했다. 이처럼 무속신앙에서는 귀신을 섬기던 물건을 잘못 만지면 안 좋은 일이 생기고 죽을 수도 있다고 한다.

나는 신당을 제거한 다음 날부터 그 방에서 지냈다. 잠시 스쳐지나가는 마귀의 시험을 받았지만 예수님의 이름으로 쉽게 물리쳤고 그다음부터는 아무 일도 일어나지 않았다. 하나님이 주신 자녀의 권세는 놀라운 능력을 발휘한다. 귀신을 섬기던 물건을 만져도 아무 이상이 없고, 귀신을 불러들여 신과 접촉하고 점 치던 장소에서 잠을 자고 생활해도 괜찮았다. 나에게 신령한 능력이나 은사가 있어서가 아니라 하나님의 자녀 된 권세가 능력이었다(요 1:12). 나는 믿음으로 권세를 누렸을 뿐이었다.

부모님을 전도하기 위해 방문했던 목사님들을 그다음 주 월요일에 우리 집으로 초대했다. 부모님은 연안부두에 가서 생선회를 떠오고 잡채와 갈비찜 등으로 푸짐한 잔칫상을 차려 수고한 목사님들께 감사의 시간을 마련했다. 어머니가 구원받은 것이 감사하고 새벽 시간까지 수고해주신 목사님들께도 감사한 마음에 대접하고 싶다고 해서 준비한 것이었다. 하나님의 구원의 감격은 입술로 감사하다고 표현될 뿐만 아니라 행동으로도 드러나게 되어 있다. 그때 어머니가 예수님을 믿고 가장 감사한 두 가지를 기쁨으로 나누셨다. 하나는 무당이 되는 과정에서 많은 우환을 겪었음에도 가까운 사람 중에 한 명씩 죽어나가는 인다리가 없었다는 것이고, 다른 하나는 여러 위기 가운데서도 아버지와 헤어지지 않은 것이라고 고백하셨다.

목사님들은 하나님이 행하신 놀라운 일을 감사하며 그 모든 것이 하나님이 부모님을 사랑하신다는 증거라고 격려해주셨다. 그중에 특별히 기억에 남아 있는 말씀이 있다. 하나님께서 마귀의 손에서 어머니의 영혼을 구원해주셨기 때문에 물질적으로 축복받아 반드시 우리 가정에 경제의 회복이 있을 거라는 말씀이었다. 이 말을 듣고 기대감이 생기긴 했지만 세월이 흘러도 이전처럼 경제적인 회복은 일어나지 않았다. 부모님은 연세가 있으시고, 나는 목회자의 길을 걷고 있고, 동생은 여전히 세상에서 방황하고 있기 때문이다. 하지만 경제적인 회복이 이루어지지 않았다 해서 하나님 앞에 실망한 적은 없다. 이미 하나님께서 부모님의 영혼을 구원해주신 복만으로도 감당할 수 없는 크나큰 은혜를 받았기 때문이다.

chapter 14
-
하나님의 약속은 반드시 이루어진다

그 정사와 평강의 더함이 무궁하며 또 다윗의 왕좌와
그의 나라에 군림하여 그 나라를 굳게 세우고
지금 이후로 영원히 정의와 공의로 그것을 보존하실 것이라
만군의 여호와의 열심이 이를 이루시리라
(사 9:7)

하나님의 때에 부모님은 예수님을 영접하고 하나님의 자녀가 되셨다. 무속인 중에서도 강신무였고 맨발로 시퍼런 외작두 위에 서서 공수를 내렸던 어머니가 무당에서 해방되어 그리스도인이 되셨다는 것은 무속의 관점으로는 결코 설명되지 않는다. 오직 성경에 의해서만 설명이 가능하다. 무속에서는 팔자나 운명은 거역하는 것이 아니라 순응하는 것이라고 하지만, 성경은 이 모든 것이 사탄의 거짓이고 속임수라고 말한다. 무당 사주

팔자에 신이 선택한 운명이라던 무당 어머니는 그리스도 안에서 그 모든 굴레에서 해방되어 참 자유와 평안을 얻었다.

　무당도 하나님의 구원 계획 가운데 있고 그리스도의 복음을 통해 구원의 능력을 경험한다. 하나님의 구원 계획은 하나님께서 주도적으로 이끌어 가신다. 인간은 믿음으로 응답할 뿐이다. 나 자신을 돌아보았을 때, 내가 먼저 하나님의 은혜를 깊이 체험하는 가운데 하나님의 사랑이 내 마음에 부어져서 어머니의 영혼을 불쌍히 여기며 사랑할 수 있었다. 이 사랑이 있었기에 많은 갈등과 어려움 속에서도 어머니의 영혼 구원을 위해 포기하지 않고 끝까지 최선을 다할 수 있었다. 내 의지나 노력으로 어머니의 문제를 해결하려고 했다면 지치고 낙담해서 포기했을지 모른다. 하지만 하나님께서 지속적으로 내 영혼을 위로해주시고 용기를 주셔서 가정복음화가 가능했다. 그러기에 결국 어머니의 구원에 대하여 고백할 수 있는 것은 나의 노력이 아닌 하나님의 열심이 이루셨다는 것이다.

　　그 정사와 평강의 더함이 무궁하며 또 다윗의 왕좌와 그의 나라에 군림하여 그 나라를 굳게 세우고 지금 이후로 영원히 정의와 공의로 그것을 보존하실 것이라 만군의 여호와의 열심이 이를 이루시리라(사 9:7).

　하나님의 아들 메시야가 이 땅에 오셔서 영원하신 하나님의 나라를 세워가는 일은 여호와의 열심이 이루어가는 일이다. 무당이었던 어머니가 예수 그리스도를 믿어 구원을 얻고 하나님 나라에 하나님의 백성이 되는 모든 과정은 하나님의 열심이 이루신 일이다. 어머니의 구원을 되돌아보면 하나님 잘 짜놓은 스케줄에 의해 톱니바퀴처럼 맞물려 돌아가듯 이뤄졌기에 가능한 일이었다. 내가 의도하고 계획하고 예측해서 이루어진 일은 하나도 없었다. 어머니를 구원하시려고 모든 상황 속에서 우리를 이끌어 가시는 하나님의 뜻에 믿음으로 순종했을 뿐이다.

어머니를 전도하면서 초창기에 가장 많이 고민했던 것이 '어떻게 귀신을 추방해야 하는가' 하는 문제였다. 어머니는 내림굿을 통해 귀신의 존재를 인정하며 인격적으로 몸주신으로 받아들였기 때문이다. 당시 나는 귀신 쫓는 능력이나 은사를 통해 어머니 속의 귀신들을 추방해야 어머니께 복음을 전할 수 있을 거라고 생각했다. 그렇지 않으면 마귀의 방해나 해코지로 어머니가 예수님을 영접하는 것이 어렵거나 불가능할 것이라 생각했다. 하지만 이런 생각은 성경에 근거했다기보다는 주변에서 귀신 쫓는 체험을 한 사람들에게 들은 이야기에서 비롯한 것이었다.

내림굿을 통해 귀신들을 받아들였다 할지라도 어머니의 인격은 여전히 존재하고 있었다. 어머니는 자신의 의지로 마귀를 받아들였고, 주인으로 섬기며 따른 것이다. 무당은 마귀의 화신은 아니다. 접신되었을 때는 자신의 의지가 없어 화신이 된 것처럼 보인다. 어머니는 굿할 때와 점 볼 때 그랬고, 나와 다툴 때에도 간혹 마귀의 의지가 어머니의 의지를 완전히 지배했을 때가 있었다. 하지만 잠시 잠깐 그랬던 것이지 늘 그랬던 것은 아니다. 어머니가 신병을 앓았을 때 내림굿을 통해 자신의 인격으로 귀신들을 받아들인 것처럼, 예수님을 영접할 때에도 어머니 자신의 인격으로 예수님을 나의 구주, 나의 하나님으로 받아들였다. 귀신을 인격적으로 받아들인 것처럼, 귀신을 추방하는 방법 또한 인격적으로 이루어지는 것이다. 여러 사람이 귀신 추방에 대한 다양한 방법을 말하지만, 성경적인 방법은 오직 믿음과 기도를 통해 이루어지는 것이다.

성경에서 귀신을 추방하는 방법이 가장 구체적으로 언급되는 장면은 소위 변화산 사건 본문이다. 예수님의 변화산 사건 때 산 아래에서 아홉 명의 제자들이 한 아버지가 데리고 나온 귀신 들려 고통스러워하는 아들 문제를 해결하지 못하고 있었다. 제자들은 이전의 전도 파송 때 귀신을 제어하는 권세를 받았고(막 6:7), 실제로 전도 나가서 많은 귀신을 쫓아냈다(막 6:13). 그럼에도 예수님께서 지적하는 제자들이 그 아버지의 아들에게서 귀신들을 쫓아내지 못한 첫째 이유는 믿음이 없었기 때문이다.

> 대답하여 이르시되 믿음이 없는 세대여 내가 얼마나 너희와 함께 있으며 얼마나 너희에게 참으리요 그를 내게로 데려오라 하시매(막 9:19).

귀신 추방은 제자들의 능력으로 되는 것이 아니라 예수님의 능력으로 가능한 일이다. 아마도 제자들은 이전에 귀신을 추방했던 경험 때문에 예수님을 온전히 신뢰하는 믿음을 갖지 못하고 영적 자만과 안일에 빠져 있었을 것이다. 지난번에는 제자 두 명이 귀신을 쫓아냈는데 지금은 아홉 명의 제자들이 함께 귀신을 추방하는 상황이었다. 그렇다 보니 자만에 빠져 실패한 것이다. 과거에 믿음으로 귀신을 쫓아냈던 것처럼, 현재도 믿음으로 귀신을 쫓아낼 수 있다. 하지만 제자들은 과거의 경험을 의지하면서 현재에 믿음을 보이지 못해서 그 아들 속의 귀신을 쫓아내지 못했다. 과거의 믿음은 과거의 것이고 현재의 사역은 현재의 믿음을 요구한다. 그러기에 제자들이 귀신을 추방하지 못한 것은 과거의 믿음에 의지해서 현재에 믿음을 보이지 못했기 때문이었다.

예수님께서 귀신 들린 아들의 아버지에게 요구하신 것도 믿음이다. 그 아버지는 아들이 오랫동안 귀신 들려 있었고 증상이 심각하여 예수님이라 할지라도 고치지 못할 수 있겠다는 생각으로 도움을 청했다. 예수님께서 자신의 아들을 고쳐주면 좋고 아니면 어쩔 수 없다는 식이었다. 그런 아버지에게 예수님은 "할 수 있거든이 무슨 말이냐 믿는 자에게는 능히 하지 못할 일이 없느니라"(막 9:23)고 말씀하시며 온전한 믿음을 요구하셨다. 그 아들의 아버지가 "내가 믿나이다 나의 믿음 없는 것을 도와주소서"(막 9:24)라고 고백했을 때, 예수님은 아이에게서 귀신을 쫓아내시고 고쳐주셨다. 아버지의 믿음이 아들 속의 귀신을 쫓아낸 것이다.

나중에 제자들이 예수님에게 자신들은 왜 귀신을 쫓아내지 못했는지 조용히 물었을 때, 예수님은 제자들에게 믿음이 없을 뿐만 아니라 기도도 하지 않아서 그랬다고 대답하셨다.

> 기도 외에 다른 것으로는 이런 종류가 나갈 수 없느니라(막 9:29).

믿음과 기도는 밀접하게 연결되어 있다. 믿음이 없으면 기도도 하지 않게 된다. 기도는 나의 능력 없음을 인정하고 하나님의 능력을 신뢰하고 의지하는 믿음의 표현 방식이다. 내가 할 수 있다고 생각하면 기도하지 않는다. 하지만 내가 할 수 없다고 생각하면 하나님께 기도하게 된다. 귀신 추방은 인간의 능력으로 되는 것이 아니기에 반드시 하나님께 기도해야만 가능한 일이다. 아홉 명의 제자들은 믿음이 없었고 기도하지 않아서 아이에게서 귀신을 추방하지 못했다. 귀신을 추방하는 사역은 예수님에 대한 믿음과 하나님께 기도하는 것을 통해 이루어진다.

구원은 개인적이다. 부모의 믿음으로 자식이 구원받는 것이 아니다. 반대로 자식의 믿음으로 부모가 구원받는 것도 아니다. 변화산에서 아버지의 믿음이 귀신 들렸던 아들의 구원을 직접적으로 가져온 것이 아니다. 아버지의 믿음이 아들의 믿음을 유발하여 아들은 그의 믿음으로 귀신을 쫓아내고 구원을 받았다.

주변 사람들의 믿음이 당사자가 믿음을 가질 수 있는 마음의 환경을 만들어준다. 믿음은 한 순간 하늘에서 뚝 떨어지는 것이 아니다. 주변 사람들의 영적인 자극과 영향력으로 조금씩 쌓이게 되는 것이다.

침상에 누운 중풍병자를 사람들이 메고 예수님께 데리고 갔을 때 예수님께서 중풍병자를 고쳐주시는데 "그들의 믿음을 보시고"(눅 5:20) 고쳐주셨다. 그들의 믿음 속에는 중풍병자의 믿음도 포함된다. 친구들의 믿음이 중풍병자의 믿음을 유발했다. 친구들은 중풍병자를 예수님께 데리고 나가기 위해 지속적으로 설득했을 것이고, 실제로 침상째 메고 데리고 갔고, 장애물을 극복하기 위해 지붕을 뜯고 병자를 달아 내리는 믿음의 수고를 아끼지 않았다. 친구들의 이러한 믿음의 행위들 가운데 중풍병자도 믿음으로 동참했기에 구원이라는 선물을 얻은 것이다. 이런 원리로 내가 가정복음화를 위해 붙잡고 기도했던 성경 구절도 이해할 수 있다.

> 이르되 주 예수를 믿으라 그리하면 너와 네 집이 구원을 받으리라 하고(행 16:31).

내가 먼저 예수님을 믿게 되었고, 나의 모든 믿음의 행위가 부모님이 조금씩 믿음을 가질 수 있게 하여 결국 그들의 믿음으로 구원받았다. 어머니 속에서 역사하던 귀신의 영들은 예수 그리스도를 영접했을 때 떠나갔다. 빌립이 사마리아 성에서 그리스도의 복음을 전할 때 그 복음을 믿는 자들에게서 귀신들이 떠나갔다(행 8:4-8). 예수 그리스도를 믿을 때 귀신은 추방된다. 결국 믿음이 귀신을 추방한다. 어머니는 주변 사람들의 믿음과 기도 가운데 자신의 믿음으로 예수님을 영접함으로 귀신들이 쫓겨나고 구원받았다.

신당을 철거하는 모습을 보고 화를 내며 집 밖으로 나갔던 남동생이 다음 날 돌아왔다. 우상숭배하는 가정에는 부모 속을 썩이며 탈선하는 자녀가 있기 마련인데 남동생이 그랬다. 동생이 신당을 철거할 때 분노했던 것은 그동안 어머니에게서 유흥비 등의 도움을 받다가 이러한 도움이 끊어지게 되었고, 여전히 악한 영의 영향 가운데 있었기에 그랬던 것으로 보인다. 이랬던 동생을 부모님 앞에 앉혀놓고 예수 그리스도의 복음을 전하게 되었다. 우리 가족 모두가 왜 예수님을 믿어야하는지 설명하는 것부터 시작했다.

"너도 아는 것처럼 우리 집이 그동안 많은 우환과 고통을 겪은 것은 우상숭배 때문이었어. 그동안 그렇게 굿하고 점 보고 그랬지만 우리 가정에 좋아진 일이 무엇이 있냐? 오히려 어머니가 무당 되신 것밖에 없었어. 이러한 영적인 흐름은 계속 대물림될 거야. 그리고 어머니가 귀신들을 섬기다가 그만두었기 때문에, 네가 예수님을 믿지 않으면 어머니를 떠난 귀신들이 너에게 나쁜 영향을 더 심하게 미칠 수도 있어. 더 이상 방황하지 말고 예수님 믿고 마음잡고 열심히 살면 좋겠다."

　어제와 다르게 이미 철거된 신당으로 집안 분위기가 완전히 바뀌어 있었다. 게다가 어머니가 무당을 그만두었으니 가족 모두가 함께 예수님을 믿어야 아무 문제가 없다고 했다. 비로소 실감이 되었는지 별다른 저항 없이 내 말을 끝까지 들었다. 어떠한 표정의 변화도 없이 맨송맨송하게 영접 기도문을 따라 읽었다. 기도 후 구원받은 확신이 드는지 물어봤는데 잘 모르겠다고 했다. 마음이 열리지 않은 채 부모님 앞이라서 그냥 따라 한 것 같았다. 그래도 복음을 끝까지 들었으니까 나중에라도 예수님을 믿기로 하고 부모님과 함께 교회도 여러 번 나갔지만 마음에 없어서인지 신앙생활은 지속되지 않았다. 오히려 전처럼 방황하며 여러 번 가족을 힘들게 했다. 전보다 더 탈선하는 모습을 보일 때도 많았다.

　우상숭배를 하다가 예수님을 믿기로 했으면 가족 모두가 바로 함께 믿는 것이 바람직하다. 무속인의 가정은 더욱 그러하다. 그렇지 않으면 불신자로 남아 있는 가족에게 떠난 귀신의 역사가 더 심하게 나타나기 때문이다. 동생은 이전보다 더 큰 사고도 많이 쳤고 이를 수습하느라 어머니와 마음고생을 참 많이 했다. 우상숭배하다 예수님을 믿으려면 확실하게 믿어야 한다. 동생의 영혼을 안타까워하며 거듭하여 복음을 설명하고 예수님 영접도 여러 번 시켜봤다. 예수님을 영접하는 일은 일생에 단 한 번인데, 동생은 그 단 한 번 믿음의 결단을 못하는 것 같았다. 가끔씩 어머니를 따라 교회를 다녀보기는 했지만 구원의 확신 가운데 있는 것처럼 보이지 않았다. 동생은 우리 집의 간절한 기도 제목이다. 그가 들은 복음으로 인해 언젠가는 믿음의 결단으로 복음의 능력을 경험하고 거듭난 사람이 되기를 기도할 뿐이다.

군 제대 후 호주로 유학 가려고 준비했는데, 누나가 대신 떠났다. 무당의 대물림은 딸에게로 흐른다는 말이 있어서 누나가 집에 어머니와 함께 있으면 좋지 않은 영향을 받을까봐 유학을 보낸 것이다. 누나가 어머니의 영향력에서 멀리 떨어져 생활했던 것은 나중에 예수님을 영접하는 데 도움이 되었다. 힘든 유학 생활을 하면서 정보도 얻고 한인들과 교제하고자 한인 교회를 다녔기 때문이다. 시드니 대학을 졸업하고 귀국할 때는 결혼할 남자 친구를 만나고 있었다. 그래서 집으로 남자 친구도 함께 초대해서 어머니가 무당이었다가 그리스도인이 된 과정을 설명하며 누나와 결혼하려면 예수님을 영접하고 교회에 나가야 한다고 설득했다. 누나의 남자 친구도 순순히 복음을 받아들이고 하나님의 자녀가 되었다.

흩어졌던 온 가족이 명절 때마다 모여서 내가 인도하여 먼저 하나님께 가정예배를 드리고 음식을 나누며 주로 신앙적인 이야기로 대화를 나누게 된 것은 하나님의 전적인 은혜다. 명절 분위기와 이야깃거리가 전에 비해 완전히 바뀌었다. 하나님의 은혜와 기도 응답받은 것을 서로 나누고 가정마다 힘들고 어려운 일은 기도 제목으로 삼고 함께 기도하자며 대화할 수 있다는 것이 그리스도인 가정의 행복이라고 생각한다.

이렇게 우리 가족은 예수 그리스도의 복음을 통해 무당 집안에서 벗어나 참된 평안과 자유를 얻었다. 조상으로부터 흘러내려오는 우상숭배의 저주인 마귀의 모든 역사에서도 해방됐다. 우리 가족은 예수 그리스도의 복음의 능력 안에 있다고 믿기 때문이다.

> 그러므로 이제 그리스도 예수 안에 있는 자에게는 결코 정죄함이 없나니 이는 그리스도 예수 안에 있는 생명의 성령의 법이 죄와 사망의 법에서 너를 해방하였음이라(롬 8:1-2).

우리 가족은 이전의 죄와 사망의 법에서 완전히 해방됐고, 예수 안에 있는 생명의 성령의 법을 따라 살게 되었다. 이 생명의 성령의 법 때문에 우상숭배의 모든 저주가 끊어졌다. 집안 내력이던 무당의 대물림은 더 이상 없다. 날짜를 따지고 방향을 보지 않아도 된다. 못질도 아무 때나 원하는 시간에 한다. 잔칫집과 상갓집도 마음대로 다닌다. 음식도 마음대로 먹는다. 궁합, 사주팔자, 관상, 풍수지리, 운세 등으로 자유를 억압하며 공포를 조장하던 모든 속박에서 우리를 예수 그리스도께서 완전히 해방시키셨다. 우리 가족은 이제 생명의 성령의 법 아래 살며 불안과 공포가 없는 기쁨과 자유와 평안을 누리게 되었다.

이처럼 가정복음화를 위해 언약의 말씀을 붙잡고 거의 8년 동안 끊임없이 기도한 끝에, 하나님께서 하나님의 때에 하나님의 방법으로 모두 응답해주셨다. 기드온처럼 하나님의 부르심에 대하여 어머니 전도하는 것으로 간구했는데 이것 또한 하나님께서 응답해주셔서 그해에 총신대 신학대학원에 입학하여 목사의 길을 걷게 되었다.

하나님은 언약의 말씀대로 믿음으로 순종하는 자에게 그 말씀이 삶 가운데 성취되게 하시며, 하나님의 뜻대로 기도하는 자에게 반드시 응답하시는 분이심을 고백하게 된다. 어머니는 믿음으로 구원을 받았지만 영적 갓난아기에 불과해서 영적 성장을 위해 믿음으로 극복해야 할 많은 영적 도전이 여전히 남아있었다.

chapter 15

-

능력 고백, 예수 그리스도는 나의 주인

> 도마가 대답하여 이르되 나의 주님이시오
> 나의 하나님이시니이다
> (요 20:28)

    어머니가 예수님을 인격적으로 영접하고 구원받은 후 하나님의 자녀로서 어떻게 승리하는 믿음 생활을 해야 하는지 알려 드려야 했다. 어머니가 구원받은 것은 확실했지만, 복음에 대한 이해와 믿음은 연약한 상태였다. 어머니의 육체는 우상숭배에 익숙해 있었고 믿음으로 신앙생활 하는 것은 시작에 불과했다. 그래서 어머니와 많은 대화를 나누며 어머니의 영혼의 상태를 자주 점검해야 했다.

    일반 불신자도 예수님을 믿게 된 후 여전히 몸에 배어 있는 세상의 가치관과 육체의 욕망과 싸워야 하는데, 어머니는 육체와 세상 외에도 마귀의 직접적인 공격과도 싸워야 했다. 그도 그럴 것이 하루 전만 해도 마귀를 주인으로 섬기며 교제했는데 한순간 삶의 주인이 예수님으로 바뀐 상태였다. 어머니의 삶에 여전히 우상숭배의 잔재가 배어 있어서 마귀가 공격할 수 있는 통로는 많았다. 예수님을 믿는다 할지라도 옛 습성이 한꺼번에 없어지지는 않는다. 신당을 철거한 다음 날 아침에 어머니의 영혼의 상태가 궁금해 어젯밤에 아무 일도 없었는지 여쭤봤다.

처음에는 조심스러워하며 대답을 하지 않으려 하셨다. 머뭇거리며 뭔가 숨기려는 어머니의 얼굴을 보니 무슨 일이 있었던 게 분명했다. 내가 걱정할까 봐 염려해서 스스로 이겨나가려 하신 듯했다. 성품이 그러하셨다. 당신이 아무리 힘들고 어려워도 그런 일들을 자식들에게 말하거나 보이지 않으려 하셨다. 하지만 신앙생활은 영적인 도움이 필요하기에 어머니께 단호하게 말씀드렸다.

"영적인 일은 어머니의 의지나 노력으로 이길 수 있는 것이 아니에요. 어머니가 하나님의 말씀을 배워야 하고 오직 믿음으로만 이길 수 있는 거예요."

그러자 어머니는 어젯밤과 아침에 일어났던 일과 변화를 조심스럽게 이야기해주셨다. 어젯밤에는 이전과 동일하게 선몽과 현몽이 있었고, 아침에 눈을 떴는데도 장구 치는 모습이 보이고 부채와 방울도 보이고 작두 위에 올라타는 모습도 보였다고 했다. 몸에 힘이 빠지고 찌뿌둥하고 머릿속이 흐리멍덩한 느낌이

들 때도 있었다고 했다. 어머니 몸에서 귀신들이 빠져나간 뒤 어머니가 신체와 정신적으로 느끼는 것들이었다. 이런 현상은 무당이었을 때 나타났는데 예수님을 믿은 이후에도 여전했다.

예수님을 믿으면 사탄의 권세는 단번에 꺾인다. 그럼에도 마귀는 육체의 옛 습성과 연약한 믿음을 통로를 계속 공격할 수 있다. 차이점은 이전에 마귀가 어머니의 마음속에서 역사했다면, 이제는 어머니의 마음 밖에서 역사한다는 것이었다. 어머니께 이전의 영적인 증상이 반복하여 나타난다고 해서 구원을 의심하거나 흔들릴 필요가 없다고 강조했다. 이처럼 전도한 무속인이 구원을 받았다면 성숙한 그리스도인의 영적인 분별과 돌봄이 반드시 필요하다.

성경 공부보다는 깊이 대화하면서 어머니의 영적인 상태에 맞추어 합당한 말씀을 찾아서 간단 명료하게 이해할 수 있는 수준으로 자주 가르쳐드렸다. 그리고 어머니가 믿음으로 하나님의 말씀을 붙잡고 승리하도록 격려해드렸다. 제일 먼저 어머니의 신분이 완전히 바뀌어 하나님의 자녀가 된 것을 말씀으로 다시 확인시켜드렸다.

> 영접하는 자 곧 그 이름을 믿는 자들에게는 하나님의 자녀가 되는 권세를 주셨으니(요 1:12).

어머니는 이제 하나님의 자녀로서 하나님이 주신 자녀의 권세가 있었다. 믿음으로 이 권세를 마귀에게 사용하기를 원하셨다. 어머니는 무당이었을 때 점 치는 통로가 되었던 예지몽과 죽은 조상이나 신령을 만나는 현몽을 여전히 꾸고 계셨다. 사람을 보면 그 집안의 사정과 문제가 보이는 환시도 있었고 무당 일과 관련된 환상도 보였다. 무당이었을 때의 몸이 아픈 증상도 남아 있었다. 이런 증상은 무당이었을 때 마귀의 역사로 주어지던 것들이다. 우선 어머니께 믿음으로 마귀의 역사를 대적하는 방법을 가르쳐드렸다.

> 믿는 자들에게는 이런 표적이 따르리니 곧 그들이 내 이름으로 귀신을 쫓아내며 새 방언을 말하며(막 16:17).

예수님을 믿는 자들은 예수님의 이름으로 귀신을 쫓아낼 수 있다. 성경에는 예수님의 이름으로 선포해서 병자도 고치고 귀신을 쫓는 장면들이 많이 나온다. 사도 베드로가 기도하러 성전에 올라가다 만난, 나면서 못 걷게 된 이에게 "나사렛 예수 그리스도의 이름으로 일어나 걸으라"(행 3:6)라고 선포했을 때 그가 걷기도 하고 뛰기도 하며 하나님을 찬미하는 일이 일어났다. 사도 바울은 빌립보에서 기도하는 곳에 가다가 점 보는 귀신 들린 여종에게 "예수 그리스도의 이름으로 내가 네게 명하노니 그에게서 나오라"(행 16:18)라고 선포해서 귀신을 쫓았다. 나 또한 어머니를 전도하기 위해 귀신을 대적할 때는 수없이 예수님의 이름으로 명령하고 선포했다. 일시적이지만 귀신이 떠나가는 역사도 있었다. 어머니께 성경 말씀에 있는 그대로 귀신의 공격을 대적하는 방법을 가르쳐드리기로 했다.

"어머니! 귀신의 공격이 있을 때마다 이렇게 선포하세요. '나사렛 예수 그리스도의 이름으로 명하노니 나를 괴롭게 하는 더러운 귀신아 떠나갈지어다.' 똑같이 한번 따라 해보시겠어요?"

"나사…. 나사렛…. 예수…."

몇 번 시도해보았지만 어머니가 이렇게 따라하는 것은 쉬워 보이지 않았다. 어머니가 내 설명을 어려워하시는 것을 보면서, 너무도 나 중심으로 설명하고 있다는 생각이 들었다.

"나사렛은 뭐고, 그리스도는 뭐냐?"

어머니께 익숙하지 않던 단어들이다. 어머니가 예수님을 믿은 지 하루밖에 지나지 않았기에 당연한 일이었다. 쉬운 기독교 용어처럼 보였지만 어머니께는 낯선 단어들이라 이해하기도 어려웠고, 더군다나 긴 문장을 외운다는 것이 쉽지 않았다. 먼저 한 단어씩 천천히 자세하게 설명했다.

"나사렛은 예수님이 자란 고향이에요. 태어난 고향은 베들레헴이구요. 예수님이 나사렛 출신이라 나사렛 예수라고 하는 거예요."

이렇게 설명하는데 어머니를 더 복잡하게 만드는 것 같았다. 예수님에 대한 믿음만 있다면 충분히 귀신을 대적할 수 있다는 확신이 있었다. 그래서 좀더 짧게 줄여야겠다고 생각했다.

"예수 그리스도의 이름으로 명하노니 더러운 귀신아 떠나갈지어다."

이렇게 다시 한 단어씩 따라하며 외워보는데 어머니는 여전히 길게 느끼셨다. 결국 어머니가 외워서 선포할 수 있도록 간단하게 줄인 문구는 "예수 그리스도는 나의 주인"이었다. 귀신을 대적하는 명령이라기보다는 신앙고백이었다. 그런데 이것이 어머니의 능력 고백이 되었다. 한 단어씩 구체적으로 무엇을 의미하는지 어머니 눈높이에서 자세히 설명했다.

"어머니! 예수는 이름이에요. 뜻은 하나님께서 자기 백성을 저희 죄에서 구원할 자라는 것이에요. '아들을 낳으리니 이름을 예수라 하라 이는 그가 자기 백성을 그들의 죄에서 구원할 자이심이라 하니라'라고 성경에 쓰여 있어요(마 1:21). 어머니가 예수님을 믿는다는 것은 이 이름의 뜻을 믿는 거예요. 예수의 이름에 이런 의미가 있기 때문에 마귀도 두려워하고 떠나는 거예요."

"그리스도는 예수님의 직분이에요. 예수님이 하신 일들이에요. 예를 들면, 이런 거예요. 제가 목사 될 거잖아요. 그러면 사람들은 저를 주명식 목사라고 부를 거예요. 주명식은 이름이고 목사는 나의 직분이고 내가 해야 하는 일이에요. 설교하고 성경을 가르치고 성도를 돌보는 일을 하는 것이죠. 마찬가지로 예수는 이름이고 그리스도는 예수님이 하신 일들이에요. 어머니도 기억 나실지 모르겠지만 어제 예수님 영접하기 전에 설명을 들었어요. 다시 자세하게 설명해드릴게요."

"그리스도는 기름부음을 받은 자라는 의미예요. 올리브유를 하나님이 선택한 사람의 머리에 부었어요. 구약 시대에 선지자들은 기름부음을 받은 사람들이었는데 하나님의 말씀을 전하고 하나님이 누구신지 가르치던 사람들이죠. 그래서 선지자들은 하나님과 하나님의 뜻을 알게 하는 사람들이었어요. 제사장들도 기름부음을 받았어요. 백성들의 죄를 위해 하나님께 희생제물을 드려서 죄를 용서받게 했어요. 그래서 제사장들은 거룩하신 하나님과 죄를 용서받은 백성이 화목하고 서로 교제할 수 있도록 도와주었어요. 마지막으로 왕들이 기름부음을 받았어요. 왕들은 적군이 쳐들어오면 막아주고 백성들을 보호하고 다스렸어요. 예수님은 왕으로 오셔서 마귀를 무찌르고 마귀의 모든 공격으로부터 어머니를 보호하고 지키신다는 의미예요."

예수 그리스도에 대한 설명을 마치고 예수님이 어머니 인생의 주인이라고 말씀드렸다. 이렇게 한 것이 무당이었던 어머니께는 가장 적절한 설명이었고 쉽게 이해하고 받아들일 수 있었다. 이전에 어머니는 마귀를 몸주신으로 섬겼다. 몸의 주인이라는 뜻에서 몸주신이라고 하는데, 몸을 주장하는 신 곧 주장신이라고도 한다. 마귀가 어머니의 주인이라는 의미였다. 어머니가 내림굿을 통해 인격적으로 몸주신들을 받아들였다가 예수님을 인격적으로 영접했을 때 귀신들이 쫓겨나갔다. 그럼에도 어머니께 무당이었을 때의 영적 증상들이 남아 있었던 것은 마귀가 이전에 자기 집인 것처럼 주인 행세하려고 시험했던 것으로 보인다. 그래서 어머니께 어머니의 몸은 더 이상 마귀의 집이 아니라 마귀가 공격할 수 없는 하나님의 성전이고 하나님이 소유권을 갖고 계시다고 설명해드렸다.

한글 성경에 귀신 들림으로 번역된 단어를 영어 성경에서는 "demon-possessed"(마 8:16, 28; 막 5:16) 또는 "demon-possession"(마 15:22)으로 표현한다. 몸의 소유권이 마귀에게 있다는 뜻이다. 무당이었을 때 어머니 몸은 마귀 소유였고 마귀가 주인이었다. 그러나 이제는 예수님을 믿는 어머니의 몸이 더 이상 마귀의 소유가 아닐 뿐더러 마귀가 주인도 아니다. 그러기에 여전히 주인 행세하려는 마귀의 거짓과 속임수에 어머니는 예수님의 이름으로 대적해야만 했다.

어머니가 "예수 그리스도는 나의 주인"이라고 고백하는 것은 어머니의 주인이 바뀌었음을 마귀에게 선포하는 것이었다. 어머니의 주인은 더 이상 마귀가 아니라 예수 그리스도라는 믿음의 고백이고 능력의 선포였다. 이제 어머니 몸은 마귀의 집이 아니라 하나님의 성전이고 어머니 몸의 소유권이 하나님께 있음을 고백하는 것이다.

> 너희 몸은 너희가 하나님께로부터 받은바 너희 가운데 계신 성령의 전인 줄 알지 못하느냐 너희는 너희 자신의 것이 아니라 값으로 산 것이 되었으니 그런즉 너희 몸으로 하나님께 영광을 돌리라(고전 6:19-20).

어머니 몸은 하나님이 주신 것이고, 성령이 내주하시는 성령의 전이다. 무엇보다도 예수님의 피값으로 산 것이다. 마귀가 더이상 어머니께 소유권을 주장할 권리가 없게 된 것이다. 그러기에 마귀의 영적인 유혹이 있을 때마다 "예수 그리스도는 나의 주인"이라고 고백하며 대적하라고 했다. 어머니는 "예수 그리스도는 나의 주인"이라는 고백을 입에 달고 살 정도로 수천 번, 수만 번 반복해서 신앙고백을 하셨다. 그만큼 마귀의 공격은 시도 때도 없이 집요한 것이었다. 마귀의 공격이 있을 때마다 한 신앙고백은 승리케 하는 능력 고백이 되었다. 어머니가 "예수 그리스도는 나의 주인"이라고 고백하면 마귀의 유혹과 그로 인한 괴로움이 사라지는 능력이 되었다고 한다. 신자에게 올바른 신앙고백은 마귀와 악한 영들을 대적하여 쫓아내는 확실한 방법이다. 예수 그리스도에 대한 참된 신앙고백은 매우 중요하다. 이것은 아무리 강조하고 강조해도 지나치지 않다. 무당이었던 어머니가 그리스도인이 되고 이후 영적인 싸움에서 계속 승리할 수 있었던 비결은 참된 신앙고백이었다. 무당이었던 어머니를 전도하고 돌보는 데 가장 중요했던 것이 무엇이냐고 묻는다면 나는 서슴없이 "참된 신앙고백이었다"고 할 것이다.

> 시몬 베드로가 대답하여 이르되 주는 그리스도시요 살아 계신 하나님의 아들이시니이다 예수께서 대답하여 이르시되 바요나 시몬아 네가 복이 있도다 이를 네게 알게 한 이는 혈육이 아니요 하늘

에 계신 내 아버지시니라 또 내가 네게 이르노니 너는 베드로라 내가 이 반석 위에 내 교회를 세우리니 음부의 권세가 이기지 못하리라(마 16:16-18).

예수님에 대한 참된 신앙고백은 인간의 지식에서 나오는 것이 아니다. 그저 교회에 오래 다녔고 예수님이 누구신지 아는 지식으로 머리로만, 입술로만 드리는 신앙고백이 아니라는 것이다. 참된 신앙고백은 하나님 아버지께서 친히 알게 하시는 것이다. 성령의 감화를 통해 마음으로부터 우러나오는 고백이다. 예수님을 전인격적으로, 곧 지성과 감성과 의지로 인식하고 받아들이고 고백하는 것이다. 이러한 참된 신앙고백은 음부로 이끌어가는 죄와 사망의 권세, 즉 사탄의 권세를 꺾고 이기게 하는 능력이다. 어머니는 참된 신앙고백으로 사탄을 내쫓았고 계속되는 사탄의 공격과 유혹에서 승리하도록 만든 것이었다.

마귀를 대적할 때 중요한 것은 무엇보다 하나님과의 인격적인 관계와 믿음 가운데서 예수님의 이름으로 마귀를 대적하는 것임을 명심하도록 어머니께 자주 당부했다. 하나님과의 인격적인 관계 없이도 예수님의 이름으로 귀신 쫓는 일들은 얼마든지 가능하기 때문이다. 그래서 예수님은 하나님 아버지의 뜻대로 행하지 않으면서 주의 이름으로 얼마든지 귀신 쫓는 일들이 있을 거라고 말씀하셨다(마 7:22). 또한 에베소의 스게와의 일곱 아들도 주문이나 주술처럼 예수님의 이름을 빙자하여 악귀를 쫓아내려다 오히려 악귀로부터 망신을 당하기도 했다(행 19:13-16). 마귀를 대적하거나 추방할 때는 하나님과의 인격적인 관계에서 예수님에 대한 올바른 믿음으로 행해야 한다. 이것이 성경이 가르치는 올바른 방법이기 때문이다.

특별히 어머니께 하나님과의 인격적인 관계와 믿음을 강조할 수밖에 없었던 것은 예수님의 이름에 의해서가 아니더라도 귀신 쫓는 일은 다른 종교에도 있기 때문이었다. 어머니가 무당이었을 때 점 손님들을 위해 했던 일 중에 귀신을 쫓아내서 치료하는 일이 많았다. 무속신앙에서는 허주나 잡귀가 사람들에게 붙어서 정신질환을 일으키고 질병도 가져온다고 믿는 신앙이 있다. 무당이 받아들인 신들은 올바른 신명이고 그렇지 않은 신들은 허주, 잡신, 잡귀, 객귀 등이라고 하는데, 무당들은 그들의 올바른 신명으로 허주와 잡신 등을 쫓아내어 사람들을 치료한다. 요즈음은 무당이라는 부정적 이미지를 희석시키려고 엑소시스트 또는 퇴마사라는 이름으로 귀신을 쫓는 드라마나 영화가 많이 방영되는데, 모두 이와 같은 원리다.

> 예루살렘에서 내려온 서기관들은 그가 바알세불이 지폈다 하며 또 귀신의 왕을 힘입어 귀신을 쫓아낸다 하니(막 3:22).

귀신의 왕을 힘입어 귀신을 쫓아내는 것처럼 무당의 귀신 추방은 강한 귀신으로 약한 귀신을 추방하는 것이다. 무속인들의 귀신 추방을 통해 정신질환자가 온전해지고 질병 있는 자가 낫는 것처럼 보인다. 겉으로는 치료된 것처럼 보이지만 그들의 영혼이 귀신으로부터 자유로워진 것이라고 보기는 어렵다. 오히려 치료된 일로 인해 더욱 귀신을 섬기게 되며 얽매이게 된다. 어머니의 경우 귀신을 쫓아냈던 손님들은 모두 어머니의 단골 신도가 되었다.

 귀신 추방을 성경적인 방법으로 해야 하는 또 다른 이유는 성경적인 방법이 아니더라도 귀신 추방은 얼마든지 가능한 일이기 때문이다. 무속인은 귀신과의 대화를 통해 귀신의 정체를 밝히고 언제, 왜 사람 몸속에 들어가게 되었는지 물어서 달래기도 하고 호통쳐서 쫓는다. 이런 경험이 많던 어머니께 예수님의 이름으로 귀신을 대적하게 한 것은 단순히 귀신을 쫓는 것뿐만 아니라 예수님의 주권과 다스리심을 경험하여 하나님의 자녀라는 것을 깨닫게 하기 위해서였다.

> 그러나 내가 하나님의 성령을 힘입어 귀신을 쫓아내는 것이면 하나님의 나라가 이미 너희에게 임하였느니라(마 12:28).

 예수님의 이름으로 귀신을 물리치는 것은 이미 승리하신 예수님을 경험하는 것이고, 하나님의 나라를 경험하는 것임을 어머니가 명심하시게 했다. 잘못 생각하면 귀신 쫓은 일 때문에 하나님이 아닌 당신 자신에게 관심이 집중되어 마치 자신의 능력인 양 교만해질 수 있기 때문이다. 어머니는 우상숭배의 찌꺼기로 인한 마귀의 공격에서 예수님의 이름의 능력과 권세로 차츰 승리해가면서 믿음도 자라기 시작했다.

예수님을 믿게 되어도 누군가의 도움 없이 스스로 올바른 신앙생활을 한다는 것은 불가능하다. 예수님을 믿는 순간 영적인 갓난아이로 태어나는 것이기에 하나님의 말씀으로 적절한 양육이 이루어져야 한다. 어머니가 예수님을 영접하신 후의 영적 체험들에 대한 대화를 나누면서, 반드시 성경 말씀을 기준으로 영적 분별을 해야 한다는 것을 깨닫게 되었다. 예수님을 믿은 후에도 어머니께 지속되는 체험들이 어머니가 무당이었을 때와 비슷한 것이 많았다. 그뿐만 아니라 무속에서의 체험들과 기독교에서의 체험들이 눈으로 보이는 현상으로는 흡사하다는 것도 알게 되었다. 어떤 면에서는 무속에서의 체험이 더 신비롭고 강렬해 보이는 것들도 있었다.

무속에서 신내림 받을 때 무당은 신을 받았다는 증상으로 몸에 진동이 생긴다. 어깨를 으쓱으쓱하기도 하고 몸이 떨리기 시작한다. 신을 받으면서 회한의 눈물을 펑펑 흘리기도 하고 환희의 기쁨을 느끼기도 하고 감격과 감사의 마음이 들기도 한다. 신을 받아 무당이 된 후에는 병자를 고치기도 하고 귀신을 쫓기도 하고 공수를 통해 예언도 한다. 이외에도 이적과 기사를 나타내는 능력은 여러 가지가 있었다.

이런 것들에 대해 성경적으로 올바르게 가르치고 어머니의 신앙이 혼합 신앙이 되지 않도록 돌봐드려야 했다. 그렇지 않으면 어머니가 마귀의 역사와 하나님의 역사를 분별하지 못하고 둘 다 취할 가능성이 높았다. 이런 일은 비일비재하게 일어나는 일이었다. 게다가 어머니가 예수님을 영접하고 신앙생활을 시작하게 된 것도 중요하지만 앞으로 성경 말씀을 따라 올바르게 신앙생활 하는 것이 더욱 중요했다.

3
성숙

성경이 신앙생활의 기준

모든 성경은 하나님의 감동으로 된 것으로 교훈과 책망과 바르게 함과 의로 교육하기에 유익하니 이는 하나님의 사람으로 온전하게 하며 모든 선한 일을 행할 능력을 갖추게 하려 함이라(딤후 3:16-17).

영적 성숙은 영적 분별을 통해 이루어진다. 이 분별의 기준은 반드시 성경이어야만 한다. 영적 성숙은 말씀을 잣대로 옛 사람의 죄악된 습성들을 하나씩 벗어 버리고 거룩한 새 사람을 입는 과정이다. 마귀의 공격과 힘든 상황 속에서도 하나님의 말씀만이 기준이 되어 그 말씀을 붙잡고 끝까지 승리해나가는 과정이다. 모든 상황 속에서 말씀에 순종하는 삶을 통해 예수 그리스도의 성품과 사역을 닮아가는 것이 곧 영적 성숙의 척도다.

chapter 16

성경으로 영적 체험을 분별해야 했다

사랑하는 자들아 영을 다 믿지 말고 오직 영들이 하나님께 속하였나 분별하라
많은 거짓 선지자가 세상에 나왔음이라
(딤후 3:16-17)

　무속신앙에는 경전 같은 것이 없다. 무속신앙의 핵심 기준은 무당의 신체험을 기초로 한다. 내림굿을 받을 때 내림굿을 해주는 사람은 신엄마라고 부르고, 내림굿을 받는 사람은 신딸이라고 한다. 신엄마와 신딸은 도제 관계가 되어 신딸은 신엄마로부터 무당의 역할과 기능을 배운다. 무속신앙은 이렇게 구전되는 부분도 있지만, 무당의 핵심 역할인 점 보는 것과 굿 하는 일은 신체험을 통해 배운다. 신엄마가 가르쳐주는 것은 기술적인 요령에 불과하다.
　무당들은 점을 볼 때, 점상에 앉아 신들을 부르기 위해 부채

나 방울을 흔들기도 하고 휘파람을 불기도 한다. 그리고 점상 위에 쌀을 뿌리거나 엽전을 던져서 나타나는 모양을 해석하여 점괘를 본다. 이것도 귀신의 역사다. 하지만 진짜 무당은 순전히 신에 의해 신점을 본다. 신이 점괘를 직접 알려준다. 전날 꿈에서 선몽 또는 현몽으로 점 손님의 문제와 점괘를 알려주기도 하고, 기도 시간에 알려주기도 한다. 또는 점상에 앉아 점 손님을 보는 순간 대신 할머니신에 의해 그 집안의 내력과 형편이 화면처럼 보이도록 해서 점괘를 알려주기도 한다.

요즈음은 무속인도 사주팔자나 역술을 배워서 점괘를 보기도 하고, 신점과 사주를 섞어서 점괘를 보기도 한다. 어떤 무당은 점괘의 70퍼센트는 사주로, 30퍼센트는 신점으로 본다고도 한다. 어머니는 무당이었을 때 점 보는 방법을 글로 배운 것이 아니라 신체험을 통해 신점으로만 점을 봤다. 오로지 신체험에 의해 길흉화복을 예언했다.

어머니는 학습에 의해서가 아니라 순전히 신체험을 통해 점사와 굿을 배웠다. 이렇게 무속신앙은 철저히 신체험을 바탕으로 이뤄진다. 그래서 무당 일을 배워서 하는 학습무보다는 강신 체험에 의한 강신무를 진짜 무당이라고 한다. 체험한 것만큼 강한 확신으로 이어지는 게 어디 있겠는가? 어머니를 전도하는 데 힘든 부분 중 하나가 신체험이었다. 체험에서 나오는 고집은 황소고집이었다. 무속인은 대개 고집이 세다. 어머니가 신을 체험했다는데 그 무엇으로 설득이 가능하겠는가? 그런데 무당들의 신체험은 그 양상이 매우 다양하다. 무당의 신기, 신병, 신체험은 어떤 경전의 기준이 있는 것이 아니라 각자의 체험이 기준이 된다.

반면 기독교는 체험이 아닌 하나님 말씀이 기준이 되는 종교다. 신앙 체험은 말씀과 함께 또는 말씀 뒤에 따라온다. 그리스도인은 성경 말씀을 중심으로 믿고 순종하며 신앙생활을 한다. 하나님은 자기 자신과 구원 계획을 성경을 통해만 계시하셨다. 우리는 성경을 통해 하나님을 알게 되고 영생을 얻는다.

> 너희가 성경에서 영생을 얻는 줄 생각하고 성경을 연구하거니와 이 성경이 곧 내게 대하여 증언하는 것이니라(요 5:39).

영생과 예수 그리스도를 증언하는 성경만이 신앙생활의 유일한 기준이다. 어머니는 강력한 신체험 중심의 무당 일을 하다가 예수님을 믿고 성경 중심의 신앙생활을 하기 시작했다. 그런데 이전 신체험들의 잔상이 남아 있다. 기독교는 말씀의 종교임과 동시에 그 말씀이 삶 가운데 성취되는 체험의 종교이기도 하다. 이 두 가치가 어머니의 내면에 균형 있게 갖춰져야 했다. 성경에서 말하는 체험은 살아 있고 운동력이 있는 하나님의 약속의 말씀이 우리 삶 속에서 성취되는 것을 경험하는 것이다(히 4:12).

성경에서 가장 강력한 신앙 체험은 오순절 성령강림 사건이다. 이 체험은 예수님께서 약속하신 "아버지께서 약속하신 것을 기다리라"(눅 24:49; 행 1:4)는 말씀을 붙잡고 120명의 성도가 한 자리에 모여 합심하여 기도에 힘썼을 때 일어났다(행 1:13-15). 기본적으로, 오순절 성령강림 사건은 기도의 응답이고 약속의 말씀의 성취였다. 120명의 성도들은 급하고 강한 바람 같은 소리가 온 집에 가득하고, 불의 혀처럼 갈라지는 것들이 각 사람 위에 임하는 것을 체험했다. 그들은 다 성령 충만함을 받고 성령의 말하게 하심에 따라 다른 언어들로 말하기 시작해서 태어난 곳의 방언으로 듣게 되었다(행 2:1-13). 이 영적 체험에 어떤 이들은 놀라며 의혹을 가졌고, 어떤 이들은 조롱하며 술에 취한 것이라고 여겼다.

우리가 주목해야 할 것은 이 영적 체험에 대한 베드로의 해석이다. 베드로는 오순절 성령강림 사건을 하나님께서 영을 만민에게 부어주어 누구든지 주의 이름을 부르는 자는 구원을 받는다는 요엘 선지자의 예언이 성취된 것이라고 해석했다(욜 2:28-32). 또한 다윗이 그리스도의 죽음과 부활을 예언한 것이 성취되었고(시 16:8-11), 하나님께서 권능으로 부활하신 예수님을 높이셔서 약속하신 성령을 받아서 오순절 성령강림 사건이 이루어진 것이라고 해석했다.

하나님이 오른손으로 예수를 높이시매 그가 약속하신 성령을 아버지께 받아서 너희가 보고 듣는 이것을 부어주셨느니라(행 2:33).

베드로는 예수님께서 원수인 사탄을 십자가 위에서 패배시키시고 승천하셔서 하나님 우편에 앉아 만물을 통치하실 것이라는 다윗의 예언이 성취되어서(시 110:1), 하나님께서 예수님을 주와 그리스도 되게 하신 사건의 증표가 오순절 성령 체험이라고 해석했다(행 2:36).

이와 같이 성령 체험은 그리스도의 죽으심과 부활을 우리에게 적용시키는 것이고, 예수님이 우리의 주와 그리스도이심을 고백하도록 하는 사건이었다. 성령을 체험한다는 것은 우리의 옛 사람이 그리스도와 함께 죽고 그리스도와 함께 새로운 사람으로 부활함을 체험하는 것을 의미한다. 그러기에 성령 체험은 인간을 지향하며 드러내지 않게 되고 철저히 예수 그리스도를 지향하고 드러나게 한다. 오순절 성령 체험에 대한 베드로의 해석처럼, 모든 영적 체험은 반드시 성경으로 검증되고 해석되어야만 한다. 어머니가 예수님을 영접하고 그다음 날부터 어머니의 신앙을 돌보면서 가장 많이 했던 조언은 이것이다.

"성경이 신앙생활의 기준이에요."

어머니는 예수님을 믿은 후에도 많은 영적 체험이 있어서 일일이 성경으로 분별하고 해석하여 가르쳐드려야 했다. 그렇지 않으면 무속신앙과 기독교 신앙이 혼합될 우려가 너무도 많았다. 기독교 신앙은 성경 말씀으로 확증하는 것이지 체험으로 확증되는 것이 아니다.

어머니가 예수님을 믿음으로 영접한 순간 열아홉 귀신들은 떠나갔다. 어머니는 확실히 예수님을 영접했지만 그 순간 어떤 외적인 성령 체험이나 귀신들이 쫓겨나는 현상을 느끼거나 보지 못했다고 한다. 나 또한 어머니 곁에서 지켜보고 있었지만 어떤 외적인 현상은 나타나지 않았다. 그렇다고 해서 어머니가 예수님을 올바르게 영접하지 않았거나 귀신들이 쫓겨나지 않은 것은 아니었다. 하지만 외적으로 보면 어머니가 내림굿을 받으며 신접할 때 여러 이적과 기사가 따랐던 것과는 다르게, 오히려 차분하게 예수님을 영접하게 된 순간이 밋밋해보일 수 있었다. 어떤 분은 귀신이 빠져나갈 때 하얀 연기 같은 것을 봤다고 했고, 어떤 분은 소리를 들었다고 했고, 어떤 분은 입과 귀로 나가는 것을 느꼈다고도 했다. 어머니에게는 이런 것뿐만이 아니라 예수님을 영접한 어떤 특징도 나타나지 않았다. 어머니 안의 악한 영들이 쫓겨났다는 것에 대한 확신은 하나님의 말씀에 근거한 것뿐이었다.

그러므로 내가 너희에게 알리노니 하나님의 영으로 말하는 자는 누구든지 예수를 저주할 자라 하지 아니하고 또 성령으로 아니하고는 누구든지 예수를 주시라 할 수 없느니라(고전 12:3).

이 말씀처럼, 어머니는 성령의 감화로 예수님을 나의 주님, 나의 하나님으로 고백하고 영접했다. 어머니가 예수님을 영접했을 때 성령을 통해 그리스도와의 신비한 연합을 이루지 않았다면 예수님을 주님이라고 고백할 수 없었을 것이다. 이 말씀에 근거해서 어머니 마음에는 성령이 내주하심을 확신할 수 있었다. 어머니 마음속에 성령과 악한 영이 함께 존재할 수는 없었다.

무속에서는 귀신들이 쫓겨날 때 사람들이 괴성을 지르고, 긴 한숨을 쉬고, 하품을 하고, 침과 가래를 수없이 뱉어낸다. 악취가 나기도 한다. 그리고 귀신이 나갔을 때 마음이 편안하다고 고백한다. 그런데 어머니의 경우에는 귀신들이 명백하게 쫓겨났는데도 그 순간 어떤 외적 현상은 없었다. 성령이든 악한 영이든 영은 눈에 보이지 않을 뿐더러 손에 잡히는 것이 아니다. 그러기에 육신의 눈으로 볼 수도 없고 보려 할 필요도 없다. 성령이든 악한 영이든 사람에게 들어왔는지 쫓겨났는지 아는 가장 확실한 방법은 눈에 보이는 현상이라기보다는 삶의 열매를 통해다. 예수님은 명백하게 "그들의 열매로 그들을 알리라"(마 7:20)고 말씀하셨다.

어머니가 예수님을 영접하고 악한 영들이 쫓겨났다는 것을 가장 쉽게 알 수 있었던 삶의 열매는 악한 영들의 특징이 사라졌다는 것이다. 어머니는 무당이 되기 전에는 술과 담배를 전혀 하지 않았는데 할아버지신을 받은 후로는 하루에 담배를 두세 갑 피우고 술은 대접으로 드셨다. 무당이 된 후 담배를 얼마나 많이 피웠던지 치아가 시꺼멓게 변할 정도였다. 그랬는데 예수님을 믿은 후로 담배와 술을 전혀 하지 않게 되었다. 어머니의 결단과 노력에 의한 것이 아니라 귀신들이 쫓겨나며 귀신들의 특징이 완전히 사라진 것이다.

무엇보다 어머니께 나타난 가장 두드러진 귀신들의 특징 중 하나가 정신질환에 속하는 것이었다. 어느 순간 신명이 차오르면 마음이 붕 떠서 맨발로 동네를 배회하고 헛소리를 하며 중얼중얼하던 일이 자주 있었다. 누가 보면 미친 사람이 돌아다닌다고 할 정도였다. 사실 그 순간만큼은 미친 것이다. 때로 감정 기복이 심한 조울증이 있었고, 신경이 예민해져 불면증으로 시달리는 날도 많았다. 영적으로 예민해졌을 때는 쉽게 분노하며 감정을 폭발하기도 했다. 하지만 예수님을 믿은 후부터는 이런 현상들이 사라졌다. 정신도 온전해지고 마음의 평안을 얻어 잠도 잘 주무셨다. 이뿐만 아니라 어머니의 인상과 목소리도 완전히 바뀌었다. 인상이 부드러워졌고 쇳소리처럼 날카롭던 목소리도 없어졌다. 눈빛이 선해졌다. 눈가가 물찬 듯이 촉촉하고 반짝반짝 빛나던 눈빛도, 때로 치켜뜨는 매섭던 눈빛도 사라졌다. 사람들은 예수님을 믿으면 눈꼬리가 내려간다고 한다. 인상이 선해진다는 의미다. 어머니가 예수님을 믿고 동네 사람들에게 가장 많이 들은 말은 얼굴이 환하고 편안해 보인다는 것이었다. 불신자든 신자든 상관없이 주변 사람들이 보기에도 확연히 차이가 났던 것이다. 사람은 성령과 함께할 때 가장 자연스럽고 평안해 보인다. 그것이 얼굴에 나타난다.

> 여호와 하나님이 땅의 흙으로 사람을 지으시고 생기를 그 코에 불어넣으시니 사람이 생령이 되니라(창 2:7).

하나님은 사람에게 영혼을 불어넣어서 하나님의 영이 함께 하는 살아 있는 존재가 되게 하셨다. 이것이 하나님이 사람을 만드신 창조 원리였다. 그러기에 사람이 가장 자연스러운 얼굴을 할 때는 하나님의 영인 성령이 마음에 들어왔을 때다. 그런데 사람 안에 하나님이 계획하지 아니한 악한 영이 들어오면 어떻게 되겠는가? 마치 볼트와 너트가 서로 맞지 않는데 강제로 끼우면 뒤틀리는 것처럼 악한 영을 받은 사람의 얼굴도 자세히 보면 뭔가 자연스럽지 못하다. 어머니는 예수님을 믿고 얼굴도 변하고 목소리도 바뀌고 생각과 말, 행동까지 변화되었다. 성령으로 말미암아 전인격적인 변화가 일어난 것이다.

어머니께 감사한 것은, 예수님을 믿은 후 나의 조언을 전적으로 따르시며 신앙생활 가운데 나를 많이 의지했다는 것이다. 나의 신앙적 조언에 의심을 갖거나 반박하신 적은 없었다. 특별히 어머니께 예수님을 영접했다고 해서 어떤 특별한 느낌이나 체험으로 확인하려거나 추구하지 말라고 당부해야 했다. 무속인들은 신내림의 징후로 이적과 기사를 반드시 보여야 한다고 말한다. 접신 체험이 현상으로 보이는 특징들이 있어야 한다는 것이다. 이런 것이 없으면 신을 제대로 받은 것이 아니라고 치부한다. 실제로 이적과 기사를 체험하기 위해 굿하는 시간이 오래 지속되기도 하고, 그러다 보면 이적과 기사를 체험하지 못하기도 한다. 체험을 통해 신을 받았다는 확증을 얻으려고 굿을 반복하기도 한다. 이 때문에 많은 재산을 잃는 경우도 있다. 진짜 무당은 확실한 신체험을 이적과 기사를 통해 입증해야 한다. 이런 무당에게는 내림굿 할 때 나타나는 확연한 신체험의 특징들이 나타난다.

내림굿 의식 가운데 하나인 대내림은 대잡이가 대나무를 잡았을 때 자신의 의지와 상관없이 심하게 흔들리는데, 이것으로 신이 내렸다는 것을 입증한다. 이때 대나무가 흔들리는 모습이나 대잡이의 말을 통해 신의 뜻을 알아낸다. 신줄기 찾기에서는 몸에 신이 내리면 그 신의 말과 행동을 하게 되는데, 이를 통해 신의 정체를 찾는다. 할아버지신이 내리면 손으로 수염을 쓸어내리고, 장군신이 내리면 목소리부터 근엄해진다. 선녀신이 내리면 우아하고 예쁜 목소리를 낸다. 동자신이 내리면 아기처럼 목소리를 내고 행동한다. 이외에도 자신에게 내린 신들의 특징을 통해 신들을 입증한다.

작두 타기는 시퍼런 작두날 위에 맨발로 서는 것이다. 장군신이 실려야만 탈 수 있다. 순전히 신의 힘으로 작두날 위에 올라탄다는 것을 보여주기 위서 날 위에 올라서기 전에 날을 혀와 맨살 위에 눌러 보인다. 작두날은 날카로운데 살은 베이지 않는다. 온전히 신의 힘으로만 작두날에 올라선다는 것을 입증하는 것이다. 공수는 신이 무당의 몸에 실려서 무당의 입을 통해 신의 언어를 말하는 것이다. 무당은 신의 언어로 굿판에 모인 사람들에게 각 사람들의 어려움을 헤아리며 위로도 하고 앞날의 일을 예언해준다. 무당의 공수를 받으려는 사람들의 모습은 그야말로 난리도 아니다.

어머니는 이런 이적과 기사를 내림굿 과정에서 온전히 체험하셨다. 하지만 그것은 마귀와 악한 영들이 준 것이다. 이러한 영적 배경이 있었기에, 어머니께 예수님을 믿고 성령으로 거듭나는 것이 마치 내림굿처럼 한순간의 강렬한 체험들이 있어야 하는 것이 아니라 삶의 열매로 지속적으로 나타나는 것이라고 항상 말씀드렸다. 그래서 예수님께서 니고데모에게 성령으로 거듭남에 대하여 가르친 것을 어머니께 자주 설명해드려야만 했다.

> 바람이 임의로 불매 네가 그 소리는 들어도 어디서 와서 어디로 가는지 알지 못하나니 성령으로 난 사람도 다 그러하니라(요 3:8).

우리는 바람 소리는 들을 수 있지만 바람을 볼 수는 없다. 하지만 바람의 존재를 부인하지는 않는다. 바람이 지나간 자리는 흔적을 남기기 때문이다. 나뭇가지나 깃발이 흔들리는 모습을 보고 우리는 눈에 보이지 않는 바람이 존재하며 지나간다는 것을 안다. 마찬가지로 성령으로 거듭난 사람이나 성령을 체험하는 사람은 성령의 열매(갈 5:22-23)와 그리스도를 증거하는 삶

(행 1:8)의 열매를 통해 알게 된다. 결국, 성령을 체험하는 사람은 예수 그리스도의 성품과 사역을 닮아가는 사람이다.

예수님을 믿음에도 때로는 성령의 역사와 마귀의 역사가 분별하기 쉽지 않을 때가 있다. 어머니의 경우는 많은 영적인 체험이 있었는데, 이것이 성령으로부터 왔는지 악한 영들로부터 왔는지 분별하는 기준은 예수님에 대한 참된 신앙고백과 성경 말씀이었다.

어머니가 예수님을 믿은 후 성령께서 역사하고 있다는 것을 삶의 여러 변화들로 확실히 느낄 수 있었다. 그런데도 성경을 기준으로 신앙생활 해야 할 것을 어머니에게 더욱 강조할 수밖에 없었던 다른 이유는, 무당이었을 때의 영적인 능력들이 여전히 남아 있었기 때문이다. 성경 말씀을 통해 이 부분에 대한 영적 분별을 어느 때보다 명확하게 할 필요가 있었다. 어머니께 남아 있던 영적인 능력들 중에 두드러진 것은 꿈과 환시와 공수였다. 이런 체험들은 무당이었을 때 귀신의 영이 점을 보는 통로였는데, 하나님의 자녀가 되었음에도 여전히 남아 있었던 것이다. 어머니는 선몽과 현몽을 통해 다음 날 누가 어느 방향에서 무슨 문제를 가지고 점 보러 온다는 것을 알고 새벽에 기도하며 손님 맞을 준비를 하셨다. 선몽을 통해 점사도 봤고, 다른 사람의 꿈도 해몽해주었다. 신기 있는 사람들은 대부분 꿈을 많이 꾸며, 그 꿈이 현실에서 자주 들어맞는다. 이런 것은 신기의 초기 증상인데, 예수님을 믿은 후에도 동일하게 지속되었다.

어머니와 대화를 계속하면서 하나님의 말씀으로 분별해주지 않으면 앞으로도 지속될 수 있었고, 무엇보다 어머니가 그 꿈을 의지하거나 기대할 수 있다고 생각했다. 사람은 하나님 말씀보다는 느낌이나 체험적인 것을 더 쉽게 의지하려는 경향이 있기 때문이다. 그런 꿈은 하나님이 주시는 것이 아니라 마귀가 주는 것이니 믿지도 말고 기대하지도 말라고 강조했다.

> 만군의 여호와 이스라엘의 하나님께서 이와 같이 말하노라 너희 중에 있는 선지자들에게와 점쟁이에게 미혹되지 말며 너희가 꾼 꿈도 곧이 듣고 믿지 말라(렘 29:8).

아직 하나님의 말씀을 제대로 모르는 상황에서 성경 중심의 신앙생활을 할 수 있도록 꿈을 의지하거나 다른 사람과 나누지 말고 다른 사람의 꿈도 해몽해주지 말 것을 당부했다. 어머니의 꿈은 확실히 마귀에게 받은 것이었다. 어머니가 무당이었을 때 꾸던 꿈과 동일하기도 했지만, 무엇보다도 그 꿈이 성경과 상충되는 것이었을 뿐만 아니라 어머니의 마음을 평안으로 이끌지도 못했기 때문이다. 이전과 같은 꿈을 자주 꾸고 꿈 내용이 생각나서 마음을 사로잡으면 예수님의 이름으로 대적하고 물리치라고 강권했다. 악한 영과의 영적 전쟁은 예수님의 이름으로 단번에 승리하는 것처럼 보일 때도 있지만, 믿음이 연약하면 마귀는 집요하게 공격할 수 있다. 어머니의 믿음이 성장하고 영적 전쟁에서 승리를 거듭하면서 마침내 예지몽과 현몽이 사라지게 되었다.

하나님은 특별한 경우 꿈과 환상을 도구로 하나님의 계획을 알릴 수 있다고 나는 믿는다. 오늘날에도 하나님은 초자연적인 기적을 통해 하나님의 뜻을 전달할 수 있다. 그렇다 하더라도 이러한 신비한 체험이 하나님으로부터 주어졌다면 성경에서 벗어날 수 없으며 성경으로 해석이 가능해야 한다. 때로 하나님이 꿈과 환상과 초자연적 기적을 도구로 사용하신다 할지라도 이런 체험이 성경보다 우선시될 수 없으며, 무엇보다 마귀도 동일한 꿈과 기적들로 역사하기 때문에 성경으로 분별하는 것은 필수적이다. 그렇지 않으면 예수님을 믿음에도 마귀가 역사하는 꿈을 동시에 받아들이고 믿게 될 수 있다.

더군다나 어머니는 이전처럼 그림이나 영화 화면을 보는 것 같은 환시도 있었다. 눈을 뜨고 있어도 부채와 방울이 보였고 장구 치는 모습이며 작두 타는 모습이 보였다. "예수 그리스도는 나의 주인"이라고 고백하면 이런 환시를 물리칠 수 있었다. 사람을 보면 그의 집안 내력과 문제들이 보이면서 집안 사정을 잘 알 수 있었는데, 무당이었을 때 점볼 때마다 있었던 이런 영적인 현상들이 그대로 계속 나타나고 있었다. 이러한 현상도 "예수 그리스도는 나의 주인"이라고 신앙고백을 하면 모두 사라졌다. 마귀가 주는 환시였기에 예수님의 이름으로 대적하면 물러났던 것이다.

끝으로, 환시와 더불어 따라오던 것이 공수였는데, 무당이 몸에 신을 실어서 신의 말을 대언하는 것이다. 신과의 접촉을 통해 공수 내리는 것을 말문이 터졌다고 한다. 그런데 이런 공수가 환시와 함께 어머니의 입 밖으로 나오려 했다.

한번은 어머니가 교회에 다니기 시작한 무렵 한 교인을 보더니 집에 무슨 문제가 있다며 나에게 작은 목소리로 속삭였다. 나는 깜짝 놀라서 절대로 발설하지 말라고 신신당부했다. 환시를 통해 사람을 읽으면 함께 나타난 영적 현상인 공수로 말하고 싶은 것이다. 무당뿐만 아니라 신기 있는 사람들도 때로 공수를 내리기도 한다. 자신의 의지와 상관없이 귀신의 역사로 나오는 말들이다.

듣는 사람의 기분을 좋게도 하고 나쁘게도 하는 이런 예언의 말을 하는 것은 이전에 신과의 접촉이 있었다는 증거다. 공수는 마귀가 주는 것이다. 그런데 예수님을 믿고도 이런 영적 체험이 지속되고 있었다. 마귀의 공격이 어머니 마음속에 지속적으로 일어나고 있음을 보여주는 현상이었다. 공수는 앞으로 일어날 길흉화복을 말하는 예언에 속한다. 하지만 하나님은 이러한 예언을 허락하지 않으셨다.

> 네가 쫓아낼 이 민족들은 길흉을 말하는 자나 점쟁이의 말을 듣거니와 네게는 네 하나님 여호와께서 이런 일을 용납하지 아니하시느니라(신 18:14).

사람들은 장래에 대한 불안감에서 장래 일들을 알고 싶어 한다. 미래를 알면 대비와 준비를 미리 잘 할 수 있다고 생각한다. 이러한 심리 때문에 무속인들을 찾아다닌다. 하지만 하나님은 장래 일을 알기 위해 무속인을 찾아가거나 알려고 하는 행위를 용납하지 않으신다.

형통한 날에는 기뻐하고 곤고한 날에는 되돌아보아라 이 두 가지를 하나님이 병행하게 하사 사람이 그의 장래 일을 능히 헤아려 알지 못하게 하셨느니라(전 7:14).

하나님은 우리가 장래 일을 예측하지 못하도록 원천봉쇄하셨다. 장차 일어나는 모든 일은 하나님의 섭리와 주권 가운데 주어지는 것이다. 우리에게 필요한 것은 장래의 일을 하나님께 온전히 맡기는 믿음과 순종이다. 하나님은 우리의 장래 일을 미리 알려고 하는 것을 금지하셨다. 믿음의 조상 아브라함은 하나님의 부르심을 받았을 때 갈 바를 알지 못했지만 믿음과 순종으로 고향과 친척과 아버지의 집을 떠났다(창 12:1). 아브라함은 갈림길마다 하나님께 물었을 것이고, 낯선 땅을 향한 여정에서 만날 적들과 자연의 위협 앞에서는 하나님만을 의지하게 되었을 것이다. 하나님은 미래에 일어날 일을 미리 알아서 대비하는 것보다 매순간 하나님을 찾고 교제하기를 원하신다. 우리가 장래에 대하여 알 수 있고 대비할 수 있는 것은 "주의 말씀은 내 발에 등이요 내 길에 빛이니이다"(시 119:105)라는 고백뿐일 것이다.

하지만 사람들은 고난이 닥치거나 답답한 일이 생기면 장래의 일을 더욱 알고 싶어 한다. 하나님의 절대주권을 인정하지도 않고 신뢰하지도 못하기 때문에 그렇다. 하나님의 절대주권을 인정한다면 고난이나 답답한 일이 생긴다 할지라도 그 배후에 있는 하나님의 뜻과 계획을 찾으려고 기도할 것이다. 하지만 삶 가운데 고난과 어려움도 하나님이 주신다는 것을 인정하고 싶지 않으니까 불안하고 답답해한다. 이러한 인간의 연약한 마음을 잘 알고 있는 마귀는 장래에 대하여 구체적으로 예언해주기 때문에 사람들이 무속인을 찾게 만든다. 공수는 하나님으로부터 온 것이 아니고 마귀의 거짓과 속임수에 불과하다. 맞는 예언이 있는 것처럼 보여도 그 예언에 얽매이게 되고 결국에는 넘어지게 한다.

어머니는 공수가 떠오를 때마다 예수님의 이름으로 대적하며 꾹꾹 참았다고 한다. 그런데 교인들 중에 고민 상담을 가장해 어머니께 점을 보려는 사람들이 있었다. 사실 교회이다 보니 점이라는 단어는 쓰지 않지만 예언이라는 이름으로 미래를 알고 싶어 했다. 하지만 기본 심리는 무속에서 점 보는 행위와 별반 다르지 않은 것이다. 어머니는 환시로 보는 것이 남아 있었고 공수도 있었지만 언제나 "나 그런 거 다 없어졌어요"라고 응하셨다. 나는 어머니가 예수님의 이름으로 점치는 자가 되는 것을 원치 않았다. 예언하는 것도 점치는 행위인데 하나님의 뜻이 아니라고 성경에서 말하기 때문이다.

　전도하면서 만난 어떤 사람들은 나에게 어머니에 대하여 언급하면서 오늘날에도 하나님이 꿈으로도 말씀하시는 것을 믿는다며 그것을 은사로 잘 계발하는 것은 어떻겠냐고 묻기도 했다. 그리고 어머니의 환시를 투시의 은사로, 공수를 예언의 은사라면서 교회를 위해 잘 사용하는 것도 괜찮지 않겠냐고 했다. 하지만 이런 체험은 어머니가 무당이었을 때 체험하던 것과 똑같았다. 무엇보다 성경의 가르침에서 벗어나는 것들이었다. 그래서 어머니가 영적인 체험들을 말씀으로 분별하며 성경을 기준으로 신앙생활 할 수 있도록 항상 권면하며 가르쳐드려야 했다.

　어머니가 교회 다니신 지 얼마 지나지 않아 기도 시간에 방언 기도하는 분을 보고는 깜짝 놀라신 적이 있다. 어머니는 교회에 다니면서 방언 기도를 처음 알게 된 것이 아니었다. 무당이었을 때 동료 무당 중에 방언하는 무당이 간혹 있었다. 어머니는 무당이 하는 방언이나 교회에서 교인들이 하는 방언이나 듣기로는 똑같이 들렸다고 했다. 무당들도 일본어 방언, 중국어 방언 등으로 말한다. 어머니는 무당이었을 때 귀신의 영으로 방언 기도하는 무당들을 알고 있어서 그런지 교회에서 방언 기도를 들으면 그 사람에게 영적인 문제가 있는 것이 아니냐고 반문했다. 어머니는 방언에 대한 부정적인 선입견이 있었던 것이다.

　나 또한 무속인 전도할 때 청천동에서 방언하는 무당을 만난 적이 있다. 전도하기 위해 그분의 신당으로 들어가서 앉았다. 내가 말을 먼저 꺼내기도 전에 점상 앞에 앉아서 방울을 흔들더니 어깨를 으쓱으쓱했다. 접신이 된 듯했다. 처음에는 주문 같은 것을 중얼중얼하더니 방언으로 기도하기 시작했다. 잠시 후 눈을 뜨더니 말을 하는데 아기 목소리였다. 동자신이 들어왔다고 했다. 신당을 보니 사탕과 초콜릿이 많고 인형과 장난감도 많았다. 나에 대하여 점을 보려고 했던 것 같은데 특별한 점괘가 나오지 않았던 모양인지, 갑자기 어린아이 목소리로 나에게 말했다.

"엉아는 여기 어떻게 왔어?"

"무속에 대하여 궁금한 것들이 많아서 어떻게 무당이 되었는지 알고 싶어서 왔어요."

이와 같은 질문을 던지며 대화 내용을 주도적으로 이끌어갔다. 대부분의 무속인이 그러하듯 그도 신의 풍파를 겪으며 많은 우환과 고통을 겪었고 파란만장한 인생을 살아왔다. 살아온 인생 이야기는 들어주지만 영적으로 떠보거나 시험하는 쪽으로 대화가 흐르면 화제를 바꿨다. 호기심에 무당의 말에 이끌리다 보면 속고 넘어질 수 있기 때문이었다. 화제를 기도로 돌렸다.

"보살님! 아까 기도하시던데 그거 방언 기도 아니에요?"

"그거 중국어 방언인데."

여전히 어린아이 목소리로 대답했다. 중국어를 알아야 중국어 방언인지 아닌지 알 수 있는데 나는 알 수가 없었다. 중국어처럼 들리기는 했는데 실제 중국어는 아닌 것 같았다. 마치 개그맨이 개인기로 하는 것처럼 중국어 비슷하게 흉내 내는 것처럼 들렸다. 교회에서 방언 기도를 많이 들어봤지만 둘을 비교해 보면 거의 차이가 없다.

어머니는 무당들도 방언을 한다는 것을 이전부터 알고 있었기에 방언을 성경적으로 설명해드려야 했다. 방언은 성령의 주권적 사역 가운데 주어지는 것이 있고, 마귀의 영으로부터 주어지는 것도 있다고 알려드렸다. 둘 다 거의 비슷하게 들리기에 그 방언이 하나님으로부터 왔는지 마귀로부터 왔는지 분별해야 한다. 무속인이 하는 방언은 확실히 마귀의 방언인데, 문제는 교회에 다니면서 하는 방언 중에는 성령이 주시는 것도 있지만 마귀가 주는 것도 있기 때문이다.

방언은 하나님의 뜻에 따라 성령의 주권적인 역사로 주어진다. 신령한 은사를 사모할 필요는 있지만 사모한다고 모든 은사를 경험할 수 있는 것은 아니다. 그리스도의 몸된 교회 공동체의 유익을 위해 각 사람에게 맞는 각자의 은사가 주님의 뜻대로 주어진다. 특별히 개인의 경건에 유익이 되고 그리스도를 나타내고 증거하는 데 사용한다면 방언의 은사는 좋은 것이다. 하지만 방언 기도가 대단한 영적 능력인 것처럼 과시하는 데 쓰이거나 교회의 권위와 질서를 어지럽게 한다면 영적 분별을 해볼 필요가 있다. 마귀가 준 방언일 수 있기 때문이다.

방언은 은사 중 하나다. 몸의 지체가 다양하듯 은사도 다양하다. 방언 기도를 한다면 그리스도의 성품을 닮아가고 교회의 덕을 세우고 그리스도를 증거하는 데 쓰이도록 나타나야 한다.

모든 은사는 궁극적으로 열매를 통해 알게 된다. 하나님이 주시는 방언인지 마귀가 주는 방언인지도 열매를 통해 분별해야 한다. 어머니가 교회에서 방언 기도하는 것을 의아해하고 경계하지 않도록 성경적으로 자세히 설명해드렸다.

어머니는 예수님을 영접하고 그리스도인이 되었음에도 마귀의 역사였던 꿈과 환시와 공수를 완전히 제거하는 데 거의 5년이 걸렸다. 신앙생활의 연수가 쌓여서 이루어진 것이 아니라 믿음으로 싸워서 얻은 결과였다. 어머니가 예수님을 믿기 전에는 마귀에게 속했기 때문에 영적 전쟁은 없었지만 그리스도인이 되는 순간부터 시작됐다. 영적 전쟁은 누구의 다스림을 받느냐의 문제이기 때문이다. 사탄의 통치를 받으면 사탄 나라의 백성이 되고 하나님의 통치를 받으면 하나님 나라의 백성이 되는 것이다. 그런데 어머니는 하나님의 백성이 되었음에도 사탄의 공격과 유혹이 여전히 있었던 것이다.

어머니께 여전히 남아 있던 무당이었을 때의 영적인 능력들에 대하여 예수님의 이름으로 대적하며 하나님께서 다스리도록 기도했다. 그런 영적 능력들이 어머니께 이전 무당의 일로 돌아가도록 충동질하고 고민과 갈등과 괴로움을 줬기 때문이다. 어머니는 예수 그리스도의 이름으로 영적 전쟁을 치르면서 성경 말씀으로 마음에 채우고 순종하려고 더욱 노력해야 했다. 무당이었을 때의 영적 능력이 모두 사라지고 난 후 어머니는 가끔 "네가 옆에 있어서 내가 살 수 있었던 거야. 너 없었으면 이전으로 다시 돌아갔을지도 몰라"라고 하신다.

예수님을 영접하면 그 순간부터 영적 전쟁이 시작된다. 하나님의 통치가 시작되는 것이다. 하지만 불신자 시절의 생활 습관이 남아 있는 한 사탄의 통치도 남아 있게 된다. 어머니도 무당의 생활 습관이 한순간에 사라진 것이 아니다. 성령의 역사로 단번에 끊어진 것도 있고 서서히 사라진 것도 있다. 그렇다 보니 마귀가 역사할 수 있는 통로가 있었다. 그래서 어머니의 마음은 언제나 치열한 영적 전쟁터였다.

마음에 무엇이 담겨 있느냐에 따라 그것이 성령의 통로가 되기도 하고 마귀의 통로가 되기도 한다. 마음에는 성령의 역사와 동시에 마귀의 역사도 일어날 수 있다. 그래서 성경으로 영적 분별을 하지 못할 경우에는 혼합 신앙에 빠질 수 있다. 더러운 귀신들이 어머니에게서 나갔을 때 어머니의 마음이 말씀으로 채워지지 않았다면 귀신들이 다시 돌아올 수도 있었을 것이다. 마귀는 자신이 거했던 몸을 자신의 집이라고 생각한다.

이에 이르되 내가 나온 내 집으로 돌아가리라 하고 와 보니 그 집이 비고 청소되고 수리되었거늘(마 12:44).

귀신 추방보다 후속 조치가 더 중요하다. 귀신이 쫓겨난 사람의 마음이 여전히 비어 있고 깨끗하게 청소도 되어 있고 거하기에 좋도록 잘 장식되어 있다면, 귀신은 더 악한 귀신들을 데리고 와서 이전보다 더 심각하게 만든다(마 12:45). 마음을 비워두면 마귀의 공격의 대상이 되기에 반드시 하나님의 말씀과 성령으로 채워야 한다. 마음에 사탄의 유혹이 틈을 타고 들어오지 못하도록 믿음으로 말씀을 받고 말씀대로 순종하며 살려고 할 때 영적 전쟁에서 승리할 수 있다. 다시 말해서, 하나님의 말씀에 순종하고 성령의 지배를 온전히 받아야 한다.

나는 어머니의 마음이 하나님의 말씀으로 채워지고 성령 충만 받을 수 있도록 새벽기도회부터 주일예배에 이르기까지 모든 예배에 함께 참석했다. 그리고 어머니와 자주 대화하면서 성경 말씀에 따라 신앙생활을 할 수 있도록 격려하며 도와드렸다. 이렇게 결혼하기 전까지 부모님과 3년을 함께 살면서 신앙생활을 돌보았다. 결혼하면서부터는 부모님과 떨어져 안산에 살게 되었는데, 그때까지도 주일마다 새벽에 아내와 부모님 댁에 가서 영적인 상태를 살피고 가정예배를 드렸다. 어머니의 믿음이 견고해져서 영적 전쟁에서 승리하도록 하기까지 곁에서 함께 신앙생활 하며 4년을 영적으로 돌봐드려야 했고, 마귀의 역사인 영적인 체험들이 완전히 사라지기까지는 5년 정도의 시간이 걸렸다. 어머니가 이 기간 동안 영적인 고통과 괴로움에도 끝까지 포기하지 않고 믿음의 싸움에서 승리하신 것은 참으로 감사한 일이다.

어머니가 예수님을 믿은 후 마귀로부터 주어지는 영적 체험들을 성경으로 분별해야 했던 것처럼, 여전히 마귀의 공격의 통로가 되고 있던 우상숭배의 옛 생활 습관이나 생각도 말씀으로 점검하며 말씀 가운데 새로워져야 했다. 예수님을 믿는다는 것은 예전의 죄인된 삶을 회개하고 성령으로 거듭나는 것을 의미한다. 그러기에 진정한 회개는 옛 사람의 습성을 벗어버리고 거듭난 생활을 반드시 동반해야 한다.

chapter 17
-
성경으로 생활 습관을 점검해야 했다

> 너희는 유혹의 욕심을 따라 썩어져 가는 구습을 좇는
> 옛 사람을 벗어 버리고 오직 심령으로 새롭게 되어 하나님을 따라
> 의와 진리의 거룩함으로 지으심을 받은 새 사람을 입으라
> (엡 4:22-24)

회심은 죄악된 길로 가다가 하나님께로 돌이키는 것을 의미한다. 이것은 죄를 용서받는 것을 넘어 이전의 죄악된 생활 습관과 세계관에서도 하나님께로 돌이키는 것을 포함한다. 죄를 고백하고 회개했음에도 이전의 생활 습관과 생각에 머물러 있다면 그것들이 마귀의 통로가 된다. 진정한 회개는 하나님의 뜻에 순종하는 거듭난 생활을 동반해야 한다.

너희는 유혹의 욕심을 따라 썩어져 가는 구습을 따르는 옛 사람을

벗어 버리고 오직 너희의 심령이 새롭게 되어 하나님을 따라 의와 진리의 거룩함으로 지으심을 받은 새 사람을 입으라(엡 4:22-24).

어머니는 긴 세월이라고 할 수 있는 50여 년을 무속신앙 가운데 있었고 귀신을 섬기는 무당으로 살았다. 그만큼 무속적인 생활 습관과 세계관은 어머니의 인생 전반에 걸쳐 몸에 배어 있었다. 어머니는 영혼 구원과 함께 오래된 생활 습관과 생각으로부터도 구원받게 하는 하나님의 능력인 복음을 받아들였다. 이 복음의 능력으로 옛 습관을 버리고 그리스도인의 새로운 생활 습관을 배우고 익혀야 했다. 어머니는 성령의 감화로 이전의 습관 중에 스스로의 결심으로 끊어버린 것도 있고, 나의 영적인 돌봄과 하나님의 말씀을 배우면서 끊어진 것도 있다.

예수님을 믿었다고 해서 하나님을 대적하던 생활 습관과 가치관이 저절로 바뀌는 것은 아니다. 성령의 역사는 인간의 순종이라는 협력이 있어야 가능하다. 성령은 인격적인 분이시기에 우리의 의지와 상관없이 역사하지 않으신다. 그리스도 안에서 새사람이 되기 위해서는 의지의 행위인 믿음의 결단과 순종이 반드시 따라야 한다. 신앙생활은 어떤 사람을 만나느냐에 지대한 영향을 받는다. 어머니는 종종 "영은 영끼리 통한다"라고 하셨다. 신기 있는 사람은 자신도 모르게 무당을 찾게 되고 점 보는 일을 편안하게 느낀다. 무속에 대한 관심도 많아지고 자연스럽게 받아들이게 된다. 영은 영끼리 통하기 때문이다. 어머니가 예수님을 믿기 전까지 가장 가까이 만나던 사람은 모두 무당과 신도들이었다. 그렇다 보니 어머니 주변에는 교회 다니는 사람은 거의 없었다. 어머니가 내림굿을 받을 때 굿 의식을 위한 재료와 음식 준비에 많은 손길이 필요했는데, 함께 점 보러 다니던 고향 분들이 모두 도와주셨다. 어머니가 예수님을 믿으면서 이전과 달리 이런 분들과의 관계가 애매해졌다. 서로 영이 달라서 함께 교제할 수 없기 때문이었다.

> 너희는 믿지 않는 자와 멍에를 함께 메지 말라 의와 불법이 어찌 함께 하며 빛과 어둠이 어찌 사귀며 그리스도와 벨리알이 어찌 조화되며 믿는 자와 믿지 않는 자가 어찌 상관하며 하나님의 성전과 우상이 어찌 일치가 되리요(고후 6:14-16).

어머니가 예수님을 믿은 다음 날 어머니가 신기를 벗겨주어 단골 신도가 됐던 동네 아주머니가 찾아왔다. 이전에도 자주 방문하였고 같은 고향 출신이라 가깝게 지내는 사이였다. 어머니는 그분이 왜 찾아왔는지 아시는 듯 먼저 말했다.

"나 아들 뜻 따랐어. 난 이제 거듭나서 아무것도 없어."

"그럼 잘 됐네."

아주머니는 실망한 듯한 표정으로 짤막하게 대답했다. 신기하게도 아주머니는 인생의 상당 부분을 어머니에 의지해서 살았는데, 왜 무당을 그만두었냐고 따지지 않았다. 신도들이 무당을 통해 점을 보고 의지도 하지만 무당의 인생이 고단하다는 것쯤은 알고 있다. 이런 측면에서 고단한 무당 일을 그만둔 어머니께 잘 됐다고 한 것으로 보인다.

어머니는 이후 이전 신도들이나 동료 무당과 연락하는 것이 영적으로 안 좋다며 전화번호를 바꾸셨다. 가까이 지내던 친구들과도 한순간에 절교하셨다. 성령의 감화로 가능했던 일이다. 내가 가르쳐드리지도 않았는데 어머니가 믿음의 결단으로 이런 행동을 하신 것이 놀랍고 고마울 뿐이었다. 그리고 경제적인 문제도 있어서 교회 근처로 이사 가면서 이전에 만났던 사람들과 자연스럽게 멀어지게 되었다. 사실 무당집이었던 이전 집을 떠난 것은 잘 한 일이었다. 나는 우리 집이 절터였고 무당집이었던 것이 아무 상관없었지만, 어머니는 영적으로 예민해서 꽤나 힘들어하셨기 때문이다.

예수님을 믿은 초창기에 이전의 생활 환경을 바꾸는 것은 새롭게 신앙생활 하는 데 매우 중요하다. 아무래도 이전에 만나던 사람들과 교제하고 이런저런 이야기를 듣다보면 영적인 영향을 받게 된다. 어머니는 이전에 만나던 불신자들과의 관계는 끊어지고 하나님의 자녀들만 만나게 해달라고 기도하셨다. 신앙생활 초창기였음에도 영적으로 좋은 것과 나쁜 것을 분별하여 정리한 것이 하나님의 은혜였다. 우상숭배하며 죄 짓던 자리에 그대로 머물면서 죄를 짓지 않거나 거룩한 삶을 살게 해달라고 기도하는 것은 어리석은 일이다. 예수님을 믿으면 옛 생활 습관과 생각을 벗어던지고 하나님의 말씀에 따라 새로운 사람이 되려는 믿음의 결단이 필요하다.

어머니와 교회를 다닌 지 몇 주가 지났을 때의 일이다. 어머니가 강대상 옆의 커튼을 자꾸 쳐다보더니 뭔가 이상함을 느꼈는지 그곳으로 다가가 커튼을 젖혔는데 순간 소스라치게 놀라셨다. 강대상 뒤쪽 좁은 통로를 창고로 사용하고 있었는데, 그곳에 어머니의 신당에 있던 장구, 징, 북, 꽹과리 등이 놓여 있었기 때문이다. 어머니가 목사님에게 신당의 물건들은 다 없앴던 것 아니냐고 물었더니 목사님은 장구와 징 등은 깨끗하고 좋아보여서 교회로 가져왔다고 했다.

"이 물건들은 신도들이 자신들의 이름으로 신당에 올려서 귀신들에게 빌었던 물건이라 영적으로 좋지 않은데요. 목사님, 저 물건들 없애주시면 안 될까요?"

"성도님, 괜찮아요. 예수님 믿고 모든 저주에서 해방됐으니 걱정 안 해도 돼요."

"목사님, 그래도 저에게 영적으로 안 좋으니까 치워주면 좋겠어요."

결국 어머니의 간절한 부탁에 물건들은 다른 교회로 보내졌다. 나도 그 물건을 모두 불태워버렸으면 훨씬 좋았겠다 싶었다. 무당에서 돌아온 사람들은 예민하게 반응하는 능력이 있는 것 같다. 그래서 이전에 빌었던 신상들, 그림들, 무구들과 기명들, 장소에 영적으로 예민하게 반응한다. 우상숭배하던 물건들은 아까워하지 말고 완전히 없애는 것이 바람직하다. 무속인이 예수님을 믿게 되었을 때 이전의 우상숭배와 관련된 것을 완전히 제거하는 것은 반드시 필요하다. 또한 그리스도인이라 할지라도 우상숭배와 관련된 어떤 형상이나 그림이나 장식품은 집 안에 들이지 않아야 한다.

> 너는 가증한 것을 네 집에 들이지 말라 너도 그것과 같이 진멸 당할까 하노라 너는 그것을 멀리하며 심히 미워하라 그것은 진멸 당할 것임이니라(신 7:26).

하나님은 우상숭배와 관련된 모든 것을 가증하게 여기신다. 우상숭배와 관련된 물건을 예술품이라고 생각하며 영적으로 아무 문제가 없는 것처럼 들이는 경우가 있는데, 성경에서 금지하는 것은 안 하는 것이 옳다. 그러한 물건을 집에 들이고 자주 보게 되면 마음이 쓰이고 결국 마음이 열리게 되면 그것들이 마귀의 통로가 될 수 있다. 예를 들어, 선교사 출신인 에드 머피(Ed Murphy) 박사의 딸이 그리스도인임에도 남자 친구가 선물로 준 우상숭배와 관련된 목걸이를 걸고 다니다 귀신이 들렸다. 그 후 머피 박사는 딸이 복음으로 치유되어 회복된 경험을 토대로 성경 전체를 영적 전쟁의 흐름으로 해석한 《영적 전쟁 핸드북》을 저술하기도 했다.

부모님이 예수님을 믿고 이전의 생활 풍습 가운데 제일 먼저 버린 것은 차례와 제사였다. 어머니는 제사를 안 지내게 된 것을 가장 마음 편안해하셨다. 귀신이 가장 활발하게 활동하는 시간이 제사 지내는 때이기 때문이다.

"제사 지내는 거 다 귀신 바가지 섬기는 거야. 살아생전에 대접을 잘 받아야지 죽어서 대접받는 것이 무슨 소용 있어."

어려서 제사 지낼 때마다 든 생각은 왜 제사를 밤 12시에 지내냐는 것이었다. 졸음이 몰려와 그 시각까지 기다리는 것이 늘 곤욕이었다. 밤 12시가 되어야 조상의 혼령이 온다고 하니 '조상이라면 후손을 배려해서 좀 일찍 오면 안 되나'라는 생각도 들었다. 밤 12시에 제사가 시작되면 혼령들이 집 안에 들어올 수 있도록 대문을 활짝 열어놓았다. 그리고 아버지가 조상의 혼령들이 제사상에 있는 음식을 먹는 시늉을 했다. 음식을 드시는 것처럼 젓가락으로 제사상을 세 번 내려치고 밥을 떠서 물그릇에 말고 밥그릇에 숟가락을 꽂아놓았다. 그리고 예를 갖추어 절을 했다. 대접받은 조상이 자손들을 잘 돌봐주기를 바라는 마음에 정성을 다해서 죽은 조상이 음식을 잘 드시고 가라고 대접했다. 나도 실제로 그렇게 믿었다. 그러나 이렇게 정성껏 제사를 드리는 것은 죽은 조상이 아니라 귀신을 섬기는 것이었다.

> 무릇 이방인이 제사하는 것은 귀신에게 하는 것이요 하나님께 제사하는 것이 아니니 나는 너희가 귀신과 교제하는 자가 되기를 원하지 아니하노라(고전 10:20).

이것을 인식하지 못하고 죽은 부모님에 대한 예의나 효로 제사를 지냈다 하더라도 영적으로는 귀신을 섬기며 교제하는 것이다. 나는 어려서 무척이나 겁이 많았다. 그래서 밤이면 집 밖의 화장실도 제대로 못 나갔고 밤에 심부름 가는 것도 무서웠다. 밤에 심부름을 가다 보면 너무 무서워서 머리카락이 서고 온몸에 소름이 돋을 정도였다. 그래서 내가 무서움을 많이 타는 것을 아는 어머니는 제사상에 올린 대접의 밥을 말은 물을 마시게 했다. 그 물을 마시면 무서움을 이길 수 있다고 생각했기 때문이다. 매번 제사상에 올린 대접의 물은 내 차지였다. 그래도 무서움은 여전했다. 그런데도 이런 미신을 철석같이 믿던 시절이 있었다. 그러나 예수님을 믿고 나서는 제사나 차례 때마다 가족들이 모여 함께 예배드리고 식사하는 시간을 갖는다. 제사를 지내며 귀신과 교제하는 대신 이제는 예배드리며 하나님과 교제한다. 이것이 우리 가족이 예수님을 믿고 받은 하나님의 은혜다.

우리 가족이 우상숭배를 하고 어머니가 신을 받아 무당 일을 할 때는 신의 풍파로 삶에 우여곡절이 많았고 원통한 일도 많이 겪었다. 그래서 어머니는 상처를 많이 받았지만 예수님을 믿고 영혼의 회복을 경험하면서, 이전의 일은 모두 잊어버리고 이제는 예수님께서 베푸신 은혜만 기억하고 싶다고 자주 말씀하신다.

너희는 이전 일을 기억하지 말며 옛날 일을 생각하지 말라(사 43:18).

사람들은 종교적 신비 체험이나 귀신 이야기가 궁금해서 어머니께 이전 일을 물어보기 좋아했다. 하지만 우리 가족은 옛날 일을 자주 언급하는 것이 불편했다. 어머니도 귀신의 역사로 했던 일들을 자꾸 회상하는 것이 싫다고 했다. 회개한 무속인에게 신의 풍파로 겪었던 고통과 내림굿을 받았던 것은 모두 마음의 상처로 남게 된다. 마귀의 역사로 무당 일을 했던 일도 모두 상처다. 그래서 복음 안에서 아물어진 상처를 자꾸 끄집어내는 일은 바람직하지 않다. 그리스도 안에서 새로워진 생활에서는 옛적 우상숭배와 관련됐던 일은 기억하지 말고, 하나님께서 베풀어주신 은혜만 기억하는 것이 중요하다.

어머니께 옛 습관과 생각을 버리는 과정은 영적 전쟁이었다. 마귀는 어머니의 옛 습관과 생각을 통해 역사하려 하고 어머니는 예수님의 이름으로 대적하고 하나님의 말씀에 순종하려고 했다. 하지만 몸에 배어 있던 것들이라 쉽게 단절되지 않는 것들이 있었다. 그럴 때마다 어머니는 더욱 기도하며 예수님의 이름을 붙잡고 영적 싸움에서 스스로 이겨나가야만 했다. 나는 옆에서 기도와 격려로 도울 뿐, 대신 싸워줄 수 없었다. 때로는 영적 싸움에서 패하기도 했다가 다시 일어나 예수님의 이름으로 영적 싸움하기를 반복하셨다. 이것은 어머니의 영적 성숙의 과정이기도 했다. 옛 사람을 버리고 그리스도 안에서 새사람이 되기 위한 영적 전쟁은 어떤 그리스도인에게도 예외 되는 일이 아니다. 어머니의 경우는 무당으로 귀신을 섬겼기에 일반 불신자들이 돌아왔을 때보다 더 힘들고 어렵게 영적 싸움을 치러야 했다. 어머니에게는 영적인 승리를 얻기 위해서 더 큰 하나님의 은혜와 능력이 필요했다.

chapter 18
-
지탱의 힘, 임마누엘의 약속

> 보라 처녀가 잉태하여 아들을 낳을 것이요
> 그의 이름은 임마누엘이라 하리라 하셨으니 이를 번역한즉
> 하나님이 우리와 함께 계시다 함이라
> (마 1:23)

부모님은 예수님을 영접하고 비로소 교회에 첫발을 내딛게 됐는데 새벽기도회부터 다니기 시작했다. 나는 새벽기도회부터 주일예배에 이르기까지 대부분의 예배에 빠지지 않고 참석했는데 부모님은 이런 나를 보며 종종 "너는 무슨 교회를 그렇게 열심히 다니냐?", "적당히 다녀라. 교회에 다니면 밥이 나오냐?", "쓸데없는 일에 그렇게 열심이냐?"라고 말씀하셨다. 부모님께 보이려고 열심이었던 것은 아니지만 부모님은 나를 핍박하면서도 나의 신앙생활을 지켜보고 계셨다. 부모님이 예수님을 영접

하신 다음 날 교회에 다니자고 여쭤보았다.

"이제 예수님을 믿으시니 교회 다니셔야죠?"

"그래야겠지."

"내일 새벽기도회부터 다니시는 게 어떻겠어요?"

"알겠다."

이것이 부모님이 교회에 첫발을 내디딜 때 나눈 대화의 전부였다. 나는 '교회를 새벽기도회부터 나가야 하나?', '주일부터 교회에 다니면 안 되냐?', '처음으로 신앙생활 하는데 우선 주일에만 예배드리면 안 되냐?' 같은 질문을 하실 줄 알았다. 그러나 나의 신앙생활을 지켜보셨던 부모님은 내가 하던 그대로 해야 되는 줄 아신 모양이다. 가깝게 지내는 가족을 전도하려면 신앙생활을 잘 보여주는 것도 중요하다. 가족은 생활 전도다. 전도받은 사람은 전도한 사람을 따라서 신앙생활을 할 수밖에 없기 때문에 전도한 사람의 경건을 뛰어넘을 수 없다. 주일예배만 다닌다면 가족 중 누군가를 전도해도 주일예배만 다니게 될 것이다. 가족에게 신앙생활을 열심히 하는 모습뿐만 아니라 신앙생활의 좋은 모습을 보이는 것도 중요하다. 교회 다니면서 안 좋은 모습을 보이면 다음과 같은 소리를 듣기 십상이다.

"너처럼 믿느니 차라리 내 주먹을 믿겠다."

부모님이 예수님을 믿고 교회에 다녔어도 다툼이 없거나 모든 일이 잘 풀리는 것은 아니었다. 우리의 성품과 인격이 성장해야 하고 고난과 어려움도 만나면서 하나님을 찾게 되고, 하나님의 인도하심을 받으면서 믿음도 자란다. 새벽기도회를 다니기 시작하면서도 부모님은 교회 가는 길에 자주 다투셨다. 어머니가 무당이었을 때 신의 벌전으로 무릎 연골을 다쳐 여전히 걷는 것이 힘들었다. 그래서 성경 가방을 아버지에게 맡기면 이런 것을 남자에게 준다며 다투는 등 별것 아닌 일로 자주 다투셨다. 감사한 일은, 그렇게 다투어도 교회에는 나가셨다는 것이다.

어머니가 예수님을 영접하고 두 번째 금요기도회에 참석했을 때의 일이다. 어머니를 전도하러 왔던 K 목사님이 칠판에 글씨를 쓰면서 설교하고 계셨는데 어머니가 갑자기 놀라워하며 눈을 동그랗게 뜨셨다. 그 글씨를 뚫어지게 바라보다 옆에 앉아 있던 나에게 황급히 물으셨다.

"저 글씨가 뭐냐? 왜 이렇게 환하게 나에게 비춰 오는 거냐?"

목사님이 칠판에 쓴 글씨는 바로 '임마누엘'이었다. 목사님은 그 단어가 무엇을 의미하는지 설명하고 있었다. 어머니는 카메라 플래시가 터지면서 강렬한 섬광이 주위를 환하게 비추는 것처럼 갑자기 '임마누엘'이란 글씨에서 시작된 강렬한 빛이 어머니의 가슴으로 몇 초 동안 비추어왔다고 했다. 나는 그 빛이 하나님이 주권적으로 어머니께 베풀어주신 은혜임을 직감할 수 있었다. 어머니의 신비한 체험에 나 또한 성령의 감동과 은혜가 넘쳤다. '임마누엘'의 의미를 떨리는 목소리로 알려줬다.

"하나님이 우리와 함께하신다는 의미예요."

어머니는 놀라워하면서 감격하는 표정이 역력했다. 신기한 일은, '임마누엘'에서 나오는 빛을 목사님과 성도들 모두 보지 못했다는 것이다. 나도 어머니 바로 옆에 앉아 있었고 동일한 글씨를 보고 있었지만 어떤 빛도 보지 못했다. 오직 어머니에게만 보였다. 금요기도회가 끝나자마자 어머니는 여전히 흥분된 마음으로 그 글씨의 뜻을 다시 물어봤다. 신비한 현상을 체험한 어머니께 성경을 통해 다시 그 의미를 정확하게 설명하고 확신을 심어드릴 필요가 있었다. 어머니의 영적 체험이 성경에 의해 확증된다는 것을 보여드리고 싶었다.

> 보라 처녀가 잉태하여 아들을 낳을 것이요 그의 이름은 임마누엘이라 하리라 하셨으니 이를 번역한즉 하나님이 우리와 함께 계시다 함이라(마 1:23).

이 성경 구절을 보여드리며 하나님이 어머니와 함께 계신다는 뜻임을 강조하며 말씀드렸다. 어머니는 기쁜 마음으로 설명을 들으며, 예수님을 영접한 후 다시 한번 영적 체험을 통해 구원을 확인했다. '하나님이 왜 초자연적인 기적으로 어머니에게만 함께 계신다는 메시지를 주셨을까?'라고 생각해보았다. 우선 나는 '임마누엘'의 의미가 무엇인지 알고 있었다. 또한 이 약속의 말씀을 믿음으로 받아들였을 때 성령의 감화로 온 마음이 하나님을 향하는 인격적인 변화를 체험했고, 어머니처럼 임마누엘의 빛을 보지 못했어도 그 말씀에 대한 믿음이 삶 가운데 성취된 상태였다. 그런 나와 달리 어머니는 무당에서 돌아온 초신자였기 때문에 특별한 영적 체험을 통해 하나님의 말씀을 경험하도록 인도하신 것이다. 특히 만딸로 태어나 집안 사정으로 초등학교를 그만두어야 했던 어머니는 한글을 제대로 읽지 못했기에 목사님이 쓴 글씨를 이해할 수 없는 상태였다. 하나님이 그런 어머니를 배려해서 초자연적인 빛으로 메시지를 보여주셨다고 확신한다.

하나님께서 어머니의 상황과 처지를 헤아리고 그 수준에 맞추어서 필요한 말씀을 주셨다는 것이 놀랍고 감사할 뿐이다. 이런 일을 경험하면서 무당에서 돌아온 어머니를 하나님이 얼마나 기다리셨고 사랑하시는지 깨달았다. 마치 탕자의 아버지가 모든 재산을 탕진하고 거지가 되어 돌아오는 탕자를 기다리다가 동구 밖에 탕자를 먼저 보고 달려가서 안아주고 입 맞추고 환영하고 잔치를 베푼 것처럼, 무당에서 돌아온 어머니도 동일한 환영을 받는다고 느꼈다. 하나님께서 어머니를 향하여 "내 딸아! 안심하라. 이제는 안전하다. 두려워하지 마라. 내가 너와 함께 있노라"라고 말씀하시는 것 같았다. 내가 느끼는 바를 어머니께 그대로 설명드렸다. 빛을 보지 못했지만 내가 어머니 옆에 앉아 있었던 것은, 빌립이 이사야의 글을 해석하여 에디오피아 내시에게 복음의 말씀을 전했던 것처럼(행 8:26-39) 하나님께서 어머니가 나를 통해 '임마누엘'이 무엇을 의미하는지 깨닫도록 하기 위함이었다고 확신한다. 어머니는 하나님이 함께 계신다는 이 믿음으로 이후의 힘들고 고된 영적 전쟁에서 승리할 수 있었다.

금요기도회 다음 날 어머니와 함께 기독교백화점에 큰글자 성경책을 사러 갔다. 서점을 둘러보면서 어머니가 '임마누엘'이 쓰인 성구 액자를 보더니 이 액자를 집에 걸어두면 좋겠다고 하셨다. 그리고 예수님께서 등불을 들고 문 앞에 서서 기다리시는 성화 그림을 보고는 마음에 와 닿는다며 이것도 걸어놓자고 하셨다. 그래서 우리 집에는 '임마누엘' 성구 액자와 예수님이 등불을 들고 문 앞에 서서 기다리시는 성화 그림이 지금도 걸려 있다. 한 영혼이 회개하고 하나님 앞에 돌아왔을 때 하나님께서 얼마나 기뻐하시는지 참으로 깨닫는다.

> 내가 너희에게 이르노니 이와 같이 죄인 한 사람이 회개하면 하늘에서는 회개할 것 없는 의인 아흔아홉으로 말미암아 기뻐하는 것보다 더하리라(눅 15:7).

일반 불신자가 회개하고 돌아와도 기뻐하시지만 마귀의 종이었다가 회개하고 돌아오는 무속인을 하나님께서 더 기뻐하시리라 믿는다. 무당은 일반 불신자보다 세상으로 더 멀리 나갔고 더 고생하다 돌아왔기 때문이다.

하나님께서 어머니께 임마누엘의 약속을 주셨다 할지라도 먹고 생활하는 모든 문제를 해결주시는 것은 아니었다. 집안의 경제적인 문제는 다른 사람의 도움 없이 우리 가족이 스스로 해결해야 했다. 누군가를 의지하거나 도움을 받으려는 대신 기도하면서 일자리를 적극적으로 찾아나섰다.

chapter 19

-

경제적인 문제를 스스로 해결해야 한다

우리가 너희와 함께 있을 때에도 너희에게 명하기를
누구든지 일하기 싫어하거든 먹지도 말게 하라 하였더니
(살후 3:10)

무속인이 예수님을 믿게 되었을 때 가장 큰 고민거리는 두 가지다. 하나는 수입이 끊어졌기 때문에 생기는 경제적인 문제이고, 다른 하나는 신을 섬기다 거역했기 때문에 신의 벌전으로 잘못되거나 죽게 되는 것은 아닌가 하는 염려다. 이 두 가지가 해결되지 않으면 무속인 생활로 다시 돌아가기 쉽다. 이런 문제로 예수님을 믿었다가 무속인 생활로 돌아가는 사람을 여럿 보았다. 신의 벌전 문제는 구원의 확신과 말씀으로 믿음을 견고하게 하면 극복할 수 있다. 하지만 경제적인 문제는 복음을 믿는다고 해결되는 것이 절대 아니었다.

사도 바울 일행이 빌립보에서 전도하다가 귀신 들린 여종을 치료했다. 이 때문에 그 종의 주인들이 바울 일행을 로마 관리들에게 넘길 때 명분은 "로마 사람인 우리가 받지도 못하고 행하지도 못할 풍속을 전한다"(행 16:21)는 것이었지만, 속마음은 "자기 수익의 소망이 끊어진 것을 보고"(행 16:19) 그랬던 것이다. 무속인이 복음을 받아들이지 못하는 커다란 이유 중 하나가 소득이 끊어진다는 것이다. 소득이 없어진다는 것은 먹고 살아야 하는 근본적인 문제가 발생하는 것을 의미한다. 복음을 받아들인다고 당장 어떤 수입이 생기는 것은 아니고, 더군다나 무당의 일이 고단하다고는 하지만 수입은 비교적 손쉽게 올리는 편이다. 앉은 자리에서 점 손님을 받으면 몇 만 원의 복채가 들어온다. 점도 보고 굿도 하고 단골 신도가 많아지면 꾸준하게 수입을 올릴 수 있다. 단골 신도가 늘면 소원 성취를 위해 돈을 신단에 올려놓고 무당이 빌어주기를 많이 부탁한다. 그 돈도 수입으로 돌아온다. 모든 무당이 잘 사는 것은 아니지만 내가 만난 무당 중에는 커다란 집에 살며 땅도 사놓고 부자가 된 분도 여럿 있었다. 요즈음은 경제도 어렵고 쉽게 돈을 버는 것처럼 보여서인지 내림굿을 받지 않고도 점 보는 기술을 배워서 학습무가 되는 경우도 많다. 그렇다 보니 무속인이 예수님을 믿고 돌아오면 쉬운 일자리만 얻으려고 한다. 젊은 사람일수록 더욱 그렇다. 그런데 세상에 쉬운 일자리가 어디 흔하겠는가?

게다가 무속인들은 신도들의 돌봄과 섬김을 받는 데 익숙하다 보니 힘들고 고된 일은 아예 알아보려고도 하지 않는다. 하지만 예수님을 믿고 무속인의 삶을 포기했다면, 살아남기 위해 힘들고 고된 일자리라도 얻겠다는 각오가 있어야 한다. 귀신에게 사로잡혀 영혼에 고통과 괴로움을 받았던 지난 일들을 생각한다면 육체적으로 고된 일은 아무것도 아니다. 하나님의 은혜를 경험하며 어떤 일도 기쁨으로 감당할 수 있어야 한다.

어머니가 예수님을 믿으면서 우리 집의 주 수입원이 끊어졌다. 가족 중에 경제활동을 하는 사람은 하나도 없게 되었다. 무속인은 내림굿 받고 3년 동안은 영험해서 점도 잘 보고 수입도 가장 좋을 때라고 한다. 그런데 어머니는 벌은 돈으로 신당을 더욱 크고 화려하게 꾸미고 큰 굿을 여러 번 하면서 대부분 써버렸다. 귀신을 통해 번 돈은 다시 귀신을 섬기는 데 소용된다. 그래서 저축한 돈이 없었다. 인천공항 건설로 받은 보상비도 집 사는 데 썼고, 아버지는 평생 살 집으로 생각해 수천만 원을 들여서 집수리를 깔끔하게 마치셨다. 그런 상황에서 어머니는 무당 일을 그만두고 아버지도 어머니를 돕는 일을 그만두게 되었다. 누나는 호주 유학 중이었고 나는 신학대학원 준비를 하고 있었고 동생은 직업 없이 지내고 있었다. 특별한 수입이 없는 가운데에도 복음에 대한 열정이 넘쳤던 어머니와 나는 일주일에 며칠씩은 무속인을 전도하기 위해 6개월 정도 돌아다녔다.

하루는 아버지가 경제적인 문제로 나와 이야기 좀 하자고 하셨다. 그때만 생각하면 지금도 가슴이 뭉클해지고 부모님의 내리사랑에 눈시울이 뜨거워진다. 몇 달째 어떤 수입도 없이 생활해오고 있었고 누나는 유학을 마쳐야 하는 상황이었다. 아버지는 그동안 추가로 받은 보상비로 근근이 지내왔는데 이제는 집을 팔거나 빚을 내야 한다며 진지하게 나를 설득하려고 하셨다.

"당분간 집을 유지할 수 있게 직장 생활하면 안 되겠냐? 집안 경제가 괜찮아지면 그때 가서 목사 되어도 늦지 않는 것 아니냐?"

말씀을 듣는데 뭐라 답하기도 난처하고 죄송한 마음이 밀려왔다. 그런데 나는 이미 부모님이 예수님을 믿으면 곧바로 신학대학원에 입학해서 목사가 되겠다고 하나님께 서원 기도를 한 상태였다. 이런 기도에 대해서도 감히 입 밖에 낼 엄두가 나지 않았다. 부모님이 예수님을 믿기 시작했지만 아직은 초신자에 불과했기에 그런 부모님께 하나님의 부르심에 대하여 설명한다는 것이 구차한 변명처럼 느껴졌다. 하지만 지금 집안 경제가 어려운 상황에서 내 것만 고집해야 하나 하는 생각이 들기도 했다. 마음 한구석에서는 부모님이 고생하시면서 대학까지 공부시켜주셨는데 경제적으로 도움을 드려야 한다는 생각도 있었다. 아버지 뜻대로 당분간 일을 하고 나중에 목사가 될까 하는 고민도 생겼다. 너무 무겁고 복잡한 마음에 쉽게 대답하지 못하고 우물쭈물하니까 옆에서 듣고 계시던 어머니가 버럭 화내며 내 입장을 옹호해주셨다.

"아이, 당신은 목사 하려고 준비하는 애한테 돈 벌라니요. 꼭 그래야 돼요?"

"한 달에 어느 정도의 돈은 벌어야 집을 유지할 수 있다고…."

아버지는 이미 한 달에 필요한 돈을 계산을 해놓았고 자신도 일자리를 알아볼 예정이라고 하셨다. 그런데 어머니는 어디서 그런 용기가 나왔는지 대담한 의견을 제시하셨다.

"이 집을 팝시다. 이 집터는 절터이고 무당집이어서 그리 마음이 편한 곳도 아니니 이참에 다른 곳으로 이사하는 게 어때요?"

우리 가족은 아버지가 이 집에 애정을 많이 쏟으며 아끼신다는 것을 잘 알고 있었는데 그 집을 팔자고 하시는 것이다. 나는 아무 말도 못하고 있는데 아버지가 잠시 생각에 잠기시더니 결정을 내리신 듯했다.

"이 집을 팔고 교회 근처로 이사 가지 뭐."

이 말씀을 듣자마자 가슴이 먹먹해지고 눈물이 핑 돌았다. 지금도 이때를 생각하면 부모님께 참으로 죄송하고 감사한 마음뿐이다. 집을 유지하는 것보다 내가 목사의 길을 가는 것을 더 중요하게 여기셨다는 것은 놀라운 하나님의 은혜였다. 당시 부모님은 나와 함께 매일 새벽기도회를 다니며 하나님의 은혜를 조금씩 알아가던 때라 이런 결심을 할 수 있었으리라 생각한다. 이전의 아버지 성품을 생각하면, 집을 팔려고 결심한 것은 성령의 역사임에 틀림없었다. 아버지가 연약하나마 돈과 물질이 아닌 하나님의 뜻을 생각하신 것에 감사하다.

부모님이 믿음의 결단을 하면서 나는 신학대학원 입시 준비에 집중할 수 있었고, 진학해서는 전도사 사역의 길을 계속 걸을 수 있었다. 믿음이 그리 깊지 않던 시절인데 부모님이 이렇게 결정하시는 데는 믿음뿐만 아니라 자식을 향한 무한한 사랑이 있었기에 가능했던 것이다. 부모님께 더욱 미안한 마음에 더 잘해야겠다는 다짐도 하게 되었다.

이전에 부모님께 할 수 있는 최고의 효도는 전도해서 천국 가시게 하는 것이라고 믿어왔다. 사랑하는 가족에게 복음을 증거하지 않아서 불구덩이 같은 지옥에 간다면 이 얼마나 큰 불효겠는가? 예수님을 믿지 않으면 지옥 간다는 것을 알면서도 전하지 않는 것만큼 큰 불효도 없다고 생각했다. 그런데 하나님의 주권 가운데 부모님께 복음을 전해서 부모님이 영생을 얻게 되고 천국 백성이 되었으니 이것만으로도 충분히 큰 효도라고 생각한 적이 있었다. 하지만 가정에 경제적인 어려움을 겪을 때마다 여러 신앙적인 고민과 갈등이 생기는 것은 어쩔 수 없었다. 목회자의 길을 가면서 마음 한구석에는 여전히 물질적으로 효도를 못하여 늘 죄송한 마음뿐이다. 지금까지도 내리사랑으로 어떠한 대가도 바라지 아니하시고 아들의 목회를 위해 늘 기도하고 격정해주시는 부모님께 참으로 감사하다.

집을 팔기로 했는데 그때가 IMF 경제위기 직후라 집값이 많이 떨어져 있어 손실이 컸다. 집을 팔아 누나 유학비를 보내고 빚을 청산하고 나니 전세비만 남았다. 교회 근처로 이사 간 후 이제는 더 이상 수입을 기대할 곳이 없어졌다. 당시 아버지는 60대 초반이고 어머니는 50대 중반이었다. 부모님은 새벽마다 기도하시면서 일자리를 알아보셨다. 얼마 지나지 않아 아버지가 친구 소개로 산업용 드럼통을 만드는 공장에 취업하셨다. 아버지는 일 다니면서 이 생활이 이전보다 즐겁고 재미있다고 하셨지만, 여행도 다니며 쉬셔야 하는 연세인 것을 생각하면 그런 말씀을 듣는 것조차 마음이 무거웠다.

어머니도 "무슨 일이든지 해야지"라며 일자리를 알아보러 다니셨다. 그 연세에 어디 마땅한 일자리가 있겠는가? 하루는 어머니가 친구를 만나고 오더니 시장에서 장사를 하기로 결정하셨다. 이전에 용유도에서 살았던 경험을 살려 새벽에 농수산물시장에서 굴과 바지락을 떼어 와서 시장에서 직접 그것들을 까서 파는 일을 시작하셨다. 어머니는 늘 바쁘게 일하니까 잡생각이 없어져서 좋다고 하셨다. 집에 가만히 있으면 이전의 무당 일이 생각나고 잡념이 생겨 머리가 아프고 힘이 빠지곤 했는데 그런 일이 없어져서 좋다는 것이었다. 또 시장에서 일하면서 만나는 사람마다 무당에서 돌아온 일을 나누며 기회 있을 때마다 전도했다. 장사가 조금씩 자리 잡히면서 야채도 팔았는데, 물건들을 새벽에 버스로 나르다 보니 봉고차가 생기기 전까지는 여간 힘에 부치는 일이 아니었다. 무엇보다 어머니는 새벽기도회를 다니지 못하는 것이 늘 아쉽다고 하시며 새로운 일자리를 달라고 밤마다 기도했다.

당시 나는 부평의 한 교회에서 전도사로 중등부 사역을 하고 있었는데 어느 날 한 여선생님과 기도 제목을 나누게 되었다. 그분이 나를 위해 기도하고 있었는데 하늘에서 커다란 거봉포도가 내려와 그것을 따서 내 입에 먹여주는 꿈을 꿨다고 했다. 그러면서 그분이 남동공단의 직원식당에 일자리를 얻게 되었는데 그 자리가 전도사님 어머니를 위한 자리인 것 같다며 양보해주겠다고 했다. 어머니와 그 식당에 방문했는데 주인이 어머니를 좋게 여겨서 그곳에서 일하게 되었다. 주로 공단에서 일하는 직장인을 대상으로 점심을 만드는 식당이라 어머니는 다시 새벽기도회를 다닐 수 있게 되었다. 그러다가 함께 일하던 동료가 더 안정적인 직장인 인천기능대 학생식당으로 자리를 옮기게 되었다. 어머니는 동료에게 자신을 기억하고 있다가 자리가 나면 소개해달라고 부탁했다. 어머니는 새벽마다 안정적인 직장을 위해 기도했는데 그 동료가 옮긴 지 얼마 지나지 않아 어머니를 추천했다. 적지 않은 나이였지만 어머니의 성실함을 보고 정식 직원으로 채용되어 은퇴하실 나이까지 일했다. 이전보다 시간 활용하기에도 좋아져서 새벽기도회를 다니며 교회 봉사와 전도 활동도 다시 열심히 할 수 있었다. 무속인을 전도할 때 어머니는 이런 경험에서 우러나온 당부를 했다.

"무당이 돌아오면 집 안에만 가만히 있지 말고 자꾸 움직이고 무슨 일이든 할 수 있도록 도와줘라."

무슨 일이라도 할 수 있는 마음가짐을 갖도록 격려하라는 의미였다. 무속인이 돌아왔을 때 교회나 주변 사람들에게 의지하게 하지 말고 적극적으로 일자리도 알아보고 스스로 살아남을 수 있도록 노력해야 한다는 것이다. 사탄의 권세와 속박에서 구원하신 하나님께서 어떤 일자리라도 인도하지 않으시겠는가? 하나님은 인간이 6일 동안 성실하게 노동하고 7일에는 하나님 안에서 안식하며 쉼을 얻도록 하셨다. 일자리를 얻는 것은 하나님의 뜻이기에 기도하면서 구하면 찾을 수 있다.

우리가 너희와 함께 있을 때에도 너희에게 명하기를 누구든지 일하기 싫어하거든 먹지도 말게 하라 하였더니(살후 3:10).

일하지 않는 것을 합리화할 어떠한 핑계거리도 없다. 일하는 가운데 예수님의 재림도 기다리는 것이다. 예수님의 재림을 핑계로 일하지 않는 것은 하나님의 뜻이 아니다. 그러기에 예수님을 믿고 우상숭배의 저주에서 완전히 벗어나려 하는 마음이 있다면 어떤 핑계도 대지 말고 일자리를 얻도록 노력해야 한다. 이전의 생각들 다 버리고 힘들더라도 무슨 일이라도 하겠다고 마음먹으면 어떤 일이라도 얻을 수 있다.

경제적인 문제를 해결하면서 한 가지 더 염려되었던 신의 벌전에 대해서는, 가족들에게 벌전은 없을 것이라고 자주 확신 있게 말씀드렸다. 예수님을 믿어도 어려움과 고난은 있게 마련인데 이런 고난들을 신의 벌전과 연관된 것으로 생각하지 않도록 하기 위함이었다. 아무래도 무속인이 예수님을 믿고 돌아오면 이전에 섬기던 귀신들이 벌을 주거나 해코지하지 않을까 염려하게 된다. 신의 벌전이 무서워 예수님을 믿지 못하겠다고 거부하던 사람도 더러 만났다. 그러나 예수님을 믿고 그리스도인이 되면 하나님이 함께하시는 인생이 되기 때문에 신의 벌전은 더 이상 없게 된다.

chapter 20

신(神)의 벌전은 더 이상 없다

그런즉 이 일에 대하여 우리가 무슨 말하리요
만일 하나님이 우리를 위하시면 누가 우리를 대적하리요
(롬 8:31)

신의 벌전은 신의 뜻을 거역했을 때 신이 내리는 벌을 의미한다. 귀신을 잘못 섬기거나 소홀히 대하면 귀신이 징벌한다는 것이다. 무속신앙을 가진 사람들은 이 저주의 법 아래 있다. 무속신앙에서 개인과 가정에 어떤 어려움이나 안 좋은 일이 생기면 신의 벌전으로 생각하고 잘못되면 죽을 수도 있다고 믿는다. 그러기에 무당뿐만 아니라 무속신앙이 강한 사람이 예수님을 믿으면 신의 벌전을 염려할 수 있다.

하나님의 말씀을 근거로 강력하게 말할 수 있는 것은, 예수님을 믿으면 더 이상 신의 벌전은 없다는 것이다. 신의 벌전은 귀신이나 마귀가 준다는 것인데 불신자 시절에는 그럴 수 있겠지만, 하나님의 자녀에게는 결코 일어나지 않는다. 무당이라 할지라도 예수님을 믿으면 하나님이 그와 함께 계시는데 마귀가 어떻게 대적할 수 있겠는가?

> 그런즉 이 일에 대하여 우리가 무슨 말 하리요 만일 하나님이 우리를 위하시면 누가 우리를 대적하리요(롬 8:31).

마귀가 하나님을 대적하여 벌을 줄 수는 없다. 마귀가 벌을 준다기보다는 마귀의 유혹에 인간의 욕심이 넘어지는 것이 맞는 듯하다. 그러기에 무속인이 예수님을 영접하고 그리스도인이 되었을 때 신의 벌전은 염려하지 않아도 된다. 마귀의 어떤 해코지나 저주도 일어나지 않는다. 하나님께서 그들과 함께 계시기 때문이다.

신의 벌전이라는 개념에서 보듯이, 무속신앙에서는 불행과 안 좋은 일들을 개인의 책임과 윤리에서 찾기보다는 배후에 있는 귀신들의 영향이라고 믿는다. 조상신을 잘못 섬겼거나 부정을 타서 그렇다고 생각하는 것이다. 그래서 불운이나 액운을 막는다며 부적을 붙이거나 굿을 하게 된다. 이러한 신앙적 배경 때문에, 무속신앙에 빠진 사람들은 걸핏하면 남 탓을 하거나 하소연하는 성향이 있다. 하지만 그리스도인이 된 후에는 어떤 고난이나 불행이 닥쳐도 그것을 주변 사람이나 환경 탓으로 돌리거나 원망하지 않게 된다. 말씀과 기도 가운데 자신의 실수나 죄 때문임을 깨달으면 회개하고 하나님께로 돌이키게 된다. 때로 이 과정에서 하나님의 깊은 은혜와 사랑을 경험하게 되는 통로가 되기도 한다. 내가 범죄하지 않았음에도 고난이 찾아왔다면, 거기에는 반드시 하나님의 뜻과 계획이 숨어 있다. 그리스도인이 고난이나 시련을 만나면 하나님의 뜻을 찾고자 기도하게 되는 것이다(욥 1:12; 요 9:3; 요 11:4). 그리스도인은 삶의 주체가 하나님이다.

부모님이 예수님을 믿은 지 8년이 흘렀을 때, 나는 기도하면서 미국 유학을 계획하고 있었다. 무당 어머니가 구원받는 과정과 구원 이후 어머니를 영적으로 돌보는 과정에서 가장 중요한 역할을 한 것은 성경이다. 신비한 영적 현상과 체험을 분별하는 데 다른 무엇보다도 성경에 대한 전문적인 지식이 필요했다. 그래서 일반대학원에 진학하여 신약신학을 공부하기도 했다. 하지만 전체 성경을 학문을 위한 학문이 아닌 사람의 영혼을 살리는 신학으로 한번 정리하고 싶었다. 여러 무속인을 전도하면서도 동일하게 느꼈는데, 진리의 말씀인 성경을 올바르게 이해하고 믿는 것이 매우 중요하다는 것이었다. 더욱이 젊었을 때 선교사로 나가겠다고 서원했던 것이 늘 부담으로 남아 있었다. 결국 기도하면서 유학 가서 공부하기로 결심하고, 이후의 삶은 하나님께 맡기기로 했다. 부모님을 찾아뵙고 미국 유학을 갈 예정이라고 말씀드렸더니 아버지는 아쉬운 듯 "너는 장남인데 곁에서 부모를 돌봐야 하지 않겠냐?"라고 하셨다. 부모님 곁에 살아도 경제적인 도움을 못 드려서 늘 마음이 무거웠는데, 앞으로 그나마 자주 볼 수 없게 된다는 것이 무척 서운했던 모양이었다. 부모님만 생각하면 지금까지도 늘 이기적으로 살아온 것만 같아서 미안한 마음이다. 이번에도 옆에서 듣고 계시던 어머니가 내 입장에서 설득해주셨다.

"당신도 참, 우리 인생을 애가 돌봐요? 하나님께서 돌보시지! 하나님께 맡깁시다. 기도하고 결정했다는데 미국 가서 공부해서 세계에 복음을 전하는 목사가 되면 하나님께 영광 되지 않겠어요?"

어머니의 믿음이 더 큰 것 같았다. 어머니는 믿음으로 '세계'와 '하나님께 영광'이라는 단어를 입에 담으셨다. 나의 목표는 단순한데 어머니는 더 큰 것을 보신 것이다. 부모님께 조금이나마 미안한 마음을 전하려고 그동안 잘 도와드리지 못해 죄송하다고 말씀드렸다. 미국으로 유학 가면 뵙기도 힘들어질 것이기에 더 미안한 마음이 들었다. 어머니는 다시 격려해주었다.

"예수님 믿으니 됐다."

이 말씀을 듣는데 왠지 눈물이 핑 돌았다. 아들의 도움을 안 받아도 괜찮다고 하셔서 그런 것은 아니었다. 어머니의 소망이 아들에게 있는 것이 아니라 예수님에게 있다는 것이 커다란 감격이었다. 나는 부모님을 걱정하고 있었는데 어머니는 하나님께 인생을 맡기고 있었다. 어머니가 이렇게 말씀하셔서 감사하기도 하고 마음이 조금은 편해졌다. 부모님의 기도와 축복 가운데 미국으로 유학을 떠났다. 그런데 집안에 위기가 닥쳐왔다.

미국으로 간 지 얼마 지나지 않아 버지니아 린치버그에서 공부하고 있는데 한국에서 전화가 왔다. 어머니는 다급한 목소리로 아버지가 생존율이 절반도 안 된다는 위암 3기라고 하셨다. 어느 날 아버지가 속이 메스꺼워서 종합검진을 받았는데 위암이 발견됐다는 것이다. 어머니는 아버지가 잘못되기라도 하면 어떻게 하나 무척 걱정하셨다. 부모님이 예수님을 믿은 이후 우리 가정 최대의 위기였다. 아버지가 잘못되기라도 하면 무당이었던 어머니를 아시는 불신자들은 예수님을 믿더니 신의 벌전을 받았다고 조롱할 수 있는 상황이었다. 그들은 무속의 시각에서 그렇게 말할 수밖에 없었다. 그러기에 아버지의 위암이 치료되지 않으면 예수님을 믿고도 하나님의 영광을 가릴 수 있는 터였다.

어머니는 새벽에 기도할 때마다 아버지가 잘못되면 안 된다며 살려달라고 눈물을 흘리며 간절히 기도하셨다. 나도 한인들의 새벽기도회에 다니며 치료의 하나님께서 아버지의 질병을 고쳐달라고 눈물로 기도했다. 아버지의 위암 치료 때문에 어머니와 자주 전화통화를 했는데, 며칠이 지나지 않아 어머니가 밝은 목소리로 기도 응답을 받았다며 기뻐하셨다. 어머니는 아버지를 위해 기도하면 하염없이 눈물만 났는데 어제는 호통 치듯이 크고 분명한 하나님의 음성이 귀에 들려왔다고 했다.

"하나님의 자녀가 울긴 왜 울어."

이 음성을 듣고 깜짝 놀랐는데 거짓말처럼 눈물이 뚝 그치고 마음의 평안이 밀려왔다고 했다. 그 후로는 눈물이 흐르지 않았는데 며칠이 지나 또 기도하는 가운데 어머니의 마음속에 고요한 음성이 들려왔다고 하셨다.

"두려워 말라. 내가 함께 하리라. 내가 도와주리라."

어렴풋한 성경 구절의 기도 응답이었다. 어머니는 성경 구절을 세세하게 알지는 못했지만 하나님이 고쳐주신다는 확신이 생겼다고 하셨다. 그래서 기쁜 마음으로 그 성경 구절을 찾아 자세히 알려드렸다.

> 두려워하지 말라 내가 너와 함께 함이라 놀라지 말라 나는 네 하나님이 됨이라 내가 너를 굳세게 하리라 참으로 너를 도와 주리라 참으로 나의 의로운 오른손으로 너를 붙들리라(사 41:10).

이로써 우리 가족은 이 엄청난 고난을 하나님의 기도하라는 사인으로 받아들였다. 부모님이 예수님을 믿기 전에는 이와 같은 대처는 상상조차 못했던 것이다. 이전에는 가정에 고난이 닥치면 여러 무당을 찾아다니며 답을 구했고 원망과 불평이 가득했다. 그러나 이제는 가족이 한마음이 되어 함께 하나님께 기도하게 된 것이 놀라운 하나님의 은혜였다. 고난을 통해 하나님을 더욱 의지하게 되면서 깊은 하나님의 위로와 은혜를 경험하게 된 것이 너무 감사했다. 하나님께서 아버지의 위암 문제를 어떻게 다루며 인도해가실지 계속 기도하면서 지켜보기로 했다. 누나가 같은 교회에서 부모님과 함께 신앙생활 하며 아버지의 건강을 챙기고 있어서 나도 힘이 되었다.

아버지는 인하대병원에서 인천 길병원으로 옮겨져 다시 정밀 검진을 받고 입원하게 되었다. 뜻밖에 그곳에서 아버지에 대해 알지 못했던 소중한 정보를 얻게 되었다. 베트남 참전용사 혜택으로 치료받는 분이 아버지 옆에 있었는데 아버지와 대화하면서 아버지가 본인도 베트남 참전용사였다고 하니, 그렇다면 위암이 고엽제 후유증일 수 있다고 알려주었다. 그러면서 보훈처에 알아보라고 해서 확인해보니 고엽제 후유증임을 인정받았다. 결국 아버지는 베트남 참전용사 혜택을 받아 최고의 의료기관으로 옮겨져 큰돈 들이지 않고 수술을 받았다. 수술도 성공적이었다. 아버지는 힘들고 고된 항암 치료도 믿음으로 잘 견뎌냈고 지금은 완쾌되었다. 아버지는 베트남 참전용사 혜택으로 연금을 받게 되었고, 자녀들도 국가유공자 혜택을 받게 되었다.

아버지의 위암 3기는 신의 벌전이 아니었다. 하나님이 허락하신 고난이었다. 이 고난을 통해 우리 가족은 전심으로 하나님을 찾았고 기도 응답을 경험했다. 하나님의 인도하심을 경험하며 믿음이 더욱 성장하는 계기도 되었다. 그 후로 어머니는 어려운 일만 생기면 기도하라는 하나님의 사인이라며 자녀들을 격려하신다. 그리고 아버지의 위암을 통해 알지 못했던 국가의 혜택도 받았다. 우리 가족에게 있었던 고난은 하나님의 일하심을 체험하게 하는 축복이었다.

이 큰 위기를 극복하고 난 후 부모님은 더욱 화목해졌다. 어머니는 지금이 아버지와 신혼 같고 행복하다고 자주 말씀하신다. 예수님을 믿기 전에는 작은 어려움이 있어도 누군가를 원망하고 다툼이 많았는데 이제는 어려운 일이 있으면 가족이 함께 하나님께 기도하고 마음을 같이할 수 있어서 너무 좋다고 하신다. 이전에 좋은 집에 살면서 염려하며 다툴 때보다는 넉넉하지 않아도 함께 신앙생활 하며 마음을 같이하는 지금이 행복하다고 하신다. 그래서인지 어머니는 아버지와 자주 맛집도 찾아다니시고 텃밭에서 소소하게 채소도 가꾸며 여가를 즐기신다. 예수님을 믿기 전에는 알지도 누리지도 못했던 행복이다.

현재 아버지는 교회에서 은퇴 안수집사이고 어머니는 권사와 구역장으로 주님을 섬기고 계시며 누나는 집사로 봉사하고 있다. 누나와 우리 가정의 자녀까지 믿음의 가문 3대를 이루었다. 지금 생각해보면 이전에 우상숭배하고 어머니가 무당이었던 우리 집안의 분위기는 상상하기조차 싫을 정도로 비참하고 불행했다. 그러기에 믿음의 가문을 이루기까지 얼마나 놀라운 하나님의 은혜와 복을 받았는지 이루 형용할 수 없다.

그동안 하나님께서 베푸신 은혜와 복은 어머니가 예수님을 영접한 직후 주변 사람들에게 자연스럽게 나누게 되었다. 어머니는 인격적으로 예수님을 만나 무당에서 그리스도인으로 거듭났다. 이것은 어머니의 신앙고백에서 확인할 수 있었고, 나를 포함해서 현장에 일곱 명의 목격자가 있었다. 수가성의 사마리아 여인이 예수님을 그리스도로 만나고 기쁨과 감격으로 곧바로 동네로 달려가서 "보라 이는 그리스도가 아니냐"(요 4:29)고 한 것처럼, 어머니께도 이와 같은 일이 벌어진 것이다.

4 전도

무속인을 향한 하나님의 계획

베드로가 이르되 은과 금은 내게 없거니와 내게 있는 이것을 네게 주노니
나사렛 예수 그리스도의 이름으로 일어나 걸으라 하고 (행 3:6)

전도는 내가 받은바 하나님의 은혜를 다른 사람에게 자연스럽게 흘러보내는 것이다. 복음의 능력을 경험하면 그 기쁨과 감동을 주체하지 못해서 입 밖으로 흘러나오는 말이 전도인 것이다. 특별히 내가 경험했던 동일한 아픔과 고통을 겪고 있는 사람이라면 더욱 불쌍히 여기는 마음이 폭발해서 복음을 통해 극복하고 회복한 이야기를 나누고 싶어진다. 이것이 전도인 것이다. 전도만이 죄와 우상숭배의 저주 가운데 있는 영혼들을 구원할 수 있는 유일한 길이다.

chapter 21
-
주변 사람들과 무속인 전도

베드로가 이르되 은과 금은 내게 없거니와 내게 있는 이것을 네게 주노니
나사렛 예수 그리스도의 이름으로 일어나 걸으라 하고
(행 3:6)

어머니가 예수님을 영접한 직후 의도적인 계획 없이 자연스럽게 무속인 전도를 하게 되었다. 아무래도 어머니 주변에 무속인이나 무속신앙을 가진 사람이 대부분이라 일상생활에서 쉽게 만날 수 있었고, 그들의 영적인 상태와 비참함을 누구보다 잘 이해할 수 있기 때문이었다. 그러기에 더욱 어머니와 우리 가정이 경험한 하나님의 은혜를 나누고 싶었다. 어머니를 전도하기 전부터 일반 불신자들에게도 수없이 복음을 전했지만 전도의 기본 원리는 동일하다. 차이점이라면 복음을 방해하는 마귀의 지배력이나 영향력의 정도일 것이다. 전도 대상은 삶의 주체가 되

는 인간이기 때문에 무속인이든 일반 불신자든 복음의 내용과 전달 방식에 차이가 있을 수 없다. 그렇기 때문에 무속인 전도는 특별한 은사를 받았거나 훈련을 받은 사람들만 할 수 있는 사역이 아니다. 일반 불신자를 전도하는 것도 특별한 은사를 받거나 전도 훈련을 받은 사람만이 할 수 있는 사역이 아닌 것과 마찬가지다. 물론 훈련을 받으면 효과적으로 전도할 수 있는 것은 분명하지만 전도 훈련이 전도의 필수조건은 아니다. 예수 그리스도를 인격적으로 만나 하나님의 구원의 은혜를 경험한 사람이라면 누구나 전도할 수 있다. 내가 만난 예수 그리스도를 증거하는 것이 전도다. 내 안에 구원의 감격과 기쁨이 충만해서 자연스럽게 밖으로 흘러넘치는 것이 전도다.

사도 베드로는 예루살렘 성전으로 기도하러 가다가 성전 앞에서 구걸하는 태어나면서 못 걷게 된 이를 만났다. 그는 순례객들이 던져주는 동전 몇 푼으로 하루하루 생명을 유지할 수 있었다. 이것이 그의 최대 관심사이자 소망이었을 것이다. 하지만 이런 자에게 베드로는 인생의 근본 문제를 해결하는 답을 제시해주었다.

> 베드로가 이르되 은과 금은 내게 없거니와 내게 있는 이것을 네게 주노니 나사렛 예수 그리스도의 이름으로 일어나 걸으라(행 3:6).

베드로는 그에게 필요한 것은 은과 금이 아니라 영혼에 생명을 주는 예수 그리스도임을 선포했다. 오순절 성령강림사건으로 베드로에게 충만했던 것은 예수 그리스도였다. 베드로가 자신에게 있는 것, 즉 나사렛 예수 그리스도의 이름으로 나면서 앉은뱅이 된 자에게 걸으라고 했더니, 그가 걷기도 하고 뛰기도 하며 하나님을 찬미했다.

무속인 전도는 특수 사역이기 때문에 특별한 훈련을 받은 사람만이 해야 한다고 하는 사람들이 있다. 무속인이 마귀의 영을 받아서 점을 치는 특수한 상황 가운데 있는 것은 맞다. 하지만 모든 불신자는 예외 없이 마귀의 영이 역사하는 불순종의 아들이고(엡 2:2), 본질상 진노의 자녀이며(엡 2:3), 궁극적으로 마귀의 자녀다(요일 3:10). 불신자들이 처한 특수한 상황을 심도 있게 이해하면 그들에게 효과적으로 전도할 수 있다. 하지만 그들의 특수한 상황을 이해하는 것보다 더 중요한 것은 베드로가 나면서 못 걷게 된 이의 문제를 "내게 있는 것으로" 해결해준 것처럼 내 안에 예수 그리스도가 충만한지 점검하는 것이 우선이다.

내가 무당 어머니를 전도하기 위해 특별한 은사를 받았거나 훈련받은 적은 없다. 어머니의 영혼을 불쌍히 여기는 마음으로 내 안에 있는 예수 그리스도의 복음과 은혜를 나누려고 노력했던 것이다. 이뿐만 아니라 고통을 먼저 경험하고 극복한 자로서 무속인의 고통을 누구보다 잘 이해하고 있기에 영적인 시달림을 받는 사람들을 불쌍히 여기는 마음으로 내 안에 있는 예수 그리스도를 밖으로 흘러 보내려고 애썼던 것이다. 우리 가족에게 베풀어진 복음의 은혜는 제일 먼저 가까이에 살았던 주변 사람들에게 흘러갔다. 우리 집은 주안8동의 주택가 한가운데 있었다. 이곳으로 이사 와서 서너 달 만에 어머니가 내림굿을 받아 무당이 되었고, 6년 동안 무당집으로 점 손님을 받았다. 수많은 손님이 우리 집에 들락거렸고 때로는 작은 굿이 벌어졌다. 펄럭이는 깃발과 점집 팻말은 우리 집이 무당집이라는 것을 말해주었다. 동네 사람들은 거의 어머니가 무당인 것과 우리 집이 무당집이라는 것을 알고 있었다. 그런데 어느 날 갑자기 깃발과 팻말이 내려졌다. 어머니가 무당 일을 그만두었다는 것을 가까이 사는 이웃들은 목격했고, 동네 사람들도 차차 알게 되었다.

    가장 가까이에서 어머니의 소식을 들은 사람 중에 아래층에 전세 들어 살던 한 가정과 고등학교 여선생님이 있었다. 무당집임에도 아무렇지도 않게 함께 살았던 이 분들은 철저한 불교 신자였다. 그분들은 어머니가 무당이 되는 과정과 구원받는 과정을 직접 보기도 하고 가장 가까이에서 듣기도 했다. 그럼에도 어머니가 예수님을 믿고 무당 일 그만둔 것을 전하면 어떠한 관심조차 보이지 않았을 뿐더러 오히려 짜증을 냈다. 얼마 전까지는 같은 영에 속했는데 영이 달라졌으니 그렇게 반응한 것으로 보였다. 마음이 강퍅해져서 위아래 살면서 어떤 교류조차 하지 않으려고 했다. 무속인과 가까운 사람들은 영적인 상태가 별반 차이가 없다. 영적으로 비슷하니까 교제도 하는 것이다. 이런 사람들에게 복음을 전하려 하면 거부 반응을 하며 괜히 싫어하고 짜증을 낸다. 어머니의 변화된 모습을 가장 가까이에서 지켜보았기에 쉽게 복음을 받아들일 수 있으리라 생각했는데, 그분들의 완악한 마음으로 끝내 간단한 복음조차 전하지 못하고 헤어지게 되었다.

어머니가 예수님을 믿은 지 얼마 안 돼서 근처 관교동에 어머니의 신도였던 교회 집사가 있다고 해서 함께 만나보기로 했다. 어머니의 점 손님이라는 것이 안타깝기도 했지만 교회에 다니는 분이라 어머니가 무당 일 정리하고 그리스도인이 되었다고 전하면 무척 기뻐할 줄 알았다. 하지만 의외로 시큰둥한 반응을 보였다. 오히려 무당에서 그리스도인이 된 것을 못마땅하다는 듯이 대했다. 나는 회개한 어머니를 보며 귀신보다 하나님이 더 능력이 있으니 이제는 더 이상 점 보러 다니지 않겠다고 먼저 말할 줄 알았다. 하지만 어머니가 무당에서 하나님의 자녀가 된 것에 관심도 보이지 않았다. 이제 더 이상 무당 찾지 말고 교회에서 신앙생활 착실하게 잘하기를 바란다고 당부했더니 자신이 알아서 한다며 냉담하게 대꾸하고는 어디론가 가버렸다. 기쁜 소식을 가지고 일부러 찾아갔는데 무거운 마음으로 발길을 돌려야 했다.

평소에는 교회에 다니다가도 답답한 일이 생기면 무당을 찾는 교인들이 있다. 그분들이 조금이라도 마음의 문을 열었다면 복음의 능력을 설명하고 구원의 길을 설명해드리고 싶었다. 어머니가 복음의 능력을 경험한 산증인이기에 큰 도움이 되리라 생각했다. 하나님이 유일한 신이니 더 이상 교회 다니면서 점 보러 다니지 말라고 권면하려 했다. 그런데 이런 교인은 대부분 교회에 다니면 그것대로 유익이 있고, 점을 보면 그것대로 유익이 있다고 생각한다. 교회에 다니지만 불신자의 영적 상태와 똑같다. 복음과 십자가에 대한 관심이 없다. 이 일을 겪은 다음에는 어머니의 점 손님들 중에는 교회에 다니는 분도 적지 않았지만 일부러 그들을 찾아다니며 만나지 않았다. 그러다가 이사를 하면서 더 이상 어머니의 신도들을 만나지 못했다.

어머니는 이전에 자신과 함께 점 보러 다니고 내림굿 준비할 때 함께 준비해주던 고향 분들을 만나고 싶어 하셨다. 점 보고 굿하는 모든 것이 헛된 것이라고 말해주고 어머니의 변화된 모습으로 예수님을 믿으라고 전하고 싶었던 것이다. 예수님을 믿고 나니까 이전에 주도적으로 점 보러 데려 다니고 굿을 해주며 귀신을 섬기게 한 것이 마음에 걸린 것이었다. 그래서 어머니와 함께 전도할 기회를 삼고자 고향에 방문했다. 인천국제공항이 완공되면서 일부는 우리 가정처럼 고향을 떠났고 일부는 그대로 남아 살고 있었다.

먼저, 외할머니 댁에 가서 그간의 안부를 여쭈었다. 이미 어머니가 무당 일을 그만둔 소식은 알고 계셨다. 할머니는 이전부터 우상숭배로 집안에 말할 수 없는 우환을 겪어 오셔서 고생을 많이 하셔서 마음도 많이 약해져 있었다. 어머니가 예수님을 믿고 무당 일을 그만두게 되었다는 소식은 그런 할머니의 마음에도 큰 변화를 가져왔다. 그런 가운데 어느 날 집안 문제로 노랑저고리 아주머니에게 점을 보게 되었는데, 굿을 해야만 문제가 해결된다며 자꾸 굿을 하라고 재촉했다고 한다. 그동안 많이 지치셨던 할머니는 "그놈의 굿은 해도 해도 끝이 없어. 귀찮게 돈 드리며 굿을 하느니 차라리 교회에나 나갈란다"라고 대꾸하고는 교회에 다니게 되었다는 이야기를 들려주셨다. 뜻밖의 기쁜 소식에 어머니는 잘 결정하셨다며 연달아 할머니를 격려해드렸다.

얼마 지나지 않아 동네 사람들이 어머니의 방문 소식을 듣고 모여들었다. 어머니가 무당에서 그리스도인이 되어 돌아온 것이 신기하여 모여든 것이 아니라 그냥 고향 사람이 왔으니 반가워서 만나러 온 것이었다. 얼마 전까지만 해도 어머니의 내림굿을 도와주고 점을 보던 분들이었다. 어머니는 반갑게 맞이하며 먼저 변화된 소식부터 전하셨다.

"나 아들 뜻 따라 교회 다녀."

하지만 동네 분들의 반응은 한결같이 냉담했다. 어머니의 변화에 어떤 관심도 없었다. 어머니가 맨발로 외작두를 타던 것을 목격했던 사람들이 어머니가 지금은 섬기던 신들을 거부하고 하나님의 자녀가 되어 나타났는데 놀라워하지도 않았다. 이분들은 오랜 세월 무속신앙에 젖어 있던 분들이라 무당의 운명은 거부할 수 없다는 것을 잘 알고 있었다. 또한 그들은 이전에 노랑저고리 아주머니가 무당 일을 그만둔다며 난리법석을 피우다

호된 고생을 겪은 일들을 기억하고 있었다. 어머니께 아무 문제 없는지, 몸은 괜찮은지 걱정스럽다는 듯 물어 아무 문제도 없고 오히려 마음이 편안하다고 하자, "잘됐네"라며 다행스러워 하시는 분은 계셨다.

그러나 어머니가 예수님 믿고 교회 다니라고 전도하니까 반응이 시큰둥했다. 조금 전에 어머니 안부를 걱정하던 모습과 달리 예수님이라는 말에 갑자기 굳어진 얼굴로 별로 관심이 없다는 표정이었다. 다들 비슷했다. 놀랄 일은 아니었다. 무속신앙의 영적 배경을 이해하고 있기에 복음에 적대적이고 냉담한 반응을 보인 것이 당연했다. 이전에 내 모습이 그러했고 어머니는 더욱 심했다. 그렇기에 그분들의 영혼이 더욱 불쌍했다. 어머니는 영적으로 변화된 일들과 우상숭배하는 모든 일이 얼마나 헛되며 쓸데없는 일인지 조금 더 나누기를 원하셨다. 지난날 우상숭배로 인도했다는 미안하고 안타까운 마음에 어떻게든 복음을 전하려 했다. 하지만 전도는 영적인 일이라 어머니의 변화된 모습을 보여주는 것만으로 복음에 대한 관심을 이끌 수는 없었다. 서로 잘 아는 동네 어르신들의 냉담한 분위기에 더 이상 복음을 전할 수 없었다.

그런데 한눈에 내려다보이는 작은 시골 동네인지라 우연치 않게 거리에서 노랑저고리 아주머니를 만나게 되었다. 오랜 세월이 흘러 할머니가 되었음에도 여전히 무당 일은 계속 하고 있었다. 그런데 아주머니가 어머니의 얼굴을 물끄러미 쳐다보더니 이렇게 말씀하시는 것이 아닌가!

"얘야, 때가 다 벗겨졌구나."

"예수님을 믿어서 그렇게 됐어요."

어떻게 알았는지 이해할 수 없었다. 아주머니는 어머니의 신기가 다 사라진 것을 알아보고는 그렇게 말한 것이라고 알려주셨다. 나이가 많이 드셔서 예전같진 않지만 영적으로 볼 줄은 알았다. 아주머니를 어려서부터 알고 지냈고 무당으로 그동안 얼마나 고단하고 비참한 인생을 살아오셨는지 잘 알기에 더욱 안타까운 마음으로 권면했다.

"아주머니도 이젠 예수님을 믿고 무당 일 그만두셔야죠?"

예전에 아주머니는 결혼도 몇 번 실패했고 무당 일을 그만두려고 해변에서 여러 번 무구들을 불태우기도 했다. 바다에 빠져 죽겠다고 난리를 친 적도 있다. 어떻게든 지긋지긋한 무당의 길에서 벗어나고 싶어 했지만 이제는 아무 희망도 없다는 듯이 대답했다.

"나는 이제 나이도 많고 글렀어."

예수님이라는 이름은 들리지도 않는 모양이었다. 자신의 의지가 약하여 더 이상 귀신들과 싸울 힘이 없다고 여기고 있었다. 이전에 무당 일을 거부하며 당했던 고통을 떠올리는 듯 더 이상 그러고 싶지는 않다고 했다. 오히려 예수님 이야기에 황급히 자리를 떠나셨다. 내림굿을 받을 때 자신의 의지로 귀신을 받아들였다고 해서, 자신의 의지로 귀신을 내쫓을 수도 있으리라는 생각은 대단한 착각이다. 이런 일은 결코 일어나지 않는다. 귀신은 한번 사람의 마음속에 들어오면 그곳에 집을 짓고 죽을 때까지 떠나지 않는다. 하나님의 권능을 가지신 예수 그리스도를 믿음으로 받아들일 때에만 귀신이 떠나간다.

고향에서 아무리 어머니가 복음으로 변화된 모습을 보여준다 할지라도 무속신앙의 견고한 진이 한순간에 무너지지 않는다는 것을 깨달았다. 하지만 어머니가 귀신들을 거부하고 예수님을 믿었음에도 귀신들의 어떠한 해코지나 징벌이 없었고 오히려 이전보다 건강한 모습을 보여주며 행복하다고 고백한 것은 수확이었다. 전도의 열매를 맺지는 못했지만, 어머니는 지난날 잘못된 우상숭배로 이끌었다는 마음의 부담도 조금이나마 덜 수 있었다.

인천으로 돌아와서 인천에 있는 굿당들을 방문하고 그곳을 위해 기도해야겠다는 마음을 품게 되었다. 무당의 영적인 능력은 강력한 지배력과 영향력을 갖고 사람들을 크게 현혹시킨다. 그 배후에는 마귀와 악한 영들의 권세가 자리 잡고 있다. 지금도 수많은 무당이 태어나고 있다는 것이 안타깝고 마음이 아팠다. 몇 번 굿당을 방문하여 그곳에 역사하는 악한 영들의 권세가 얼마나 꺾일지 모르겠지만, 그때는 거룩한 분노가 있었다. 수많은 사람을 미혹하여 마귀의 종인 무당의 길로, 사망의 길로 인도한다는 것을 알기에 더욱 괴롭고 슬펐다. 그런데 어머니는 나에게 무당이 작두를 탈 때는 그곳에 가지 말라고 당부하셨다. 예수님을 믿는 나 때문에 신이 떠나가면 무당이 작두에서 떨어져 크게 다칠 수 있기 때문이었다. 그래서 무당을 전도할 때 무당이 작두를 타는 경우에는 그 근처에 가지 않았다.

인천에는 내림굿하는 굿당이 다섯 군데가 있다. 파악되지 않던 연수 굿당 외에 다른 굿당은 모두 다녀봤다. 제일 궁금했던 곳인 어머니가 내림굿을 받은 철마산 굿당과 그곳의 기도처부터 돌아봤다. 부엌에서 음식을 만들고 여러 방에서 굿을 준비하는 모습을 보니 얼마 후 내림굿이 열릴 참이었다. 어머니도 이곳에서 이런 과정을 거쳐 내림굿을 받았을 것이라 생각하니 그 사람들의 영혼이 남의 일 같지 않게 다가왔다. 내림굿이 영적 문제의 해결이 아니라 영적 고통의 시작인 것을 그들은 모르고 있었다. 굿이 진행될 예정이라 전도할 기회는 얻지 못했다. 기도처에 들르니 여기저기 돗자리를 펴놓았던 곳이 있고 촛농이 녹아내린 흔적도 많이 남아 있었다. 수많은 무당과 신도가 소원 성취를 빌러 오는 곳이었다. 아름다운 자연에서 헛된 우상들에게 기도하는 영혼들을 생각하며 하나님께 간절히 기도했다.

굿당에 전도하러 갔다고 해서 그곳 사람들을 무례하게 대하지는 않았다. 그들의 영혼을 불쌍히 여기며 무속에 관련된 대화를 나누다가 기회가 되면 무당에서 벗어나는 길이 있다는 것을 알려주는 정도였다. 더 깊은 대화까지 이어지지는 않았다. 그 지역을 위해, 악한 영들을 대적하며 그들의 영혼을 불쌍히 여겨달라고 하나님께 간절히 기도하고 오는 정도였다.

그다음으로 중요무형문화재인 무당이 운영하는 문학 굿당에도 둘러봤고, 거의 쓰러져 가는 계양산 굿당도 다녀왔다. 그때도 내림굿을 받기 위해 분주하게 준비하는 많은 사람을 볼 수 있었다. 목사가 되려면 최소한 신학교 3년 동안 공부하며 교회에서 훈련을 받아야 하는데, 무당은 신병만 있으면 내림굿을 받고 곧바로 무당이 될 수 있다. 지금도 우리나라에 산재해 있는 굿당에서 수많은 무속인이 만들어지고 있을 것이다. 그들의 불쌍한 영혼을 위해 기도해야 한다.

마지막으로 방문했던 선학 굿당에서는 뜻밖에 중학교 후배를 만나게 되었다. 굿당 안에는 굿을 하는 여러 방이 있었는데 한 방에 누워 있는 아가씨가 낯이 익어 살펴보니 을왕리에 살던 후배였다. 다가가 아는 체를 하니 오빠가 건달들과 싸우다 칼에 맞아서 죽어 장사지냈는데 오늘이 49재 되는 날이라고 했다. 또 옆방에서는 한참 굿을 하고 있었는데 후배의 친한 친구인데 내림굿이 잘못돼서 다시 내림굿을 받고 있다고 했다. 역시 영적인 배경이 비슷한 사람들끼리 교제하게 된다. 굿 하는 중이라 나중에 전도하려고 연락처를 적어줬지만 결국 연락은 오지 않았다.

내림굿을 받고도 무당 일을 제대로 하지 못하는 무속인이 의외로 많다. 이런 무속인을 숨은 대신이라고 하는데, 신은 받았지만 점을 보는 공수를 내리는 말문이 제대로 트이지 않았거나 영이 잘 보이지 않는 경우다. 이런 사람들은 신기가 많은 것뿐, 무당 될 올바른 신명이 온 것이 아니라고 한다. 처음부터 내림굿을 받지 말았어야 했는데, 요즈음은 무속인들이 돈벌이 욕심에 무작정 내림굿부터 받으라고 강요하기도 한다. 이렇게 내림굿을 여러 번 하면서 재산을 탕진하는 경우가 많다. 신기가 있는 사람 중에는 신이 온 것을 잠시 누르는 굿인 눌림굿을 받는 경우도 많다. 무당이 되는 것을 받아들이지 않고 어느 정도 일상생활을 하게 되지만, 결국 어쩔 수 없이 무당이 되기도 한다. 어머니가 여기 해당하는 경우였다. 내림굿을 받았지만 무당 일은 하지 않으면서 집 안 어딘가에 작은 법당을 차려놓고 섬기며 사회생활을 하는 사람들도 있다. 이런 사람은 전혀 무속인 티를 내지 않지만 기본적인 무당의 징조는 있다. 주변 사람의 관상이나 사주를 봐주기도 하고 꿈 해몽이나 예지력을 보이기도 한다. 하지만 무속인이라고 밝히지 않는다.

점집을 차리고 무업에 종사하는 사람뿐만 아니라 내림굿을 받고 집에 법당만 모셔 놓은 사람들과 눌림굿을 받은 사람들까지 무속인의 범주에 넣으면 그 수는 정식 무속인의 몇 배에 이를 것이다. 여기에 속하는 사람들은 모두 정도의 차이만 있을 뿐, 영혼의 고통을 받는다. 하지만 그들 대부분은 영적인 고통을 받지도 않고 마음이 편안하며 행복하다고 생각하기도 한다. 주변 사람들이 보기에도 일반 사람들과 별반 다르지 않게 사는 것처럼 보인다. 하지만 그들은 자기 자신이 아니라 귀신에게 얽매이거나 귀신이 주인 노릇하는 인생들이다. 자기 자신이 인생의 주체가 아닌데 어떻게 편안하고 행복하다 할 수 있는가? 이들의 영혼이 참된 자유를 얻고 구원을 얻기 위해서는 복음이 절실하게 필요하다.

인천의 여러 무당집도 방문하기 시작했다. 무당집은 일반적으로 무당들이 선호하는 터에 몰려 있다. 인천의 경우에는 수봉산 아래 용현시장 주변, 학익동, 화수동, 청천동, 백운역 뒷골목 등에 무당촌이 형성되어 있다. 그래서 주로 그 지역들로 전도하러 다녔다.

무속인들을 만나면서 그들이 다양한 호칭으로 불리는 것을 알게 되었다. 일반적으로 무당은 여자 무당을, 박수무당은 남자 무당을 의미한다. 요즈음은 여자 무당이든 남자 무당이든 그냥 무속인이라고 부른다. 아무래도 무당이라고 부르면 무시하고 천대하는 듯한 뉘앙스인 반면 무속인은 완곡한 표현이기 때문이다. 또한 무속인은 남자 무당과 여자 무당을 모두 포함하기에 구분할 필요 없이 일반적으로 그렇게 편하게 부른다. 여자 무당을 만신이라고도 부르는데 사전적 의미로 무당의 높임말이라고 하지만 무당들은 문자 그대로 만 가지 신들을 받아서 만신이라고 이해한다. 실제로는 만 가지 신을 받아서라기보다는 많은 신을 받았다는 의미다. 무속인은 무당, 만신, 보살, 도사, 법사, 점쟁이, 단골 등으로 지역에 따라 다르게 불린다. 어머니는 이전에 주로 보살님이라고 불렸지만 만신이나 무당으로도 불렸다.

무속인을 전도할 때 글로 풀어서 점을 보는 철학관이나 역술원은 다니지 않고 신점을 치는 강신무 무당집만 찾아갔다. 어머니가 강신무 출신이기에 무속인 중에서도 그들을 영적으로 훨씬 잘 이해할 수 있기 때문이었다. 강신무 무당집을 방문하면 친근하게 보살님이라고 부르며 신당으로 들어갔다. 신병과 어떻게 무당이 되셨는지 연구하는데 다양한 경험을 듣고 싶어서 방문했다고 하면 자연스럽게 대화가 시작됐다.

강신무가 되는 과정은 대부분 비슷하다. 신기가 있는 사람이 어느 날 신의 풍파를 겪으면서 집안의 온갖 우환을 경험한다. 이것을 신을 인정하고 받아들이라는 징조로 이해하고 내림굿을 받게 된다. 입무 과정에서 무아지경의 황홀경 속에 신들과의 접촉이 일어나고 자신의 몸주신을 찾아낸다. 이러한 큰 줄거리 가운데 각자의 다양한 이야기를 늘어놓는다. 특히 신비한 현상을 체험한 이야기는 공통적으로 빠지지 않는다. 꿈에서 만난 신령 이야기, 예지력이 현실에서 맞는 이야기, 교통사고 같은 죽을 고비에서 멀쩡하게 살아난 이야기, 자살을 시도했는데 신의 도움으로 죽지 않았다는 이야기 등 무속인의 수만큼이나 가지각색이었다. 이들이 이런 이야기를 통해 자신이 매우 신령하거나 영적 능력이 높다고 드러내는 것처럼 보였다. 이처럼 무속인들은 자신의 신비 체험이 대단히 특별하다고 여기는 경향이 두드러진다.

무속인을 만나 이야기를 들을 때는 속으로 악한 영들을 대적하는 기도를 했다. 보이지 않는 영적인 싸움이라 기도해야만 지혜롭게 대화를 이끌어갈 수 있었고, 때로는 무당에서 벗어나는 길이나 자녀들에게 대물림되는 문제로 접촉점을 찾아서 깊은 영적인 대화로 넘어갈 수 있었다. 이때 영험한 무당들은 나의 정체를 알아보고 강하게 거부하며 신당에서 나갈 것을 종용하는 분도 있었고, 안절부절못하며 복음을 듣기만 하는 분도 있었다. 신당에 들어가기 무섭게 내가 누구인지 알아보고 문전박대하는 무당도 많았고, 무당의 신병 이야기만 듣고 신당을 나온 적도 많았다. 많은 무당을 만나면서 각양각색의 파란만장한 인생 이야기와 신병 이야기를 들었다. 지금도 기억에 선명하게 남을 정도로 마음 아픈 이야기도 많았다.

학익동의 한 점집에 방문했다가 권사 직분까지 받았던 무당을 만나게 되었다. 처음에는 거부감 없이 점 손님으로 친절하게 맞이해주었다. 솔직하게 대화를 시작했다. 무속신앙과 신병을 연구하는데 보살님의 체험을 듣고 싶다고 했다. 처음에는 "왜 나한테 그런 걸 묻냐?"라며 다른 사람에게 가서 물어보라고 했는데, 사실 어머니가 무당이었다가 예수님을 믿고 이 세계에서 완전히 벗어났기에 도움을 드리고 싶다고 하니 그게 다 소용없는 짓이라며 자신의 과거를 들려주었다. 자신도 교회를 35년이나 다니며 새벽기도회도 참석하고 권사 직분도 받았지만 신의 풍파를 이기지 못하고 무당이 되었다고 했다. 그러면서 하는 이야기가, 큰 무당이 되려면 교회를 다녀봐야 한다는 것이었다. 교회 다니면서 수많은 신비 체험을 경험했는데 결국 어쩔 수 없이 내림굿을 받았다고 했다. 교회 이름도 언급했지만 거듭난 신자는 아닌 것 같았다. 그동안 교회에 열심히 다니며 봉사하다 무속인이 된 경우를 종종 보았지만, 참된 신자가 무속인이 된 경우는 없었다.

대화 가운데 예수님에 대한 언급은 없으면서 신비 체험만 강조하며 그것이 모두 하나님을 체험한 것이라 믿고 있었다. 이분은 처음부터 교회에 열심히 다닌 것은 아니고 신병이 심각해지면서 이것을 극복하고자 더욱 열심히 교회를 다닌 것이었다. 겉으로 보기에는 열심히 신앙생활 하는 것처럼 보이니까 권사 직분도 받았을 것이다. 하지만 그 신비 체험들은 신병의 징조였다. 교회에 오랜 세월 다녔다고 하기에 이야기의 접촉점이 많아서 복음을 전하려 했지만 들으려 하기보다는 교회와 목사님에 대한 온갖 부정적인 이야기만 늘어놓았다. 말하는 것만 보면 나보다 교회를 더 많이 아는 것처럼 보였다. 교회에 다니면서 상처받기도 했고 실망도 많이 했다고 열변을 토했다.

참으로 안타까웠던 사실은, 오랜 세월 교회에 다니면서도 예수 그리스도를 인격적으로 만나지 못했다는 것이었다. 교회에 오래 다니고 열심히 봉사한 것이 중요한 것이 아니라 진심으로 예수님을 나의 주님이라 고백하며 마음에 받아들이는 것이 중요하다고 설명했다. 하지만 그게 나하고 무슨 상관이 있느냐며 오히려 역정을 내셨다. 더군다나 대화하는 동안 한 번도 예수의 이름을 언급하지도 않을 뿐더러 오히려 예수님을 언급할 때마다 격한 반응을 보였다. 교회에 다니면서도 예수님을 인격적으로 만나지 못하면, 결국 영적인 문제도 해결하지 못하고 교회에 적대감을 가질 수밖에 없겠다는 생각이 들었다. 교회에 다녀봤다는 공통점 때문에 오랜 시간 대화를 나누었지만 제대로 복음 제시도 못한 채 돌아 나와야 했다. '복음 증거는 논쟁이 아니라 성령의 지혜와 능력으로 되는 것인데' 하는 후회와 함께 씁쓸함과 아쉬움이 깊이 남았다.

한번은 경인교대 앞에 있는 점집에 갔는데, 이곳에서 만난 무당도 이전에 교회에 다녔다고 했다. 집 안에 들어가자마자 이분은 내가 점 손님이 아니라는 것을 알아보았다. 그래서 솔직하게 전도하러 왔다고 했다. 그랬더니 자신의 신비한 능력을 자랑하듯이 보여주었다. 점상에서 이상한 글씨를 써내려갔는데 이것이 영서라며 이 글씨를 해석해서 점을 본다고 했다. 신이 주는 필체라서 신필이라고도 한다. 어느 나라 글씨체와 비슷한지 알 수 없었는데, 부적에 적는 글씨체 같기도 하고 비슷한 글씨체가 반복되는 느낌이었다. 그가 나름대로 해석하는데 아무 의미 없어 보였다. 글씨 같은 모양이라는 것 말고는 다른 점을 보는 방법과 마찬가지였다. 쌀을 뿌리거나 엽전을 던지는 다른 무당과 달리 이분은 이상한 글씨를 써서 점을 보는 게 다를 뿐이었다. 흔하지 않지만 이러한 신비 현상은 교회 안에서도 발견된다. 방서 또는 영서라고 부르며 하나님이 주신 글씨체라고 해석한다. 하지만 무당이 쓰는 글씨와 별반 다르지 않다. 성경으로 영적 분별하는 것이 더욱 요구된다.

그런데 이분께 복음을 제시하려는 순간 영적인 자극이 되었는지 노발대발하며 내쫓아서 집 밖으로 나와야 했다. 이분처럼 처음에는 호의적이고 대화가 잘 되다가도 갑자기 돌변하는 경우는 자주 있는 일이라 놀랍지도 않았다. 귀신의 역사가 발동한 것이다.

이런 분들처럼 교회 다녀봤다는 무당에게 전도하면 그들은 교회를 잘 알고 있고 교회 다녀봤자 소용없는 일이라며 반박한다. 신병 때문에 교회에 나갔는데 고치지 못했고, 내림굿을 받고는 깨끗하게 고침받았다는 것이다. 하지만 이런 생각은 착각이다. 내림굿을 받으면 일시적으로 신병 증상이 없어지기에 문제가 해결된 듯 보인다. 그러나 마귀의 속임수에 불과하다. 귀신을 받아주었기 때문에 신병 증상이 없어진 것이고 오히려 이전보다 더 지극정성으로 귀신을 잘 섬겨야 한다. 그렇지 않으면 신의 벌전으로 고통을 당하게 된다. 또한 내림굿을 통해 귀신을 받아들였기 때문에 자신이 죽기 전까지 절대로 떠나지 않고 죽으면 자녀들에게 대물림되는 영적 악순환도 반복된다.

또 다른 착각은 교회에 열심히 다니면 영적 문제가 해결된다는 것이다. 신병 문제를 해결하기 위해 교회를 다니기 시작한 사람도 있지만, 교회에 다니면서 신병이 발생한 사람도 있었다. 이런 사람들은 교회에 다니면서도 복음을 접할 기회가 없었거나, 복음 제시가 있었음에도 영접하지 않았기 때문에 신병 문제를 해결하지 못한 것이다. 이런 영적인 문제는 내림굿으로 해결되는 것이 아니라 예수 그리스도를 믿어야만 해결된다.

교회를 다녔던 무속인들과는 오래 대화를 나눌 수 있었지만 복음을 들으려 했던 사람은 없었다. 귀신을 받아들인 상태에서 복음을 듣는다는 것은 하나님의 인도하심과 역사하심이 없으면 불가능한 일이다. 이것을 잘 알고 있었음에도 무속인 전도를 계속 다닌 것은 어머니처럼 그들의 영혼이 불쌍해서 어떻게든 구원의 길을 제시하고자 함이었다.

용현동 독쟁이 고개에서 만난 무당은 하나님의 일하심을 볼 수 있었기에 지금도 잊히지 않는다. 그 무당집에 노크하고 들어갔을 때 마치 기다렸다는 듯이 정중히 맞아줬다. 무당에게 극진히 대접받기는 처음이었다. 자리에 앉아마자 커피와 과일을 내와서 정성껏 대접해주었다. 이유인즉 지난 밤 꿈에 신령님이 나타나서는 이렇게 말했다는 것이다.

"오늘 동쪽에서 귀한 손님이 오는데 그의 말을 정중히 들어주어라."

우리 집은 정확히 동쪽에 있었고 나를 그 귀한 손님으로 맞이한 것이다. 신병과 무속을 연구한다는 언급 대신 잘 되었다 싶어 복음을 전하기 시작했는데, 무당의 얼굴이 붉으락푸르락해지고 앉았다 일어섰다 여기 갔다 저기 갔다 안절부절못했다. 그런데도 끝까지 인내하며 복음의 전반적인 내용은 다 들었다. 불안한 모습으로 듣고 있었기에 실제로 들었는지 아니면 듣는 척만 했는지는 알 수 없었다. "예수님을 나의 주님, 나의 하나님으로 영접하시겠습니까?"라고 물으니 그때부터 바뀌기 시작했다. 더 이상은 못 듣겠다고 강하게 거부하며 언성이 높아졌다. 더 이상 복음을 제시하지 못했지만 독특한 경험이었다.

마귀는 하나님의 권세 아래 있다. 예수님을 영접시키지는 못했지만 복음의 전반적인 내용이나마 전한 것은 그나마 감사한 일이다. 이 복음이 어떻게 역사해서 어떤 일이 벌어질지 모르는 일이기 때문이다. 무당이 어떤 때는 손님에게 교회 봉사를 열심히 해야 복 받는다고 하기도 하고, 교회에 나가야 살 수 있다며 교회 나가라고 전도 아닌 전도를 하는 경우도 있다. 아주 드물지만 무속인도 하나님의 도구로 쓰임 받을 때가 있다.

중요한 것은 그동안 만난 무당이 공통적으로 앞으로 무속인이 점점 많아질 거라고 말했다는 것이다. 생각해보면, 세상 문화가 무속인이 늘어나게 조장하는 역할을 하고 있다. 귀신 들림과 귀신 추방과 관련된 소재들인 빙의, 엑소시즘, 엑소시스트, 퇴마사라는 이름으로 제작되는 상업영화와 드라마도 한몫하고 있다. 요즈음은 무속인이 아무 거리낌 없이 TV 프로그램에 등장하고 그들을 중심으로 한 프로그램도 종종 방영된다. 특히 연예인 출신 무속인들이 TV 프로그램에 나와서 자녀들의 급작스런 죽음으로 인한 고통, 신병으로 인한 이혼의 아픔, 극심한 신병으로 정신과 치료까지 받았지만 결국 내림굿을 받은 이야기 등 신병과 무당이 되는 과정을 소상하게 소개하기도 한다. 그러면서 신비한 체험과 능력을 받아 직업으로 무속인이 되었다며 고백한다. 이런 방송이 나온다는 것은 그만큼 오늘날 대중문화에 무속신앙이 자연스럽게 녹아들고 있다는 증거이며, 이런 문화 속에서 대중은 자연스럽게 귀신 문화에 마음을 열고 받아들이게 된다. 그래선지 무속인이 되는 시기도 점점 빨라지고 있어 어린 나이에 내림굿을 받고 무당이 되어 점을 보기도 한다. 예전에는 무당은 배우지 못한 사람이 하는 것으로 여겼지만 이제는 학력도 높아져 대졸 이상 무속인도 등장하고 있다. 확실한 것은, 무속인은 물론 다양한 이름으로 활동하는 유사 무속인도 점점 늘고 있다는 점이다.

특별히 무속인뿐만 아니라 신기 있는 사람들을 만나 복음을 전할 때 그들에게 공통적으로 나타나는 반응이 있다. 우선 마음이 붕 떠서 안절부절못하고 분주해진다. 갑자기 전화가 오거나 손님이 찾아온다. 계획에 없던 설거지를 하게 되고 집안일을 한다. 그리고 나중에 듣겠다고 한다. 나중에 가보면 똑같이 행동한다. 갑자기 해야 할 일들이 생각나고 마음을 분요하게 해서 복음을 듣지 못하도록 마귀가 방해하는 것이다.

내가 무속인을 전도하러 다니는 모습을 보고는 예수님을 믿는 자에게 주어진 권세를 보고 싶다며 성도님들이 몇 번 전도 현장을 따라다닌 적이 있다. 어머니가 예수님을 믿게 된 것이 놀랍기도 하고 악한 영들이 예수님의 이름에 꼼짝 못한다는 이야기를 들었기 때문이다. 그런데 함께 다니면서 무속인을 전도하는 것도 마음의 동기가 중요하다는 것을 알게 되었다. 동기 중 하나는 그들이 자신이 그리스도인이라는 것을 점집에서 은근히 확인하려 했던 것이다. 그리스도인이 점집에 가면 십자가나 빛이 보인다거나 점괘가 나오지 않는다는 말을 들었기 때문이다. 하지만 마귀는 거짓과 속임수의 왕이고, 무당도 모두 신점을 치는 것이 아니라 자신의 생각과 느낌으로 잘 굴려서 점괘를 말하는 경우도 많다. 그러기에 무당의 말을 통해 그리스도인의 권세를 확인하지 못할 때가 많다. 무엇보다 우리는 하나님의 자녀인 것을 성경에서 확신을 얻고 성령으로 체험해야 한다. 진짜 무당은 그리스도인을 알아보지만 그런 것으로 하나님의 자녀 됨과 권세를 확인할 필요는 없다. 무당 전도 현장에서는 영적인 현상을 눈으로 볼 수 있기 때문에 신비 체험을 기대했다는 생각이 들었다.

다른 하나는 무당과 대화하면서 은근히 점괘를 들으려는 것이다. 실제로 교회 다니는 분 가운데도 마음이 답답하고 자신의 운명과 미래가 궁금하면 무당에게 점을 보러 다니는 분들이 있다. 이런 심리 때문인지 전도하러 가서 무당의 이야기에 이끌려가면서 자신과 자녀들에 대한 무당 말에 은연중 귀 기울이고 있는 것을 보았다. 그러면서 심심풀이로 들어봤다고 한다. 하지만 이런 말이 마음에 남고 신경이 쓰이게 되면 마귀의 통로가 될 수 있다. 이런 일을 보게 된 후로는 성령 충만하고 영적으로 준비된 그리스도인이 아니면 무당 전도하는 데 함께 다니지 않았다.

무속인을 전도하면서 다른 그리스도인들이 무속인을 전도하는 것을 보기도 하고 듣기도 했다. 용기 내어 전도 나왔는데 필요 이상으로 주눅이 드는 사람들도 있었지만, 반대로 무당의 인격 자체를 아예 무시하며 강압적이고 무례하게 전도하는 경우도 보았다. 이렇게 미성숙한 모습으로 전도하는 태도는 오히려 복음의 문을 닫게 한다. 예를 들어, 화도진 고개에서 만났던 무당은 목사와 교회에 대한 적개심이 대단했다. 왜 그러냐고 했더니 교인들이 집 앞을 지나가며 "마귀 새끼 같으니. 퉤, 퉤" 하며 담벼락에 가래침을 종종 뱉는다고 했다. 또 그를 마귀와 동일시하며 "마귀야 물러가라"라고 외치기도 했다고 한다. 마치 무당을 무찌르거나 정복해야 할 대상으로 여기면서 고압적이고 윽박지르는 태도로 복음을 전하려고 한 것이다. 이런 태도는 오히려 전도의 문을 닫게 할 뿐만 아니라 무당의 인격에 깊은 상처만 남기게 된다. 무당의 마음속에는 마귀의 영도 있지만 무당의 인격도 존재한다. 무당의 삶의 주체는 그 사람의 인격이지 마귀가 아니다. 마귀는 인간의 청으로 마음에 들어와서 주인 행세를 할 뿐이다. 귀신의 영들이 무당 안에서 주인 행세를 하는 시간은 극히 짧고 평소에는 그 사람의 인격이 주인으로 행동한다. 그래서 무당의 인격은 자신을 대하는 사람들의 성품을 느낀다. 일반 사람들도 상대방이 자신을 부드럽고 사랑으로 대하면 마음을 열게 되고, 무시하고 기분 나쁘게 대하면 마음을 굳게 닫는 것과 마찬가지다. 무당 속의 마귀는 미워하고 예수님의 이름으로 대적해야 하지만 무당의 인격은 일반 사람들처럼 사랑으로 대해야 한다. 성령의 역사로 마음의 문이 열린 무당은 자신의 인격으로 예수님을 영접함으로 귀신을 쫓고 하나님의 구원을 경험할 수 있도록 해야 한다.

어머니는 교회도 어느 정도 다니시고 무속인 전도도 함께 다니면서 느낀, 경험에서 우러나온 것을 한 가지 당부하셨다. "누구를 만나더라도 과거를 묻지 마라"는 것이었다. 상대방의 과거를 알게 되면 선입견을 갖거나 색안경을 끼고 볼 수 있기 때문이었다. 과거는 과거일 뿐이고 현재의 모습이 중요하다고 하시며 혹여나 과거를 안다 할지라도 현재의 모습 그대로 품어주고 사랑하라고 당부하셨다. 때로 미성숙한 그리스도인들로 인해 어머니가 이전에 무당이었던 것이 상처가 되었던 것이다. 어머니는 그리스도 안에서 새사람이 됐지만 어떤 사람은 색안경을 끼고 무시한 모양이었다. 어머니는 지금까지도 목사 아들에게 모든 성도를 차별 없이 똑같이 사랑하고 말씀으로 잘 양육하라고 당부하신다. 어머니의 당부를 늘 간직하며 무당이나 영적으로 고통을 당하는 사람들을 만나면 선입견 없이 적극적으로 도와주려고 노력한다.

chapter 22
-
무당 친할머니 전도

누구든지 자기 친족 특히 자기 가족을 돌보지 아니하면
믿음을 배반한 자요 불신자보다 더 악한 자니라
(딤전 5:8)

    어머니가 예수님을 영접한 후 가족 중에서 제일 먼저 생각난 사람은 친할머니였다. 할머니는 어머니가 대물림되어 무당이 된 것을 항상 미안해하고 안쓰러워했다. 우리 집에 올 때마다 어머니께 "너도 나처럼 고단한 길 가는구나!"라고 한탄하시며 많이 챙겨주려고 애쓰셨다. 무당의 길을 먼저 걸었던 할머니는 이 길이 어떤 길인지 알기에 자손들만큼은 자신의 길을 걷지 않기를 간절히 바랐다.

    복음을 전하기 위해 경기도 화성군에 있는 할머니 댁에 어머니와 함께 방문했다. 가족과 친척을 위해 기도해왔지만 할머니께서 복음에 어떻게 반응하실지 몰라 우선 대화하며 상황을 살펴보기로 했다. 할머니는 우리가 올 것을 미리 아시는 눈치였고 마음의 준비도 하고 계신 것 같았다. 어머니가 먼저 조심스럽게 말문을 여셨다.

"어머님! 저 무당 일 그만두고 아들 뜻 따랐어요."

"애야! 잘 했다. 잘 했어. 결국 아들 뜻을 따랐구나!"

예상 밖이었다. 예수님을 믿고 방문한 어머니와 나에게 거부 반응을 보이실 줄 알았다. 할머니는 여전히 집 안에 법당을 모시고 귀신을 섬기고 계셨기 때문이다. 하지만 어머니가 예수님을 믿으면서 집안에 역사하던 귀신들의 권세가 무너진 것을 영적으로 느끼시는 듯했다. 할머니는 그동안 내가 진실하게 교회에 다니며 어머니와 깊은 갈등에서도 꺾이지 않았던 것도 지켜보셨다. 나의 신앙이 결코 꺾이지 않는다는 것을 이미 알았다는 반응이었다. 귀신들은 참된 신자의 변함없는 믿음을 알아본다. 할머니뿐만 아니라 어머니가 만났던 무당도 모두 그렇게 말했다. 나의 믿음이 꺾이지 않을 것이기에 차라리 나의 믿음을 따른 것이 낫다고 생각한 것 같았다. 할머니는 나이가 드셔서 영이 많이 흐려져 있지만, 어머니가 무당 일을 그만둔 것에 긍정적인 반응을 보이실 줄은 미처 몰랐다. 무당들은 나이가 들거나 기도를 게을리 하면 영적인 능력이나 영험함이 약해진다. 그렇다 하더라도 하나님이 하시는 일에 마음이 열리는 것은 결코 아니다. 복음을 전할 절호의 기회라는 생각이 들었다.

"할머니도 어머니처럼 예수님 믿고 무당 일 그만두셔야죠."
"그래야지. 그럼."

어떤 거부 반응도 없이 너무도 쉽게 긍정적으로 대답하시는 것이 아닌가? 아무래도 어머니가 예수님을 믿은 것이 할머니에게 영적으로 영향을 크게 미친 것 같았다. 어머니가 예수님을 믿고도 어떤 신의 벌전도 없었다는 것을 이미 알고 계셨기에 그전부터 마음의 변화가 있었던 듯했다. 무엇보다도 이전부터 후손들에게는 어떻게 해서든 영적 대물림이 일어나지 않도록 노력해오셨다. 할머니는 무당이셨지만 내가 예수님을 믿는 것을 야단치거나 화내신 적이 한 번도 없었다. 손자를 사랑하는 마음으로 손자의 앞길을 방해하지 말아야 한다는 마음도 영향을 주었을 것이다.

게다가 예수님을 믿어도 건강하게 아무 문제없다는 것을 보여드린 어머니의 모습에 마음이 열린 것이었다. 그 자리에서 바로 그리스도의 복음을 할머니의 상황에 맞추어 간단하고 쉽게 전했다. 할머니는 처음부터 끝까지 이미 예수님을 믿기로 작정한 것처럼 순순히 받아들이고 영접 기도문까지 따라하셨다. 구원의 확신을 설명하고 감사 기도와 축복 기도를 하며 앞서 행하시는 하나님의 은혜를 경험했다.

이제 법당을 제거해야 한다고 말씀드릴 차례였다. 예수님을 믿으면 그 자리에서 즉시 우상들을 모두 제거하는 것이 바람직한데, 특히 우상숭배 당사자가 자신의 의지로 제거하는 것이 옳다. 이것이 마귀의 주인 행세를 거부하고 예수님이 새로운 주인이라는 것을 드러내는 믿음의 행위이기 때문이다. 그렇지 않으면 악한 영들의 영적인 영향력이 남아서 갈등을 부추기게 되어 혼합 신앙을 갖게 되거나 이전의 생활로 돌아갈 수 있다.

"할머니, 이제 법당을 치우셔야 돼요."

"애야, 법당은 내가 알아서 하면 안 되겠냐?"

"어떻게 하시게요?"

"법당의 물건들은 아는 절에 모시고 싶구나!"

그러면 안 된다는 생각이 들었지만 할머니의 대답은 확고했다. 마음 같아서는 앞마당에서 모두 불태워버리고 싶었지만 할머니의 완고함 때문에 더 이상 말씀드릴 수 없었다. 기대하지 못했는데 예수님을 영접한 것만으로 감사했다. 내 예상은 완전히 빗나갔다. 처음부터 예수님을 영접하진 않겠지만 어머니가 예수님 믿은 것을 간증하면 마음이 조금씩 열려서 나중에 예수님을 믿으시리라 생각했기 때문이다. 하나님의 구원 계획은 내 생각대로가 아니라 하나님의 뜻대로 이뤄진다는 것을 다시 한번 확인하는 시간이었다. 안부를 여쭈려고 일주일 만에 어머니와 다시 할머니께 갔다.

"할머니, 어디 아프시거나 그런 데 없으세요?"

"괜찮다. 아무 문제 없어."

할머니께서 예수님을 영접하고 건강이나 생각에 변화가 있는지 궁금했는데 그런 변화는 없다고 하셨다. 법당의 신상들은 근처 아는 절에 모셨고, 교회는 야목리에 있는 교회에 다닐 예정이라고 하셨다. 할머니를 전도하면서 아직까지도 아쉬운 일은 그 자리에서 법당을 제거하지 못했다는 것이다. 절에다 모시면 영이 아래로 흘러 후손에게 영향을 미칠 우려가 있기 때문이다. 어머니는 "그때 없앴어야 했는데 100퍼센트 잘못한 거야"라며 지금도 안타까워하신다. 그렇게 생각할 만한 영적인 배경이 있었다. 할머니께서 무당이었을 때 큰고모는 나중에 자신에게 대물림되는 것은 죽기보다 싫다며 젊어서부터 교회에 다니셨다. 셋째 고모도 당시 교회에 다니고 계셨다. 하지만 둘째 고모와 막내 고모는 아직 교회에 다니지 않고 계셨다. 그래서 어머니는 무당이었을 때도 늘 두 고모에게 영적인 악영향이 미칠까봐 염려했다. 그런데 신상들을 절에 갖다 놓았으니 고모들이 예수님을 믿지 않으면 영향을 받을 수 있다는 것이었다. 그래서 이것에 대한 부담이 있었는데 나중에 이 부담을 덜어낼 기회가 찾아왔다.

산본에서 사역하고 있을 때, 어머니께 할머니께서 돌아가셨다는 연락을 받았다. 할머니의 장례식은 셋째 고모가 중심이 되어 진행되고 있었다. 수원 연화장에서 친가 쪽 친척이 모두 모여 장례식을 치르게 되었다. 셋째 고모가 다니는 교회의 목사님께서 발인예배를 드렸고, 그다음부터 모든 예배는 내가 인도했다. 나는 친가 친척이 모두 모이는 자리가 마련되기만을 기도하고 있었다. 나의 소망 중 하나는 외가 친척들이 한 자리에 모였을 때 내가 예배를 인도하는 것이었고, 친가 쪽에도 마찬가지였다. 외가 쪽은 나의 첫째 아들 돌잔치 때 예배를 인도하면서 응답받았고, 이제는 친가 친척들이 모여서 예배를 드리게 되었다.

입관 예배와 하관 예배를 드리며 무당이었던 할머니께서 예수님을 믿고 천국에 가셨다고 설교했다. 할머니께서 예수님을 믿지 않으셨다면 유황불의 영원한 고통이 있는 지옥에 가셨을 거라며, 예수님을 왜 믿어야 하는지 강조하며 복음을 전했다. 친척 중에 누구도 무당이 되기를 원하는 사람은 없었다. 하지만 전부 예수님을 믿는 것은 아니었다. 그리고 첫째 고모도 교회를 다니다가 안 다니고 계셨다. 우리 집안에 영적으로 흐르는 심한 우상숭배의 내력을 설명하면서 예수 그리스도를 인격적으로 영접하지 않으면 우상숭배의 저주를 끊을 수 없다는 점을 강조했다. 예배 때마다 친척들에게 할머니께서 천국 가신 것을 상기시키며 예수님을 인격적으로 영접할 기회를 드렸다. 이렇게 장례식은 은혜롭게 마쳤다.

삼우제 때 다시 연화장에 모두 모였다. 복음의 능력을 설명하며 우상숭배의 내력이 있는 집안임을 다시 상기시켰다. 그후 가족 모두 할머니의 유품을 정리하기 위해 할머니 댁으로 가는 도중 할머니가 다니시던 교회에 들렀다. 그 교회 담임목사님께 할머니의 신앙생활에 대해 들을 수 있었다. 할머니는 교회에만 오시면 "내 손주가 목사야. 내가 손주 교회에 다녀야 하는데…"라며 손자인 나를 그렇게 자랑하셨다고 한다.

할머니께서 머무셨던 기독교 요양원에서도 동일한 말을 들었다. 교회 사역으로 바쁘다는 핑계로 자주 찾아뵙지 못한 것이 송구스럽기만 했다. 할머니의 소천을 계기로 친가 쪽 친척들에게 복음을 증거할 수 있었다. 예수 그리스도의 생명의 성령의 법만이 조상 대대로 내려오던 우상숭배의 저주로부터 완전히 해방될 수 있음을 나눈 것에 하나님께 감사했다. 무당이었던 할머니께서 예수님을 믿고 천국에 가신 것처럼 우리 집안이 우상숭배의 유산이 아닌 예수 그리스도의 믿음의 유산을 후손들에게 물려줄 수 있도록 하자며 마지막까지 신신당부한 일이 지금도 생생하다.

chapter 23
-
집사 출신 무당 전도

> 예수께서 대답하시되 진실로 진실로 네게 이르노니
> 사람이 물과 성령으로 나지 아니하면
> 하나님의 나라에 들어갈 수 없느니라
> (요 3:5)

교회에 열심히 다니는 것이 구원을 보장하는 것은 아니다. 예수님을 인격적으로 영접하지 않고 교회에 다니고 있다면 신앙생활이 아닌 종교생활을 하는 것이다. 자서전까지 출판했던 어떤 무당은 신학대학에서 신학 공부까지 했지만 결국 무당이 되었다고 했다. 아무리 오래 교회 다니고 신학을 공부해도 예수님을 만나지 못한다면 신병 문제는 결코 해결되지 않는다.

무당들을 전도하는 가운데 성실하게 교회에 다녔던 집사 출신 무당을 만나게 되었다. 어느 날 어머니의 이종사촌 여동생이

다급한 소리로 전화를 걸어왔다고 한다.

"언니 같은 사람이 있는데 그런 사람 전도하면 좋을 텐데."

"어, 무슨 일이야?"

"지금 우리 가게에 온 손님인데, 내림굿을 받았다는데 벗어나고 싶다고 하네. 그래서 언니 생각나서 전화 걸었어."

"내가 우리 언니도 무당이었다가 예수님 믿고 아무 일도 없이 신앙생활 잘하고 있다고 했거든. 그러니까 한번 만나나 보겠다고 하네."

"그래, 그러면 명식이하고 지금 곧바로 갈게."

어머니와 나는 이모가 운영하시는 분식집으로 향했다. 그분은 이모와 이야기를 나누면서 우리를 기다리고 있었다. 40대 후반으로 보였고 좀 피곤한 기색이 역력했다. 서로 인사를 나누고 어머니가 먼저 말을 건넸다.

"내림굿을 받았는데 벗어나고 싶다는 말을 들었어요. 내림굿을 받으신 지는 얼마나 되셨어요?"

"난 그런 말 한 적 없는데요? 내가 그런 말을 왜 해요?"

갑자기 마음이 돌변하여 쏘아붙이듯이 대답하니까 이모가 당황했다. 조금 전까지 도움을 받고 싶다며 이야기한 것들을 부정하니 당연했다. 하지만 어머니는 그럴 수 있다며 의자에 앉아서 침착하게 이야기나 해보자고 설득하셨다. 우선 어머니가 이전에 무당이었다가 돌아온 이야기를 들려주셨다. 처음에는 거부 반응을 보이던 분이 조금씩 마음이 안정되더니 궁금한 점을 묻고 자신의 이야기를 하기 시작했다.

"교회 다녀도 괜찮아요?"

"그럼요. 이렇게 축복받았는걸요. 예수님을 믿어도 아무 문제 없고 이렇게 전도하러 다니잖아요."

"저도 이전에 교회에 다녔는데요. 그런데 하는 일마다 망하고 몸이 너무 아파서 죽을 것 같아 무당에게 갔더니 내림굿을 받으라고 해서 받았어요. 살려면 어쩔 수 없었어요."

"교회에 다니는 것이 중요한 것이 아니라 예수님을 인격적으로 영접해야만 아무 문제 없어요. 저를 보세요. 산증인이잖아요."

같은 질문을 여러 번 반복했고, 나도 확신을 드리려고 같은 대답을 여러 번 반복해야 했다. 삶에 사연이 많아 보였다. 뭔가 하고 싶은 말이 있는 눈치였는데 많은 고민과 갈등이 있는 것 같았다. 그러자 어머니는 뭔가 마음에 집히는 것이 있는지 그분에게 어디 사냐고 자꾸 물어보셨다. 걸어서 15분 정도의 가까운 거리에 살고 계셨다.

"집에 가서 이야기하면 안 될까요?"

"집에 아무것도 없는데요."

어머니는 무언가를 아시는 듯했고 아주머니는 무언가를 숨기려는 것처럼 보였다. 어머니가 끈질기게 요구해 그분 집에 갈 수 있었다. 어머니의 간증을 좀더 나누고 예수님을 믿어도 아무 문제 없고 무당 일을 끝낼 수 있다고 강하게 설득했다. 처음 연락받을 때 무당에서 벗어나고 싶다는 의지를 보였기에 그 마음이 흔들리지 않도록 잡아 드려야만 했다. 어머니의 예를 들면서 무당에서 벗어나는 방법을 말씀드리며 갈등과 고민만 하지 말고 하나님이 주신 이번 기회에 예수님을 믿으면 그 세계에서 완전히 벗어날 수 있다고 확신을 드렸다. 처음에는 주저하더니 자신 없게 예수님을 믿겠다고 하셨다. 속으로 마귀를 대적하는 기도를 하면서 예수 그리스도의 복음을 전하기 시작했다.

"지금 믿음으로 예수님을 나의 구주, 나의 하나님으로 영접할 수 있습니다. 영접 기도문을 따라하시겠습니까?"

복음을 전하는 동안 특별한 반응을 보이지는 않았고 순순히 예수님을 영접하겠다고 하셨다. 영접 기도문을 따라하는데 갑자기 엉엉 우시기 시작했다. 얼마나 심하게 우시던지 "꺽! 꺽!" 하는 소리를 내시며 눈물과 콧물까지 흘리셨다. 예수님을 영접한 후 하나님은 영원히 아주머니를 떠나지 않으신다는 구원의 확신을 심어드리고 교회 다니며 신앙생활을 해야 한다고 하니까 그렇게 하겠다고 하셨다. 나는 감사 기도와 축복 기도를 하고 나서 격려의 말을 하고 있었는데 갑자기 어머니가 집 안을 두리번거리며 어딘가에 법당이 있다고 하셨다. 집 안에 들어오자마자 둘러봤을 때는 분명히 법당이 없었다. 영적으로 예민한 어머니는 자꾸만 법당이 어딘가에 있다며 조금 둘러보더니 갑자기 나에게 장롱을 열어보라고 하셨다. 아무 영문도 모른 채 장롱을 여는 순간 깜짝 놀랐다. 그 안에 법당이 모셔져 있었던 것이다.

내림굿을 받았지만 집 안에 법당만 모셔놓고 무당 일은 안 하고 사회 생활하는 무속인이 많다는 이야기는 자주 들었지만 이렇게 직접 목격하기는 처음이었다.

"이제 예수님을 믿으니 법당은 당장 치워야지. 그렇지 않으면 다시 이전으로 돌아갈 수 있어요."

"좀 생각할 시간을 주시면 안 될까요?"

"지금 당장 치워야지 마귀들이 다시 공격하지 않는다니까요. 그냥 놔두면 또 공격할 거예요. 하나님이 지켜주시니까 걱정 말아요."

"알았어요. 그럼 지금 치워주세요."

어머니는 아무 일도 없을 테니 걱정하지 말라고 계속 격려하셨다. K 목사님께 도움을 청해서 우상들을 완전히 제거했다. 아주머니가 고맙다며 커피와 과일을 대접해주셨다. 조금 있다가 어디론가 가서는 박스 하나를 꺼내오셨다. 상자를 열어서 보여주시는데, 깜짝 놀랄 만한 물건들이 있었다. 교회에서 받은 봉사 표창장과 성경책과 기독교 용품들이었다. 이분은 무당이 되기 전에 교회 집사였다. 짙은 청색 표지의 표창장에 서울에 있는 어느 대형 교회 이름과 그 교회 담임목사님 이름이 보였다. 이분은 내림굿을 받았지만 교회에 대한 그리움도 내내 간직하고 계셨다. 교회에는 열심히 다녔지만 신병 문제를 그리스도 안에서 극복하지 못한 것이다. 상자 안의 용품들을 바라보며 지난 이야기를 들려주었다.

아주머니는 교회 다니며 열심히 봉사도 하고 믿음이 좋다는 말도 들었다고 했다. 그래서 주변의 추천으로 표창장까지 받았다는 것이다. 그런데 어느 날 신의 풍파가 불면서 집안이 망하기 시작해 자신의 사업이 망하고, 고등학교 교사였던 남동생은 직장을 잃고 공사장을 전전하는 신세가 되었다고 했다. 집안에 우상숭배의 영적 배경이 있었다는 것을 알 수 있었지만 구체적으로 어떻게 우상숭배했는지는 나눠주지 않았다. 어떻게 해서 가족들이 모두 교회에 다니게 되었는데 여동생만은 여전히 신실하게 신앙생활을 하고 있었다. 여동생은 당시 이스라엘의 키부츠에 선교사로 파송되어 나갔다는데, 아무래도 그 여동생이 가족을 위해 간절히 기도한 것이 어머니와 나를 통해 응답된 것이 아닌가 하는 생각이 들었다.

앞서 말했듯이 무속인을 전도하기도 힘들지만 구원 이후 영적으로 돌보는 것도 결코 쉬운 일이 아니다. 건강한 신앙생활을 위해서는 우상숭배의 잔재로 말미암은 영적 싸움에서 반드시 승리해야 한다. 그 과정에서 하나님을 전적으로 의지하는 법도 배우고 믿음도 자라게 된다.

며칠 뒤 그분이 약속한 대로 어머니가 다니는 교회에 주일예배를 드리러 나왔다. 교회에 들어오는데 약간 경계하는 눈빛이었다. 나와 어머니가 그분 양쪽에 앉았다. 예배가 시작되자 그분은 자꾸만 졸았다. 졸지 않도록 흔들어 깨우는데 귀신이 자꾸 자신을 잠들게 만든다고 했다. 머리가 아프고 몸이 쑤시다고도 했다. 몸에 열이 나기도 하고, 귀신이 어깨 쪽 목 뒤편으로 들어온다며 어깨를 으쓱거렸다. 어머니와 나는 어깨와 팔을 주물러 드리면서 예수님의 이름으로 마귀를 대적하는 기도를 계속하며 예배를 마쳤다. 이처럼 마귀의 영향을 받는 사람은 설교를 듣지 못한다. 설교를 들으면 머리가 멍해지고 자꾸 졸음이 쏟아진다. 설교를 들어도 메시지가 귀로 잘 들어오지 않고 깨닫지도 못한다. 때로는 쇠 긋는 소리나 자동차 경적 소리 등 이상한 소리가 들려오기도 한다.

주중에는 목사님께서 이분의 신앙을 돌보고 주일에는 어머니와 내가 설교 들을 때마다 옆에서 마귀를 대적하는 기도를 해 드리고 잠들지 않게 어깨를 주물러 깨우면서 예배를 드렸다. 이런 일이 반복된 지 한 달이 지나갈 무렵 아주머니로부터 전화가 왔다. 집에 들어가면 너무 무섭고 두려워서 더 이상 머물 수 없다는 것이었다. 그러면서 김포에 사는 사촌오빠가 장로님인데 그 집에서 머물기로 했다며 그동안 고마웠다고 작별인사를 하고는 연락이 끊겼다. 그곳에서 영적 돌봄을 잘 받아서 건강하게 신앙생활을 하고 있길 간절히 바랄 뿐이다.

이분처럼 실제로는 무당이 아니면서도 집에 법당만 차려놓고 생활하는 분이 많다. 어머니의 고향도 10여 가구가 모여 사는 작은 동네였는데 그곳에도 무당이 한 명 있었고, 다른 두 분의 아주머니가 내림굿을 받았는데 법당만 차려놓고 있었다. 무당 전도하면서 집에 법당을 차려놓은 사람 중에 연예인, 교수 부인, 의사 부인, 기업체 사장 부인도 있다는 말을 들었다. 이런 분들은 드러내 놓고 무당 일을 하는 것은 아니지만 영적인 배경은 무당이나 마찬가지다. 하지만 이런 분들은 확실하게 무당의 길을 가는 것이 아니기에 갈등이 심한 듯했는데, 신병 문제를 해결하기 위해 교회에 다니는 사람들도 있다. 이런 분들은 무속신앙에서 벗어나려는 의지가 있기 때문에 그리스도의 복음을 받아들일 수 있도록 잘 인도하면 현업에 있는 무속인보다는 돌아올 확률이 높다. 이런 분들이 예수님을 믿고 돌아왔을 때 건강한 신앙생활을 할 수 있도록 한동안 지속적으로 말씀으로 잘 돌봐드려야 한다.

chapter 24

신비 체험이 구원을 확증하지 않는다

예수께서 가라사대 내가 곧 길이요 진리요 생명이니
나로 말미암지 않고는 아버지께로 올 자가 없느니라
(요 14:6)

    무속인이나 무속신앙을 가진 사람들은 신비 체험을 자주 하는 편이고 그 체험을 확고하게 믿는 경향이 있다. 그런 체험은 대부분 꿈이나 환상을 통해 이루어진다. 그런데 이런 영적 체험은 예수님을 믿은 후에도 지속될 수 있다. 하지만 진리의 말씀과 함께하는 체험이 아니라면 그것이 하나님으로부터 왔는지 성경으로 분별해야 한다. 교회에 다니면서 하는 영적 체험이 모두 구원을 확증하는 것은 아니다. 하나님이 주시는 영적 체험은 언제나 말씀과 함께하거나 말씀의 성취를 통해 이루어진다. 신비 체험을 했지만 영적인 분별이 안 되어 오히려 영적으로 시달리는 사람들이 많다.

앞집 할머니의 격려와 간증은 부모님이 마음의 문을 여는 데 결정적인 역할을 했다. 하나님께서 앞집 할머니의 간증을 사용하셨다. 그 할머니는 친정어머니보다도 가까이 사시며 어머니의 마음을 받아주며 많이 도와주신 고마운 분이다. 어머니가 마음으로 많이 의지했기에 무당 일을 하며 힘들 때마다 그 할머니 댁에 찾아가서 하소연도 많이 했고 울기도 많이 울었다. 나중에 알게 되었지만 할머니는 이전부터 어머니께 아들 뜻을 따르라고 자주 말씀하셨다고 한다.

우리 집 앞에는 이층집이 있었는데, 1층에는 집주인이 살았고, 2층에서 중국으로 자주 선교를 다니던 목사님 가정이 살았고, 반지하에는 할머니가 살았다. 2층에 사시는 목사님은 어머니가 무당임에도 마주칠 때마다 반갑게 인사하며 자주 말을 건넸다. 목사님은 우리 집 대문의 용유보살이라는 팻말을 보시고 어머니께 자신은 영종도 출신이라며 용유도 출신인 어머니를 마치 이웃을 만난 것처럼 따뜻하게 대해주셨다. 무당이라 할지라도 따뜻하게 대하는 목사를 적대적으로 대하지는 않는다. 한번은 어머니가 목사님과 대화하면서 우리 아들도 목사 되려고 한다고 하니까 "아주머니, 그럼 아들 따라서 교회 나가시지 그래요?"라고 권면하셨다고 한다. 그러면 어머니는 갑자기 토라져 더 이상 어떤 대화도 하지 않고 돌아섰다고 했다. 무당이었던 어머니가 목사님에게 굳이 내가 목사 되려고 한다는 것을 말할 이유가 없었다. 그러면서 말해놓고 토라지는 모습은 상반된 행동이다. 이런 걸 보면, 어머니의 마음에는 어머니의 인격과 귀신의 인격이 함께 존재했던 것을 알 수 있다. 나의 소명을 들으신 목사님은 앞집 할머니를 만날 때마다 이렇게 부탁하셨다는 것이다.

"할머니, 앞집 아주머니를 위해 기도해주세요. 나중에는 하나님께로 인도되어 말씀을 들을 거예요. 지금은 사탄이 발악하니까 할머니가 기도해주세요."

할머니께서도 이 말을 어머니께 자주 이야기했다. 그럴 때마다 어머니는 격렬하게 거부하면서 펄쩍 뛰었다.

"개뿔이나, 하나님을 믿느니 내 주먹을 믿지. 괜히 쓸데없는 이야기하지 말아요."

"그래도 아니야. 아들 뜻 따라야 돼."

할머니는 강하게 거부 반응을 보인 어머니를 계속 타일러오셨다. 그러다가 나중에 부모님께 복음을 전할 때 자신의 간증으로 예수님을 영접하도록 도우신 것이다. 하나님은 이전부터 어머니를 구원하시기 위해 주변 사람들을 통해 일하고 계셨다. 어머니가 예수님을 믿던 그날 한순간에 예수님을 영접하신 것이 아니었다. 주변 사람들의 끊임없는 권면과 기도가 있었고, 어머니도 계속 갈등해오다가 하나님의 때가 되었을 때 여러 환경이 조성되어 예수님을 믿게 된 것을 깨닫게 되었다.

어머니는 무당이었을 때부터 거리낌 없이 잘 대해준 할머니가 너무 고마워서 음식도 자주 해다 드렸다. 한번은 어머니와 함께 할머니 댁에 갔는데 할머니께서 나에게 뜻밖의 기도 제목을 부탁해서 깜짝 놀란 적이 있다. 언제부터인지 시꺼먼 저승사자 같은 사람들 세 명이 가위를 가지고 방 안을 휘젓고 다니며 온통 난도질을 한다는 것이었다. 어떤 날에는 개 세 마리가 짖으며 방 안을 온통 뛰어다니며 어질러놓고 나간다고 했다. 이런 일이 계속 반복됐고 그때마다 머리가 지끈거려 아프고 몸이 안 좋아진다며 기도를 부탁하셨다. 할머니는 부흥회 때 불덩어리 체험을 한 후 법당을 제거하고 가족 모두가 교회에 다니게 됐지만, 세월이 지나면서 남편과 아들들은 교회에 안 다니게 되었고 딸들만 교회에 다니고 있었다. 할머니도 교회에 매주 나가는 게 아니라 가끔씩 나가고 계셨는데 여전히 환시와 환청을 경험하고 있었던 것이다. 이것이 예전에 할머니가 부흥회에 참석했을 때 "요년아, 내가 졌다"라고 소리치며 떠났던 귀신들의 공격이라는 생각이 들었다. 할머니가 교회에 다니고 계셔서 예수님을 언제 믿게 되었는지 조심스럽게 여쭤보았다.

"할머니, 예수님을 나의 구원자, 나의 왕으로 영접하신 적이 있으세요?"

"난 하나님 믿어."

혹시 하나님과 예수님을 혼돈해서 그러신가 하고 다시 여쭤 봤다.

"그럼 하나님은 어떻게 만나셨어요?"

"꿈에서 만났지."

"하나님이 어떻게 생기셨는데요?"

"하얀 옷을 입고 긴 수염이 달리셨어."

이것은 무속인들이 귀신이나 죽은 조상을 꿈에서 만나는 현몽에서나 일어나는 일이었다. 할머니는 꿈에서 만난 신령을 하나님이라고 착각하고 있었다. 무당이었을 때의 습관이 여전히 남아 있었던 것이다.

"기도는 어떻게 하세요?"

"저기를 향해 기도하지."

할머니는 벽에 걸린 기도하는 손 그림과 죠지 뮬러가 빵 한 조각 놓아두고 기도하는 그림을 가리키셨다. 그런 다음 일어나서 손을 비비며 기도하는 흉내를 냈다. 교회 다닌 지 오랜 세월이 흘렀음에도 여전히 무속신앙을 극복하지 못하고 혼합 신앙을 갖고 계셨다. 부흥회의 신비 체험을 통해 무속에서 벗어나 교회는 다니게 되었지만, 예수님을 인격적으로 영접할 기회나 신앙 교육을 제대로 받지는 못하신 것 같았다. 우선 꿈에서 만난 하나님은 성경이 말하는 하나님이 아니라고 말씀드렸다.

> 예수께서 이르시되 내가 곧 길이요 진리요 생명이니 나로 말미암지 않고는 아버지께로 올 자가 없느니라(요 14:6).

예수님을 통하지 않고는 하나님 아버지를 알 수도 없고 만날 수도 없다. 하나님은 영이시기 때문에 눈으로 볼 수 없을 뿐더러, 꿈이나 어떤 형상으로 만나는 분도 아니다. 예수님을 마음으로 믿으면 우리 영혼에 생명이 주어져서 하나님이 살아계신 것과 하나님의 사랑을 경험하게 되는 것이라고 설명했다. 할머니는 그런 것인지 잘 몰랐다고 하셨다. 기도할 때에도 그림이나 형상에게 하는 것이 아니라 아무 곳에서나 예수님의 이름으로 기도할 수 있다고 설명했다. 그동안 할머니는 교회에 열심히 다녔지만 복음과 성경에 대해 배워본 적이 없었다고 하셨다. 그렇다 보니 성경대로가 아니라 자신의 생각대로 신앙생활을 하고 계셨던 것이다. 앞집 할머니께 어떻게 예수님을 영접할 수 있는지 알려드리겠다고 하니 좋아하셨다. 할아버지도 옆에서 함께 듣고 계셨기에 예수 그리스도의 복음을 천천히 이해하기 쉽게 전하기 시작했다. 드디어 영접 기도문을 하게 되었다.

"할아버지, 할머니! 예수님을 영접하시겠어요?"

"당연히 그래야지."

할머니가 먼저 기쁘게 대답하셨다. 하지만 할아버지는 아무런 관심도 없다는 듯 시큰둥했다. 할머니와 함께 예수님을 영접하자고 설득했지만 끝끝내 거부하셨다. 결국 할머니 혼자 예수님을 영접하시게 되었다. 내가 감사 기도를 드린 후 마귀를 대적하는 기도를 했다.

"나사렛 예수 그리스도의 이름으로 명하노니 할머니를 괴롭게 하는 악한 귀신들은 떠나갈지어다."

이후부터 할머니는 더 이상의 환시와 환청에 시달리지 않았다. 할머니를 위해 여러 번 심방 예배를 드렸고, 믿음의 기초인 예수 그리스도를 가르치며 출석하는 교회에서 신앙생활을 잘하시도록 권면했다.

무속신앙을 가졌던 사람이 예수님을 믿게 된 초기에 옆에서 누군가가 기도해주며 성경으로 신앙을 바로잡아 주는 일이 얼마나 중요한지 다시금 깨달았다. 예수 그리스도를 영접한 일이 없는데 하나님은 믿는다고 고백하는 사람들이 의외로 많다. 이런 분들은 교통사고처럼 죽을 고비에서 멀쩡하게 살아났다거나 꿈에서 하나님을 만났다는 등 자신만의 확고한 체험들이 있었다. 이런 신비 체험을 하나님을 만난 것으로 착각하는 것이다. 교회에 다니지만 신비 체험이 여전히 강하게 남아 있어서 때로는 성경보다 더 의지하고 추구하기도 한다.

앞집 할머니는 내림굿을 받고 법당만 집 안에 모셔놓고 식당일을 하셨다. 무당 일은 하지 않았지만 영적인 상태는 무속인과 동일하고, 가족들에게 비슷한 영적인 영향력을 미치고 있었다. 할머니가 불덩어리 체험을 한 뒤 처음에는 가족 모두 교회에 나가게 되었고 나중에 큰딸은 교회 집사가 되었다. 할머니 집에 큰딸이 방문했을 때 무당이었던 어머니와 종종 마주치게 되었다. 그때 그분이 어머니를 위아래로 훑어보더니 우리 집안 사정을 혼잣말로 중얼거렸다고 했다. 무속의 공수였다. 교회에 다니면서도 여전히 무속신앙의 잔재가 남아 있었던 것이다. 어머니가 그분의 눈을 보니 신기가 가득해 속으로 '아이고, 너나 나나 똑같다'라고 혼잣말을 했다고 한다. 어머니는 예수님을 믿은 후 "그분도 신앙생활 잘해야 될 텐데"라며 걱정하셨다.

    신비 체험을 통해 교회에 다니게 되었다고 그것이 구원을 의미하지는 않는다. 예수님을 마음으로 믿을 때 비로소 구원을 받는다. 사촌 여동생도 신비 체험을 통해 교회에 다니기 시작했고 초기에는 열정적이었다. 그의 집안도 우리 집안과 별반 다르지 않은 우상숭배의 내력이 있었다. 어머니처럼 무속인이 된 사람은 없지만 친척 중에 내림굿을 받고 법당을 차렸던 분이 있었다. 무속신앙을 가진 사람들은 무슨 문제가 발생하면 무당을 찾아 해답을 얻으려고 한다. 신의 탓으로 문제가 생겼다고 보는 신앙이 있기 때문이다. 사촌 여동생이 큰 질병에 걸렸을 때에도 마찬가지였다. 자가면역질환인 루프스병을 앓으며 관절이 아프고 때로는 몸이 붓고 뇌척수압이 상승하여 졸도하기도 했다. 증상이 심해지자 입원하게 되었고, 심각한 상태라는 진단을 받게 되었다. 이모는 지푸라기라도 붙잡고 싶은 심정에 전국의 유명한 무당들을 찾아다니며 딸을 낫게 하기 위한 비법들을 알아왔다. 그 비법대로 병원 침대 시트 밑에 염주, 손톱, 팥, 부적, 고춧가루 등을 넣어두었다. 질병을 가져다 준 귀신들을 쫓는 부적 역할을 하는 것들이었다. 딸이 낫게 하기 위해 의사의 치료뿐만 아니라 무당의 치료도 필요했던 것이다. 하지만 언제부터인가 사촌에게 자꾸 헛것이 보이기 시작했다. 이모부와 이모는 밤낮으로 번갈아가며 간호를 했는데, 하루는 이모부에게 다급하게 이렇게 요구했다고 한다.

"아빠, 검은 옷을 입은 두 사람이 내 침대를 자꾸만 비틀어 놓아. 침대를 똑바로 놔줘."

이모부가 주위를 아무리 둘러보아도 검은 옷 입은 사람은 없었을 뿐더러 침대도 바로 놓여 있었다. 그런데도 자꾸만 울먹이며 침대 좀 똑바로 놓아달라고 애원하니까 어쩔 수 없이 정상적으로 있던 침대를 삐뚤어지게 놓아주었다. 이모부와 이모는 딸이 미쳐가는 건 아닌지 더욱 마음이 타들어갔다.

그러던 어느 날 사촌과 같은 병실에 입원해 있던 분으로부터 하나님을 의지하며 병을 이겨나가라는 전도를 받게 되었다. 자신도 암에 걸렸지만 찬송가도 부르고 하나님을 의지하면서 이겨나가고 있으니 젊은 처자도 그렇게 하라는 권유였다. 또 한번은 뇌수압 급상승으로 졸도해서 수술실에 들어가게 되었는데, 주치의 선생님이 수술 전에 "하나님, 고쳐주실 줄 믿습니다"라고 기도하는 소리를 어렴풋이 들었다고 했다. 그러면서 사촌은 수술을 마치고 회복하는 가운데 신비 체험을 하게 되었다. 꿈에 저승사자 같은 사람이 자신과 사촌들을 어디론가 데려가고 있었다. 한참을 따라가는데 깊이를 알 수 없는 시커먼 동굴이 나타났고 저승사자가 그곳으로 모두 들어가라고 명령했다. 사촌들은 그리로 다 쉽게 들어가는데 자신은 좁아서 들어갈 수 없었다.

어쩔 수 없어서 뒤돌아 나오는데 하늘에서 금빛이 내리며 갑자기 휘황찬란한 바다 같은 광경을 목격했다. 그 후 이 신비 체험을 하나님이 주신 것이라고 확고히 믿게 되었다. 이 체험을 이모부와 이모에게 말하고 그다음 날부터 발안의 한 교회에 새벽 기도회부터 나가기 시작했다. 비슷한 날 이모도 신기한 꿈을 꾸었다. 집 안에 있던 난초가 시들어 죽은 줄 알고 문 밖에 놔뒀는데, 허름한 옷을 입은 시골 교회 목사님이 지나가면서 "아주머니 이 난초는 살아 있는데 왜 밖에 두셨어요?"라고 했다. 꿈에서 깬 후 '내 딸아이가 살았구나!'라는 생각이 들어서 이모부와 이모도 여동생을 따라서 교회에 다니기 시작했다. 가족이 신비 체험을 통해 교회에 나간 것이다.

이런 신비 체험을 교회 분들과 나누게 되자 교회에서 금요기도회 때마다 그 친구를 간증자로 자주 세웠다고 했다. 그래서 발안에서 간증으로 유명하게 되었다고 했다. 그런데 어느 날 나에게 전화를 걸어서 상담하기를, 간증을 하면 할수록 너무 답답하고 힘들다고 고백했다. 만나서 대화를 나누며 도움을 주기로 했다. 이모 댁에 들렀을 때 사촌은 금요기도회에서 간증하면서 사귀게 된 찬양팀 드러머와 함께 와 있었다. 사촌은 신비 체험도 했고 교회에 다니며 간증도 했는데 영적인 곤고함을 겪는다는 말에 만나기 전까지 기도하며 하나님의 지혜를 구했다. 그리고 다음과 같이 격려했다.

"네가 경험한 신비 체험이 소중할 수 있어. 나는 하나님께서 그 신비 체험을 통해 너를 교회로 인도하셨다고 믿는다. 하지만 그 체험보다 더 중요한 것은 예수 그리스도께서 마음의 중심에 있는 거야. 간증은 네가 체험한 신비를 나누는 것보다 예수 그리스도를 증거하고 드러내야 하는 것이거든. 복음을 경험하고 드러내는 간증은 힘이 되지만 지금 간증하는 것이 힘들다면 좀 쉬는 것도 괜찮은 것 같아."

그동안 무속인을 전도하면서 신비 체험 이야기를 수없이 들었다. 교회에 다니며 신비 체험을 했다고 하지만 예수 그리스도를 잘 모르거나 구원의 확신이 없는 사람도 많이 만났다. 무속 신앙의 신비 체험과 기독교의 신비 체험이 너무 비슷해서 분별이 안 되는 경우도 많았다. 신비 체험이 하나님으로부터 왔는지 판단하는 기준은 예수님을 그리스도로 인정하는 것뿐이다(요일 4:1-3). 예수 그리스도에 대한 올바른 신앙고백만이 영적인 분별의 기초가 되는 것이다. 그래서 조심스럽게 물어봤다.

"예수님을 나의 구주, 나의 하나님으로 인격적으로 영접한 일은 있니?"

"그런 적은 없는 것 같은데…."

"교회에 다니는 것도 중요한데 예수님을 영접하는 일이 가장 중요해. 예수 그리스도께서 주인으로 너의 삶을 다스리도록 하는 것이 신앙생활이야. 예수님이 너의 마음을 다스리게 되면 답답함이나 곤고함은 사라질 거야. 참된 평안과 기쁨을 누리게 되는 것이지. 이 시간 예수님을 영접할 수 있는데 들어보겠니?"

"그러지 뭐."

그동안 교회 다니며 간증도 많이 했고 나름대로 은혜도 받았지만 구체적으로 복음을 듣고 예수님을 영접할 기회가 없었던 것이다. 남자 친구에게 예수님을 믿느냐고 물어보니 그는 어려서부터 믿었다고 했다. 그러면 여자 친구를 위해 나를 도와달라고 부탁했다. 사촌에게 예수 그리스도의 복음을 전하기 시작했고 영접 기도문에서는 남자 친구와 함께 나를 따라 영접 기도를 했다. 성경 말씀으로 구원의 확신을 심어주고 교회의 성경 공부에 참석해서 신앙의 기초를 잘 다질 것을 권유했다. 특히 우리 집안이나 이모 집안이나 우상숭배의 영적 내력이 있기 때문에 복음과 말씀 중심으로 올바르게 신앙생활을 잘할 수 있도록 당부해야 했다. 나중에 사촌은 이 남자 친구와 결혼했는데 의사 선생님에게 루프스 환자는 임신하면 위험하다는 말을 들었다고 한다. 하지만 사촌은 하나님께 보험을 들어놔서 괜찮다고 고백하며 건강하게 아들을 낳았다.

교회에 다니며 영적 체험들을 했는데 무당이 되었다는 사람들을 여럿 만났다. 영적 체험을 통해 교회에 다니기 시작했지만 구원의 확신이 없는 사람들도 꽤 보았다. 영적 체험을 통해 하나님을 만났다고 하지만 정작 예수 그리스도를 모르는 사람들도 있었다. 이처럼 모든 신비 체험이 구원받았다는 것을 의미하지 않는다. 진정한 성령 체험은 회개하고 예수 그리스도를 믿을 때 하나님의 선물로 받는 것이다(행 2:38). 구원의 확증은 오직

예수 그리스도를 마음으로 믿고 입으로 시인해서 얻는 것이다
(롬 10:9-10).

chapter 25

주님과 귀신을 겸하여 섬길 수 없다

> 너희가 주의 잔과 귀신의 잔을 겸하여 마시지 못하고
> 주의 식탁과 귀신의 식탁에 겸하여 참여하지 못하리라
> (고전 10:21)

세상 사람들은 본질상 우상숭배하는 사람들이다. 눈에 보이는 종교로 할 수도 있고(출 20:4-5), 눈에 보이지 않는 세상의 탐심을 좇으며 할 수도 있다(골 3:5). 하지만 하나님은 신자의 어떠한 우상숭배도 철저히 금지하신다(출 20:3). 그럼에도 교회에 다니며 신자라고 하는 사람들 중에는 하나님과 겸하여 우상을 섬기는 사람들이 많다.

어머니가 단골로 다니며 친구 사이가 된 동네 미용원 원장님이 있었다. 한번은 어머니가 미용원에서 머리를 감고 있는데 의자 아래에 있는 소금단지를 우연히 발견하게 되었다. 어머니는

이것을 금방 알아채고는 소스라치게 놀라셨다. 우상숭배의 선봉에서 적극적으로 이끌던 분이라 어떤 것이 우상숭배인지 너무도 잘 알고 있었다.

"교회 다니면서 이게 뭐야?"

"스님이 소금단지 해놓으면 손님 많이 온다고 해서…."

"그래서 손님 많이 왔어?"

"그건 아닌 것 같은데…."

"이거 다 귀신 바가지야. 무슨 일이 생기면 내가 책임질 테니 나 보는 앞에서 당장 치워. 손님 안 오면 내가 책임질 테니 빨리 치워버려."

어머니가 하도 강하게 말하니 원장님도 어머니의 말대로 즉시 소금단지를 치워버렸다. 친한 친구여서이기도 했지만, 어머니는 우상숭배와 귀신을 섬기는 것의 비참함을 너무도 잘 알기에 안타까운 마음에 강하게 말씀하신 것이다. 무엇보다 교회 집사인데도 하나님이 가증스럽게 여기는 우상을 가져다 놓았으니 더욱 그랬던 것이다.

어떤 교인들은 교회 다니면서도 나에게 유익이 된다면 우상숭배여도 상관없이 함께 섬긴다. 재수 좋으라고 집 안이나 가게에, 새로 산 자동차에 명주실로 묶은 명태를 놔두는가 하면, 좋은 기가 나온다며 거실에 산신인 호랑이 그림이나 달마도 그림을 걸어놓는다. 오래된 경험에서 축적된 과학이라며 궁합과 관상도 아무 거리낌 없이 본다. 예수님을 믿는다면서 우상을 통해 복을 비는 것은 하나님 앞에서 대놓고 우상숭배하는 것이다. 이런 모든 것은 하나님이 용납하지 않으시고 가증스럽게 여기시는 것들이다. 인간의 생사화복은 하나님만이 주관하신다. 그런데 귀신들도 하나님을 흉내 내서 자신들도 길흉화복을 주관하는 것처럼 거짓과 속임수로 사람들을 현혹시키는 것이다. 그러기에 사도 바울은 참된 신자는 예수님과 겸하여 귀신을 섬길 수 없다고 말한다.

> 너희가 주의 잔과 귀신의 잔을 겸하여 마시지 못하고 주의 식탁과 귀신의 식탁에 겸하여 참여하지 못하리라(고전 10:21).

참된 신자는 주의 만찬에 참여하며 주님과의 신비한 연합을 이룬 자들이다. 이 연합에서 분리되거나 다른 것과 연합될 수도 없다. 그러기에 참된 신자는 어떠한 경우에도 우상숭배에 참여할 수 없다. 우상은 헛것이며 그 배후에서 역사하는 귀신이 현혹시키는 것이다. 우상숭배는 곧 영적으로 귀신과 교제하는 것이다. 신자라고 하면서 우상숭배에 참여한다면 스스로 신자라고 착각하지만 참된 신자는 아니다. 주의 잔과 귀신의 잔을 겸하여 마실 수 없기 때문이다.

교회 다니면서 우상숭배하는 자들 외에 무속신앙이 여전히 남아 있는 사람도 더러 있다. 어머니는 감각이 예민하여 신기 있는 사람들은 눈을 보면 금방 아는데 몇몇 교인의 눈이 반짝반짝

빛난다고 했다. 신기가 많은 사람은 눈이 여물었다고 한다. 나도 수많은 무당을 만나봤지만 반짝반짝 빛나는 눈이 어떤 눈인지 잘 모른다. 어머니께 그런 분들을 위해 더 많이 기도하시라고 당부했다. 그러면서 다른 사람에게 말하지 말라고 부탁드렸다. 어머니가 마치 어떤 특별한 은사를 받은 사람인 것처럼 누군가를 판단하는 것을 원하지 않아서였다. 신기 있는 사람은 체험 신앙이 강해서 다른 사람의 조언이나 권면을 귀담아 듣지 않는다. 하지만 이런 사람들도 그리스도를 인격적으로 영접하면 불건전한 체험 신앙은 자연히 사라지게 된다.

교회 다니면서 여전히 우상을 섬기러 다닌다면 교회에 덕이 되지 않을 뿐더러 전도의 문도 닫게 만든다. 어머니의 신체험 외에 어머니를 전도할 때 가장 방해가 되었던 것은 교회 다니면서 점 보러 오는 손님들이었다. 어머니는 나와 갈등이 생기고 다툼을 겪을 때마다 "삶이 답답하거나 일이 잘 풀리지 않으면 교회 다녀도 점 보러 잘만 오더만!"이란 말씀을 자주 하셨다. 처음에는 거짓말이거나 마귀의 영이 시켜서 그렇게 말하는 줄로만 알았는데 어머니가 예수님을 믿은 이후 함께 무속인 전도를 10여 년 가까이 해오니 그것이 사실임을 많이 목격했다.

어머니의 점 손님 중에는 네 명 중 한 명 정도는 교회 다니는 사람들이었다. 그들 중에는 권사나 집사 직분을 가진 사람도 있고 모태신앙인도 있었다. 무속인 전도하면서도 비슷하게 점 손님의 20-30퍼센트는 교회에 다니는 사람들이라고 들었다. 그들은 교회에 다니면서 점뿐만 아니라 궁합과 관상을 보고, 묏자리에 관련된 풍수 사상을 믿거나 연초에 신년 운수를 보기도 한다. 그러나 그런 것들은 하나님께서 가증하게 여기는 것들이고 마귀 역사하는 통로일 뿐이다. 결국 영적인 영향력을 받아서 얽매이게 되고 이끌려가게 된다. 그들은 실상 하나님과 무속신앙을 함께 믿는 혼합 신앙을 가지고 있는 것이다. 교회에 다니면서 자신에게 유익하다고 여겨지면 우상숭배라도 하는 것이다. 영적 분별력이 없어서 제대로 인식하지 못하며 받아들이는 것일 수도 있지만, 그렇다 하더라도 악한 영들의 영향력과 지배력에서 벗어나는 것은 결코 아니다.

내 경험상 신을 받아서 인생의 길흉화복을 점치는 무속인 가운데 그 길을 피하기 위해 교회를 다녀봤다는 사람이 60-70퍼센트에 이른다. 그들은 신병을 치료하기 위해 병원에서 진단을 받기도 하는데 뚜렷한 병명이 나오지 않는다. 신병 치료를 위해 산 기도를 해보지만 증상이 더 심해지는 사람도 있다. 눌림굿으로 신을 잠시 눌러 보지만 시간과 재산만 탕진하지 결국 낫지 않는다. 그러다 마지막으로 가본다는 곳이 교회다. 예수 신이 무속의 신보다 더 세다는 이야기를 들었기 때문이다. 하지만 교회 다니면서 예수 그리스도를 인격적으로 만나지 못하면 신병 문제를 풀지 못하고 나중에 무속인이 되거나 아니면 혼합 신앙으로 흐르게 된다. 신병 때문에 교회에 오래 다녔지만 해결받지 못한 어떤 무당은 큰 무당이 되기 위해서는 교회도 다녀봐야 한다고 객기를 부리기도 했다. 그래야만 교회 다니면서 오는 손님의 점사를 잘 볼 수 있다는 것이다.

그렇다면 현재 우리나라에 무속인 수는 얼마나 될까? 인간의 길흉화복에 대한 점을 치는 직업을 가진 모든 사람을 헤아려본다면 100만 명 정도로 추정된다. 무속인의 대표적 단체인 대한경신연합회의 등록 회원이 30만 명 정도이고 등록하지 않은 무속인까지 포함하면 40만 명 정도로 추정된다. 역술인의 대표적인 단체인 한국역술인협회의 회원도 40만 명 정도로 추정된다. 여기에 풍수지리가, 관상가, 토정비결과 손금을 보는 사람들, 타로점과 별자리점 보는 사람들까지 포함하면 대략 100만 명이 된다. 2013년에 공주대학교 대학원 동양학과 교수 류래웅도 무속인을 100만 명 정도로 추정했고, 2015년에 '무속을 사랑하는 모임'이란 단체에서는 재경부의 통계라며 보다 구체적으로 무속인 수를 98만 명이라고 주장했다. 이단을 연구하는 기독교 단체인 현대종교에서 1997년에 전국의 무속인 수를 40만 명으로 조사했으니 20년 가까이 흐르는 동안 무속인이 60만 명이나 늘어난 것이다. 점치는 것을 직업으로 하는 무속인 한 명에게 40-50명의 단골 신도가 있다. 이들이 여러 점집을 돌아다닌다 하더라도 무속인의 영향력은 지대한 것이다. 역술인을 전문적으로 양성하는 역술학원들도 성행하여 일정 기간 교육을 받으면 자격증을 수여한다. 이처럼 무분별한 내림굿과 전문기관들 때문에 앞으로 무속인은 점점 더 늘어날 것으로 예상된다.

무속신앙은 오랜 역사를 내려오면서 전통문화의 밑바닥 정서를 이룬다. 그리고 민간 신앙으로 전수되어 내려온 것이기에 교회 안에도 적지 않은 영향력을 미쳐온 것이 사실이다. 어머니를 전도하고 수많은 무속인을 만나면서 교회 안에 무속신앙의 영향력이 어떤 것들인지 연구하게 되었다. 현세의 물질적인 축복만을 바라는 기복 신앙, 소원 성취를 위해 정성을 다해야 한다는 치성 신앙, 말씀 없이 이적과 기사만을 추구하고 신비적 체험을 강조하는 불건전한 체험 신앙 등이 있었다. 이러한 신앙 형태의 심각성은 자기중심성에 있다. 요즈음 우상숭배는 겉으로 우상이 드러나지 않을 뿐더러 마치 하나님을 섬기는 것처럼 보이는 것이 문제다. 우상숭배의 근본은 자기 자신을 위하는 것이고(출 20:4; 신 5:8), 자기 자신을 섬기는 것이다(롬 16:18; 빌 3:19). 참된 신자는 두 주인을 겸하여 섬길 수 없다. 이미 그리스도의 몸과 그리스도의 피에 참여한 사람이기 때문이다(고전 10:16).

chapter 26

신자에게도 영적인 시달림이 있는가?

마침 그들의 회당에 더러운 귀신 들린 사람이 있어 소리 질러 이르되
나사렛 예수여 우리가 당신과 무슨 상관이 있나이까 우리를 멸하러 왔나이까
나는 당신이 누구인 줄 아노니 하나님의 거룩한 자니이다
(막 1:23-24)

 예수님을 영접하고 신자가 되셨음에도 어머니가 무당이었을 때 지녔던 영적인 체험과 능력이 한번에 사라진 것은 아니었다. 예수님을 믿은 즉시 사라진 것도 있고, 믿음의 선한 싸움을 통해 서서히 사라진 것도 있었다. 그러나 어머니께 여전히 남아 있었던 영적인 체험과 악한 영들의 괴롭힘에 대한 나의 확고한 믿음이 있었다. 악한 영이 참된 신자의 마음속에 들어올 수 없다는 것이었다.
 신자인 어머니께 나타났던 여러 영적인 체험과 시달림은 마

음 밖에서 마귀의 역사로 일어나는 것으로 보았다. 이제는 하나님의 자녀가 되었으니 악한 영들의 공격이 있을 때마다 예수님의 이름으로 의지를 가지고 대적하시라고 어머니께 말씀드렸다. 이런 믿음 가운데 신자가 되고도 지속되었던 영적인 체험과 시달림은 완전히 사라지게 되었다.

어머니처럼 우상숭배 가운데 귀신에게 사로잡혀서 점을 보는 무당이 되는 경우가 아니더라도 다양한 원인으로 귀신이 들리거나 귀신에게 시달리는 사람들이 있다. 이런 현상은 대부분 겉으로 드러나지 않고, 드러나도 당사자가 인식하지 못하거나 인정하지 않는 경우도 있다. 그러다가 시간이 지나면서 일상생활이 어려울 정도로 증상이 심각해지면 인식하고 인정하는 경우가 대부분이다. 무당이든 귀신 들린 사람이든 귀신 들림의 원인이 반드시 있고, 귀신 들리기까지 점진적인 교제의 과정과 받아들이는 과정이 있다.

어머니의 간증이 주변 사람들에게 알려지게 되면서 영적으로 도움을 청했던 사람들이 있었다. 때로는 영적인 고통과 시달림을 극복한 사람의 한마디 말이 비슷한 시달림을 당하는 사람들에게 큰 격려와 희망이 된다. 마귀에게 완전히 사로잡혀 섬겼던 무당도 예수님을 믿고 해방과 자유를 얻었는데, 귀신에게 시달리며 영적인 고통을 겪고 있는 어떠한 사람일지라도 예수님을 믿고 의지하면 그 고통에서 벗어날 수 있다고 격려할 수 있었다.

어머니와 함께 처음으로 교회에 다니며 영적인 시달림 때문에 신앙적 도움을 주기 위해 만난 사람은 어떤 병사였다. 어머니가 섬기던 교회의 목사님은 인천시 송내역 뒤에 있는 육군 부대의 교회에 정기적으로 방문하여 성경 공부를 인도하셨는데, 어느 날 그 부대 교회의 군종병에게서 정신질환과 귀신이 보인다고 호소하는 병사가 있다며 도와달라는 연락이 왔다고 한다. 목사님은 어머니의 간증이 도움이 될까 하여 믿음이 좋은 성도들과 주일 오후에 그 부대 교회를 방문했다.

그곳에서 군종병에게 그 병사가 영적 시달림을 얻게 된 배경 이야기를 듣게 되었다. 그 청년은 전주에서 고등학교 다닐 때 뛰어난 트럼펫 연주 실력으로 어린 나이인데도 레슨을 하며 과외를 할 정도였다. 주변 사람들은 모두 이 청년의 실력이면 서울대는 당연히 들어갈 거라며 칭찬해주었고, 그 청년도 무난히 합격하리라 예상하고 있었는데 결과는 낙방이었다. 극심한 좌절감과 실의에 빠져 집에서 누워만 지냈는데, 어느 날 시꺼먼 형체가 앞에 나타나더니 "네가 나를 받아주면 너에게 모든 쾌락을 주겠다"고 했다고 한다. 무기력했던 이 청년은 삶의 돌파구를 얻기 위해 그 제안을 받아들였다. 그날 이후로 나이트클럽과 술집만 쏘다니다 일찍 군에 입대했다. 취사병으로 근무하게 되었는데, 하루는 선임하사가 실수한 이 병사를 심하게 나무랐다. 그때 분노가 치밀어 오르면서 갑자기 마음속에서 '야! 저 새끼 죽여 버려'라는 소리를 들었다고 한다. 그 말을 듣고 취사장의 칼을 잡앉는데 '내가 왜 이러지. 사람을 죽이면 안 되는데'라는 생각이 들면서 참는 와중에 칼자루를 얼마나 세게 잡았던지 손바닥에 피멍이 맺힐 정도였다. 그러면서 군종병이 근무하는 의무대로 달려가 자기 좀 살려달라고 했다는 것이다.

부대 교회의 장의자에 앉아서 기다리는데, 동료들이 이 청년을 데리고 들어오려는 순간 그 청년이 양손으로 문짝을 잡고 들어오지 않으려 했다. 동료들이 목사님들이 도와주러 왔으니까 괜찮다며 안으로 들여보냈다. 조금 전까지만 해도 살려달라고 했는데 그새 마음이 바뀐 것이다. 잠시 후 십자가 보혈에 관한 찬양을 부르자 이 청년이 변하기 시작했다. 낯빛이 창백해지면서 눈동자가 뒤집혀 거의 흰자만 보였고, 몸을 뒤틀면서 뻣뻣해지더니 온몸이 차가워졌다. 갑자기 목소리가 음산하게 변하여 나오기 시작했다. 주위를 두리번거리더니 눈이 마주친 한 사모님을 바라보며 "나는 너의 과거를 다 알고 있다. 흐흐흐"라고 했다. 마귀의 말에 귀 기울일 필요도 없고 무시하면 되는데 갑작스런 말에 당황한 사모님은 순간적으로 마귀가 자신의 과거를 읽은 것처럼 받아들여 자리를 피했다. 한 목사님이 귀신에게 말을 건넸다.

"너 누구야?"

"나 바알이다."

"거기 왜 들어갔어?"

"얘가 원해서 들어갔어."

"나사렛 예수의 이름으로 명하니 이 더러운 마귀야 거기에서 나와라."

"내가 왜 나가. 얘가 좋다는데."

큰 소리로 외치며 반항했다. 다시 속죄에 관한 찬송가를 부르고 있는데 이 청년이 잠들어버렸다. 흔들어도 깨어나지 않고 한참 시간이 흘렀다. 다시 깨어났는데 눈도 풀리고 이전의 순순한 청년의 모습이었다. 마귀가 한 이야기는 기억하지 못했지만 부대 교회에 들어온 것까지는 기억이 난다고 했다. 지금은 몸도 안 좋고 정신이 없으니 다음에 봤으면 좋겠다고 해서 다음 주에 다시 만나기로 했다. 그런데 이것이 처음이자 마지막 만남이었다.

다음 주에 군종병이 그 청년의 소식을 전해왔다. 그동안 군생활을 힘들어 하고 있었는데 그의 마음속에 있는 마귀가 의가사제대를 시켜준다고 했다는 것이다. 그리고 그 주에 그 청년은 정신병으로 국군수도병원으로 이송됐다. 부대 교회를 다녔고 군종병에게 살려달라고도 했지만 결국 의지적으로 다시 마귀의 유혹을 붙들었다. 제대를 하고 싶었던 것이다.

예수 그리스도의 이름으로 명령하면 마귀와 귀신의 권세는 단박에 꺾인다. 하지만 의지적으로 마귀를 붙들고 있는 자들에게 아무리 예수님의 이름으로 떠나라고 외쳐도 마귀는 꿈쩍도 하지 않는다. 예수님의 이름에 권세가 없거나 외치는 자의 믿음이 없어서가 아니라 당사자가 마음으로 마귀를 붙잡고 있기 때문이다. 인격적으로 귀신을 받아들인 무속인의 경우에도 예수님의 이름으로 아무리 마귀야 물러가라고 외치고 명령해도 마귀는 절대로 추방되지 않는다.

어머니와 나는 그 청년을 위해 기도만 해주고 왔는데 무속인이 아닌 사람이 귀신 들려서 인격이 변화되는 모습을 본 것은 처음이었다. 그 청년의 귀신 들림과 무당의 신내림은 귀신을 받아들였다는 점은 같지만, 받아들인 동기와 발현되었을 때의 행동은 완전히 달랐다. 그 청년은 귀신 들림이 발현되었을 때 의식이 없었고 당시의 일을 기억하지 못했다. 하지만 무당은 접신 상태의 황홀경(ecstasy)에서나 점을 보기 위해 접신되었을 때 의식이 또렷해서 그때의 일을 생생히 기억한다.

귀신 들림 현상도 다양한데 신자들 중에도 귀신에게 괴롭힘이나 시달림을 당하는 사람들이 있다. 제물포에 있는 교회에서 청년부 사역할 때 한 청년이 경험했던 일이다. 당시 나는 용현동의 무당집에 전도하러 다녔는데, 관심 있는 청년들이 따라다니곤 했다. 부모님이 신실한 장로님과 권사님인 S군은 교회에서 피아노 반주를 하던 성실한 청년이었다. 이 청년이 귀신이 보이고 영적으로 시달리며 괴로워해 나에게 조심스럽게 상담을 청했다. 자기 방에 들어가면 귀신이 앉아서 자신을 기다리고 있고, 잠을 자면서 뒤척이다 눈을 뜨면 바로 앞에 귀신이 자신을 쳐다보고 있다는 것이었다. 그래서 방에 들어가기가 무섭다고 했다. 나와 함께 무속인 전도에 따라다녔던 K 청년이 이 친구에게 있었던 지난날의 이야기를 들려주었다.

어느 해 여름 중고등부 수련회에서 마지막 날 교사로 갔던 A 청년에게 귀신이 들리는 사건이 벌어졌다. A 청년을 위해 교회 목사님, 사모님, 권사님들이 찬송가를 부르고 기도도 하며 귀신 추방을 위해 노력하고 있었다. 그때 A 청년이 다른 인격체의 목소리로 "내가 얘한테서 나가면 S 청년에게로 들어갈 거야"라고 말했다고 한다. 그리고 몇 달 뒤 S 청년에게 귀신이 보이기 시작한 것이었다. 그 후 A 청년은 정신과에서 치료받고 정기적으로 조울증 약을 복용하며 많이 회복되었지만 S 청년이 귀신이 보여서 힘들어하고 있던 것이었다.

이 청년과 상담해보니, 그는 귀신이 보이는 것 외에 다른 증상에 대해선 더 이상 말하지 않았다. 어떤 계기로 귀신이 보이기 시작했는지 물어보았지만 머뭇거리며 대답하지 못했다. 급격한 심경 변화나 환경 변화가 있었냐고 물어보았지만 마찬가지였다. 더 이상 대답을 요구하지 않고, "귀신이 보이는 것은 네가 마음속에 귀신이 역사할 수 있는 통로를 만들어주었기 때문"이라고 설명했다. 우선 마음속에 귀신이 역사하는 통로에 대해 철저히 회개할 것을 당부했다. 그리고 하나님의 자녀로서 예수님의 이름으로 귀신을 대적하고 승리의 확신을 심어주려고 질문했다.

"예수님을 너의 구주라고 마음으로 믿어?"

"잘 모르겠는데요."

예수님께서 부활하셔서 죄와 사망의 권세인 사탄의 권세를 이기셨다는 것을 알려주고 싶었다. 그런데 자신은 어려서부터 교회에 오래 다녔지만 구원의 확신은 없는 것 같다고 대답했다. 예수님이 누구신지 그동안 들은 지식이 있어서 입으로는 대답할 수 있지만 마음에 와 닿지는 않는다고 했다. 이 친구는 자신의 영적인 시달림을 인식하고 있었고 그 고통에서 벗어나고 싶어서 의지적으로 결단하여 도움을 받고자 찾아온 것이었다. 예수 그리스도의 복음을 이해하고 마음으로 받아들인다면 복음의 능력으로 귀신의 시달림을 극복할 수 있다. 그리스도의 복음을 설명하기 위해 사도행전 8장 4-8절을 함께 읽고 내용을 설명해주었다.

> 무리가 빌립의 말도 듣고 행하는 표적도 보고 한마음으로 그가 하는 말을 따르더라 많은 사람에게 붙었던 더러운 귀신들이 크게 소리를 지르며 나가고 또 많은 중풍병자와 못 걷는 사람이 나으니 (행 8:6-7).

빌립이 사마리아 성에서 그리스도를 전파했을 때 일어난 일이다. 많은 사람에게서 귀신들이 쫓겨나고 많은 병자들이 낫게 되었다. 이러한 일들이 일어나는데 사마리아 성 사람들이 한 일은 그리스도를 한마음으로 믿고 따른 것뿐이었다. 이 본문을 설명한 다음, 복음을 전하고 예수 그리스도를 영접할 수 있도록 요청했다. 이 청년은 예수님을 영접했고 이후 나와 계속 성경 공부를 하면서 영적인 시달림은 사라졌다. 이처럼 교회 안에서 귀신 들림 문제나 영적으로 시달리는 문제는 얼마든지 일어날 수 있다.

교회에 열심히 다니고 신실한 신자로 보여도 영적으로 시달리는 사람들도 있다. 산본에서 사역하고 있을 때, 어머니의 전도 간증을 들은 A 집사님이 영적으로 너무 시달려서 괴롭다며 나를 찾아온 적이 있었다. 이 집사님은 전도폭발훈련을 받았고 교회의 전도 모임에서 열심히 활동하던 분이다. 어느 날 갑자기 몸이 아프면서 환시와 환청이 생기기 시작하더니 감정의 기복이 심해져서 조울증도 나타났다. 쉽게 짜증이 나고 모든 일이 귀찮아지면서 때로 자살 충동까지 느낀다고 했다. 신병의 일부분이었다. 이런 증상으로 무속인을 찾아가면 내림굿을 받으라는 점괘를 듣게 된다. 신자이지만 귀신에게 영적으로 시달리는 것으로 보였다.

집사님은 고통이 심해지면서 거의 매일 밤마다 어떤 때는 집을 비우면서까지 대형 교회의 은사 집회나 기도원을 찾아다녔다. 문제를 해결하려고 노력했지만 차도가 없었다고 했다. 이 집사님은 능력 있는 목사님에게 안수 기도를 받으면 자신의 영적인 문제가 해결되리라고 믿고 있었다. 나는 집사님에게 안수 기도를 받는 것도 중요하지만 며칠씩 가정을 돌보지 않고 아내와 엄마의 역할을 소홀히 하는 것은 하나님의 뜻이 아닌 것 같다고 했다. 집사님보다 더 큰 영적인 시달림을 당했던 어머니도 예수님을 믿고 모든 영적인 어려움들을 이겨냈다고 권면했다. 어머니의 간증을 나누었더니 위로와 용기가 생긴다며 직접 만나보고 싶다고 했다. 어머니와 대화하면서 집사님은 속마음을 하나씩 꺼내기 시작했다. 제사를 지내는 불신자 가정인 데다가 어려서 계모 밑에서 자라 구박을 많이 받았고, 공부를 잘했는데 계모 탓에 고등학교 밖에 못나왔다며 하소연했다.

예수님을 믿음에도 지난날의 우상숭배와 과거의 깊은 상처를 여전히 극복하지 못하고 있었다. 이야기를 듣는데 미움과 원망과 분노가 가득하다는 것이 느껴졌다. 너무도 남 탓을 많이 했다. 지금 당하는 고통이 모두 다른 사람 탓이라는 것이었다. 인생의 주체가 자신이 아니라 주변 사람들과 환경이었다. 영적인 문제의 해결도 영적인 능력이 있는 사람의 도움으로 된다고 생각했다. 전도 훈련을 받고 열심히 전도하고 교회에서 봉사하는 것도 남의 시선을 많이 의식했던 것으로 보였다. 나는 집사님에게 인생의 주체가 집사님임을 강조하고 집사님의 믿음으로 영적인 시달림도 이겨낼 수 있다고 격려했다. 지나간 과거나 상처 주었던 사람들을 마음에 담아두지 말고, 이미 예수님 안에서 거듭났음을 믿고 예수님의 이름을 의지하며 영적인 싸움에서 승리하라고 권면했다.

그런즉 누구든지 그리스도 안에 있으면 새로운 피조물이라 이전

것은 지나갔으니 보라 새것이 되었도다(고후 5:17).

예수님을 믿으면 과거의 아픔과 상처는 다 지나간 것들이다. 이제는 새로운 마음으로 앞날을 생각해야 하는데 집사님의 마음은 여전히 과거에 붙들려 있었다. 이 때문에 피해의식을 갖게 되고 원망과 불평도 하게 되어 인간관계도 힘들어졌다. 주변 사람들은 집사님을 피하게 되고 결국 외롭고 고립된 삶으로 치달았다. 집사님의 말을 끝까지 듣고 있던 어머니가 격려해주셨다.

"내가 당한 거에 비하면 그건 아무것도 아니에요. 예수님을 믿으면 다 극복할 수 있어요. 자꾸 과거 생각하지 말고 예수님 생각하면서 이겨나가세요. 본인만 생각하지 말고 남편과 자식들도 생각해야죠."

집사님은 어머니가 다니는 교회로 옮기게 되었고, 나와는 6개월 정도 성경 공부를 하면서 영적인 시달림을 많이 극복했다. 정신과 치료도 정기적으로 받았다. 자살 충동과 환시와 환청은 거의 사라졌으며, 신앙생활은 다니는 교회 중심으로 하게 되었고, 가정도 돌보게 되었다. 차츰 신앙이 성숙해지는 가운데 교회 봉사도 성실히 하면서 극복되어가고 있다.

교회에서 성실하게 신앙생활 하는 가운데 영적인 고통과 시달림으로 고생하던 집사님을 도운 적도 있다. 내가 담당하던 교구의 B 집사님이 저녁 시간에 다급한 전화로 "목사님, 죽겠어요.

도와주세요"라며 연락이 왔다. 알 수 없는 형체가 숨을 못 쉬도록 가슴을 짓누르고 어떤 때는 머리끄덩이를 잡아당긴다고 했다. 도저히 죽을 것 같아서 연락했다는 것이다. 일상생활에서는 자주 삶의 의욕을 상실하기도 하고 머리가 멍해지기도 하는데, 이런 일이 자주 반복되면 자살충동을 느낀다고 했다. 영적인 시달림에서 벗어나기 위해 새벽기도회 때마다 방언 기도를 2시간 넘게 했는데도 불안하여 다른 교회의 기도 모임에도 찾아가서 기도한다고 했다. 그래야 마음이 편안해지고 영적인 문제를 해결할 수 있다고 믿고 있었다. 집사님과 상담하면서 집안의 종교적 배경과 마음의 상처를 듣게 되었다. 시골의 전형적인 불신자 가정에서 자란 집사님은 얼마 전에 남동생이 불의의 교통사고로 객사했는데 원인을 모르겠다며 힘들어했다. 무속신앙에서는 사람이 어디서 죽었느냐를 중요하게 여긴다. 객사한 사람의 영혼은 저승에 가지 못하고 이승에서 방황하며 원한이 풀릴 때까지 사람을 괴롭힌다고 생각한다. 그런데 집사님은 남동생의 객사를 언급하면서 그날 이후 영적 시달림이 생겼다고 했다. 이전에 시골에서 어떻게 우상숭배를 했는지 모르겠지만 무속신앙의 잔재가 여전히 남아 있었다.

 집사님과 상담 한 후 집사님은 기도에만 너무 치우쳐 있다는 생각을 지울 수 없었다. 기도도 방언 기도만 하는데, 자신이 무엇을 기도하고 있는지 잘 모르겠다고 했다. 그래서 방언 기도의 유익은 차치하더라도 기도 내용을 의식하며 마음 깊은 곳에서

부터 하나님을 찾고 도움을 청하는 기도를 하라고 했다. 하나님은 인격적인 분이시기 때문에 마음으로부터 집사님의 말로 영적인 시달림을 정확하게 아뢴다면 응답해주신다고 격려했다.

그러나 교회에서 네가 남을 가르치기 위하여 깨달은 마음으로 다섯 마디 말을 하는 것이 일만 마디 방언으로 말하는 것보다 나으니라(고전 14:19).

기도할 때마다 방언 기도와 함께 마음의 기도를 조금씩 늘리는 것이 좋겠다고 권면했는데 받아들였다. 우리의 기도 제목을 구체적으로 아뢸 때 하나님도 구체적으로 응답해주신다. 우리가 구체적으로 기도하지 않으면 구체적으로 무엇이 응답되었는지 알 수 없다. '하나님께서 우리의 필요를 다 알아서 응답해주시겠지' 하는 마음은 인격적인 관계라고 할 수 없다.

집사님에게 기도 생활도 중요하지만 말씀 생활도 균형 있게 할 것을 권면했다. 처음에는 날마다 성경을 읽고 기도하면서 믿음으로 승리하는 것처럼 보였는데 어느 날 저녁에 다시 연락이 와서는 너무 영적으로 시달리고 고통스럽다며 죽을 것 같다고 했다. 상황이 심각한 것 같아서 함께 사역하는 여전도사님 두 분과 함께 기도해주기 위해 만났는데 여전히 힘들어했다. 더 심한 영적인 고통을 극복한 어머니의 간증을 들려주었더니 어머니를 직접 만나고 싶다고 해서 부모님 댁에 방문했다. 어머니는 집사님의 영적인 시달림을 듣더니 그것은 내가 경험한 것에 비하면 아무것도 아니라며, 예수님을 믿고 몇 년 동안 악한 영들에게 시달리며 고통당했던 이야기를 들려주셨다. 예수 그리스도의 이름을 붙잡고 어떻게 극복하게 되었는지도 간증하셨다. 집사님은 어머니의 간증이 자신에게 큰 격려와 용기가 되었다고 했다. 어머니는 집사님에게 마지막으로 다음과 같이 간절히 부탁하셨다.

"집사님, 나는 아무것도 모르는 밑바닥에서부터 신앙생활 하며 모든 영적인 시달림을 극복해나갔는데, 집사님은 성경 말씀도 잘 아시고 기도도 열심히 하시니 충분히 이겨내실 수 있을 거예요."

어머니를 만난 이후 집사님의 요청으로 성경 공부를 하게 되었다. 집사님의 영적인 상태에 대하여 상담하고, 미리 준비한 성경 본문을 통해 예수 그리스도의 복음을 전해 구원의 확신을 심어드렸다. 그때마다 지금의 모든 영적인 고통을 믿음과 기도로 극복하면 나중에 집사님처럼 고통당하는 사람들을 돕는 데 하나님께 귀하게 쓰임받을 거라고 늘 격려했다. 집사님이 예수님의 이름으로 마귀를 대적하면서 영적인 시달림은 사라졌고, 기도와 말씀으로 건강하게 신앙생활을 하면서 육체의 건강도 회복하게 되었다. 이런 분들은 하나님의 은혜를 체험하면 그 은혜의 깊이만큼 열심히 교회 봉사를 하는데, 나중에 집사님도 권사 직분으로 교회를 충성스럽게 섬기게 되었다.

이처럼 교회 안에도 영적인 문제로 고통당하며 시달리는 사람들이 많았는데, 그때마다 어머니를 전도하고 영적으로 돌보았던 경험으로 그들을 위로하고 격려해줄 수 있었다.

chapter 27
-
나 같은 사람 있으면 발 벗고 도와줘라

> 하나님이 나사렛 예수에게 성령과 능력을 기름 붓듯 하셨으매
> 그가 두루 다니시며 선한 일을 행하시고 마귀에게 눌린 모든 사람을 고치셨으니
> 이는 하나님이 함께 하셨음이라
> (행 10:38)

　어머니를 전도하고 영적으로 돌보면서 가장 중요하게 느낀 것은 복음에 대한 깊은 이해와 영적 분별을 위한 성경 지식이었다. 이러한 생각은 무속인을 만나면 만날수록 더욱 확고해졌다. 어머니를 전도한 이듬해 신학대학원에 진학하면서 어머니를 더 잘 돌보고 무속인을 효과적으로 전도하기 위해 목회상담학에 관심을 갖기 시작했다. 영적 전쟁이나 치유 사역에 관한 책을 찾아 읽었고, '귀신 들림과 정신질환 세미나' 같은 곳에도 참석했다. 다. 아울러 무속인들을 만나면서 무속신앙과 신병에 대한 많은

이야기와 영적인 체험을 들었다. 무속 관련 책을 읽으며 무당과 무속신앙도 공부했다. 이렇게 한 것은 무엇보다 어머니 같은 사람 있으면 발 벗고 도와주기 위함이었다.

그런데 어머니의 신앙을 돌보고 무속인을 만나 신병과 영적 체험에 관해 들으면 들을수록 종교적 체험들이 비슷하다는 것을 알게 되었다. 성경적인 영적 분별의 기준이 없으면 불건전한 신앙생활이나 혼합 신앙이 될 수 있겠다는 생각이 들었다. 귀신을 쫓는 사역도 대부분 성경 중심이기보다는 경험 중심으로 행해지고 있다는 것도 알게 되었다. 그래서 어머니와 무속인 전도 경험을 토대로 〈무당 치유에 대한 성경적 고찰〉이란 졸업논문도 쓰게 되었다.

무속인을 전도하고 영적으로 시달리는 사람을 돕기 위해서는 철저히 복음과 성경 중심이어야 한다. 무당이나 귀신 들린 자가 귀신을 쫓는 유일하고 궁극적인 방법은 예수 그리스도를 인격적으로 영접하는 것뿐이다. 귀신이 쫓겨나갔는지 확인하는 확실한 방법은 예수 그리스도를 나의 주님이라고 고백하는 것이다. 다양한 영적 체험 가운데 최고의 영적 분별 방법은 예수 그리스도에 대한 올바른 신앙고백이다. 귀신에게 시달릴 때 대적하는 방법도 예수 그리스도의 이름으로 명령하는 것이고, 주변 사람의 귀신을 쫓는 데 도와주는 방법도 예수 그리스도를 통해서뿐이다.

무속인을 전도할 수 있는 사람은 참된 그리스도인이면 충분한 자격이 있다. 내가 그랬다. 예수 그리스도의 십자가의 사랑을 깊이 경험하고 예수님의 마음인 불쌍히 여기는 마음을 지니고 있다면 누구나 가능하다. 무속인 전도는 전문사역팀만으로는 감당하기 어렵다. 무속인 전도는 영혼 구원까지 오랜 시간이 걸리고 구원받은 후에도 건강한 신앙으로 성장하기까지 오랜 시간이 걸린다. 무속인은 전도한 것으로 끝나는 것이 아니라 지속적인 영적 돌봄이 필요하다. 오랫동안 한 영혼을 사랑하고 지속적으로 돌볼 수 있는 사람은 가족밖에 없고 그다음이 친척이나 가까운 지인이다. 사역팀은 효과적일 수는 있지만 오래 지속하기 쉽지 않고, 열매 없음에 지칠 수도 있다. 그래서 무속인 전도를 위해 기도하는 사람을 도와서 협력 사역을 하는 것은 큰 힘이 된다. 그리스도인 누구라도 일반 불신자를 전도하듯이 무속인도 전도할 수 있기를 소망한다. 무속인 뿐만 아니라 무속신앙의 영향을 받아 영적으로 시달리는 사람들이 우리 주변에 흔하기 때문이다.

사람들이 숨기고 싶어 하고 다른 사람들에게 잘 알리려 하지 않는 것이 신기와 신병이다. 이는 영적인 일이라 잘 드러나지 않고 드러난다 할지라도 잘 인정하지 않는다. 대부분 무당을 찾아가서 확인받는다. 신기와 신병의 증상이 겹치기도 하고, 신기가 많아지면 또 신병이 된다. 신병의 징후들이 있을 때 쉽게 신을 받아들이는 사람들도 있는가 하면 오랜 시간이 걸려서 받아들이는 사람들도 있고 끝까지 받아들이지 않는 사람들도 있다.

신병을 인정하고 받아들이는 것과 상관없이 대부분의 사람들은 숨기려고 한다. 그리고 그 신병이 악화되면 그것을 해결하기 위해 무당에게 점을 보러 가거나 교회에 다녀보기도 한다.

무속인보다는 신기나 신병을 앓고 있는 사람들이 훨씬 많을 것으로 추정된다. 특히 무당이 되기 전에 상당수가 영적인 문제를 해결하기 위해 이것저것 해보다 안 돼서 교회에도 다닌 사람들의 비율이 꽤 높았다. 상기숙의 〈한국무점의 실태 연구(경희대학교대학원 석사논문)〉에 따르면, 그가 만난 13명 가운데 4명이 기독교인이었다고 한다. 현대종교의 박종복이 점치는 사람들의 종교를 조사해보니 기독교인이 35퍼센트, 천주교인이 21.9퍼센트였다고 한다. 그리고 어머니께 확인하고 내가 직접 만난 무당들의 말에 의하면 4명 중 1명꼴로 기독교인이었다. 신기가 있거나 신병을 앓으며 교회에 다니는 사람들이 적지 않다는 것을 알 수 있다. 신기나 신병을 앓는 사람들은 신체와 정신과 일상생활에 징후들이 나타난다. 어머니를 오랜 세월 지켜보고 무당들을 전도하면서 들은 신기와 신병의 징후 가운데 대표적인 것들을 소개하면 다음과 같다.

1. 신체에 나타나는 징후
① 몸이 땅에 붙는 것처럼 옴짝달싹 못하게 되어 드러누워 있게 된다.
② 온몸과 뼈 마디마디가 쑤시고 까닭 없이 시름시름 앓는다.

③ 생선과 고기를 먹지 못하고 식욕이 없어진다.
④ 보름이고 한 달이고 물만 마시고 아무것도 먹지 않아도 죽지 않는다.
⑤ 만사가 귀찮고 짜증이 잦으며 아무것도 아닌 일에 시비를 건다.
⑥ 불면증이 심해지고 수면제를 먹어도 잠을 못 잔다.
⑦ 꿈이 많아지고 꿈에서 죽은 조상이나 산신 할아버지를 만나게 된다.
⑧ 꿈의 내용이 선명하고, 현실에서 그대로 이루지는 경험을 한다.
⑨ 혼잣말을 하거나, 눈에 보이지 않는 누군가와 대화를 하거나, 환시와 환청에 시달린다.
⑩ 병원에 가면 정확한 병명이 안 나오고 신경증이나 정신질환 정도로 치부된다.

2. 정신 상태에 나타나는 징후
① 마음이 자기 마음이 아니고 붕 떠서 갈피를 잡지 못한다.
② 감정의 기복이 심하여 버럭 화를 내기도 하고, 갑자기 슬픔에 잠겨 와락 눈물을 쏟기도 한다.
③ 인생의 재미가 없고, 자주 무기력증에 빠지며, 삶의 의욕을 상실한다.
④ 그릇된 감정에 휩싸여 원망과 불평을 하게 되고 신경이

예민해진다.
⑤ 삶의 비통함을 느끼거나 노이로제를 경험한다.
⑥ 불안과 초조 때문에 어떤 중독에 빠지기도 한다.
⑦ 감정을 통제하지 못하는 조울증을 앓는다.
⑧ 과대망상증이나 피해망상증 같은 정신질환이 생긴다.
⑨ 고집이 엄청 세지고 다른 사람의 말을 듣지 않는다.
⑩ 편두통이 심하고 머리가 무겁거나 텅빈 듯하여 멍하니 있을 때가 많다.

3. 일상생활에 나타나는 징후
① 아무것도 아닌 일로 가족 간에 싸움이 벌어지고 의리와 기분이 상하는 일이 벌어진다.
② 주변 사람들 중에 불의의 사고로 한 명씩 죽어나가는 인다리가 생긴다.
③ 잘나가던 사업이 망하거나 안정적인 직장을 잃게 된다.
④ 끊이지 않는 사건사고로 금전적 손실이 많아진다.
⑤ 한 자리에 오래 앉아 있지 못하고 안절부절못하여 싸돌아다닌다.
⑥ 헤매듯 계속 걷거나 정처없이 멍하니 여기저기 돌아다닌다.
⑦ 인간관계가 어려워지면서 친구들이 하나둘씩 떠난다.
⑧ 남편이 바람피우거나 자녀가 탈선하여 속을 썩이는 일이

생긴다.
⑨ 밤에는 가위눌림이 심해지고 낮에는 살아도 산 것 같지 않다는 생각이 자주 든다.
⑩ 외로움과 고독함이 밀려오면서 삶의 희망을 놓는 자살충동을 느낀다.

이런 징후들은 신을 인정하고 인격적으로 받아들이라는 신호다. 부인하고 거부하면 할수록 증상은 더욱 악화된다. 어떤 사람들은 신을 받기 싫어서 자살을 시도하지만 마음대로 죽지도 못한다. 결국 신의 선택이기에 인간이 거부할 수 없다며 신을 인정하고 인격적으로 받아들이는 내림굿을 한다. 하지만 받아들인 신들은 조상이나 위인을 가장한 마귀의 영이고 귀신의 영에 불과하다.

> 이것은 이상한 일이 아니니라 사탄도 자기를 광명의 천사로 가장하나니(고후 11:14).

내림굿을 받을 때 그 신이 마귀의 영이고 귀신의 영이라 한다면 누구도 받지 않으려 할 것이다. 그래서 사탄은 광명의 천사로 가장하여 전통문화에서 인정하는 신명 또는 죽은 조상이라는 이름으로 받아들이게 현혹시키는 것이다. 무당들은 신이 일방적으로 그들의 마음에 들어와 있는 것이 아니다. 신기와 신병이라는 고통을 경험하면서 신의 존재를 인정하고 인격적으로 받아들이는 것이다. 다른 말로, 자신의 유익을 위해 우상숭배하면서 영적인 배후 세력인 귀신과의 교제가 발전하고 깊어지면서 결국 마음으로 받아들인 것이다.

귀신들은 합법적으로 무당 속에 들어왔기 때문에, 무당이 죽기 전까지는 결코 떠나지 않는다. 그러기에 무당이 자신의 의지로 예수 그리스도를 영접하기 전까지는 귀신들은 떠나지 않는다. 예수님을 믿는 것 외에 다른 방법으로 귀신을 쫓는 방법은 없다. 단순히 귀신 들린 경우도 마찬가지다. 안수 기도나 찬양과 예배드리는 것을 통해 귀신이 떠나간 것처럼 보일 때가 있다. 하지만 시간이 지나면 다시 이전 상태로 돌아간다. 귀신이 떠난 척 했던 것이다. 당사자가 자신의 의지로 예수님을 믿기 전까지는 귀신이 완전히 떠난 것이 아니다.

무속인은 신의 의지로 사는 신적인 존재가 결코 아니다. 내림굿으로 신을 받아들여 섬기며 신의 제자로 산다고 하지만, 실제로 무당은 신을 통제한다. 어머니는 "신을 받아도 잘 부려야 한다"라고 자주 말씀하셨고, 양심 있는 무당은 "신을 올바르게 사용해야 한다"라고 말한다. 무당은 삶의 주체인 자신의 의지로 예수님을 영접해서 구원을 받는다. 무속인 전도가 일반 불신자보다 더 어려운 이유는 자신의 의지로 귀신을 받아들여 귀신의 지배 가운데 있기 때문이다.

무당은 자신이 무당이 된 까닭이 신의 선택이고 운명이라고 말한다. 이것은 마귀의 거짓말이다. 또한 무속신앙에서는 인간의 모든 고통과 불행이 귀신이나 조상 탓이라고 말한다. 사주팔자처럼 운명론적으로 말하는 것도 마귀의 속임수다.

하나님은 인간을 자신의 행위에 최종적인 책임을 지는 인격적인 존재로 만드셨다. 다시 말해서, 인간은 도덕적인 책임을 지는 존재다. 아담과 하와가 뱀의 유혹으로 선악을 알게 하는 나무의 열매를 따먹었을 때 아담과 하와의 범죄에 대해 하나님은 뱀이 아닌 아담과 하와를 책망하셨다. 뱀이 유혹하기 전에 이미 아담과 하와의 마음속에 하나님처럼 되려는 욕심이 싹트고 있었다. 이런 마음을 아는 뱀이 아담과 하와를 유혹한 것이다.

이와 마찬가지로, 신기와 신병을 앓고 무당이 되는 배경에는 이전부터 자신의 욕심을 위해 우상숭배하는 가운데 마귀의 유혹에 빠진 인간의 책임이 있다. 마귀는 인간의 마음의 협력 없이는 결코 독단적으로 힘을 발휘할 수 없다. 무당이 된 것은 귀신의 책임이 아니라 철저히 인간의 책임인 것이다. 귀신 들리거나 귀신에게 시달리는 경우도 마찬가지다.

인간은 하나님의 형상을 지닌, 도덕적 책임이 있는 존재다. 무속인도 인간으로서 하나님의 형상을 지니고 있다. 비록 귀신에게 사로잡혀 있지만 그리스도의 복음을 전하면 하나님이 예비한 영혼은 반드시 구원을 받는다. 무속인은 하나님의 구원에서 배제된 사람들이 결코 아니다. 무속인도 예수님을 믿음으로 귀신을 쫓아내고 구원받을 수 있다. 예수님은 이런 사람들을 위해서도 오셨다.

하나님이 나사렛 예수에게 성령과 능력을 기름 붓듯 하셨으매 그가 두루 다니시며 선한 일을 행하시고 마귀에게 눌린 모든 사람을 고치셨으니 이는 하나님이 함께 하셨음이라(행 10:38).

메시야 예수님은 인생 가운데 마귀에게 눌린 모든 사람을 고쳐주셨다. 예수 그리스도의 복음을 받아들이는 것 외에 무속생활에서 벗어나고 해방되는 길은 없다. 무속인은 다른 사람들의 답답하고 풀리지 않는 인생을 상담하고 치유하고 예언하며 신과 인간 사이에 사제 역할을 하는 것처럼 화려해 보인다. 하지만 정작 무속인과 그들의 가족은 누구에게도 말할 수 없는 영적인 고통과 아픔 속에서 살아간다. 무속인의 영적인 상태를 성경적으로 정확하게 이해하고 그들이 그리스도의 복음을 붙잡고 그 고통의 길에서 빠져나올 수 있도록 지속적으로 기도하며 전도해야 한다.

어머니를 전도하고 무속인을 전도하는 과정에서 마귀의 수많은 역사와 영적 체험을 목격했다. 각양각색 인간의 문제들을 귀신의 역사나 귀신 들림이라고 과도하게 연관 짓는 것도 문제지만, 아예 무시하거나 아무 상관없는 것처럼 이해하는 것도 문제다. 영적인 문제들에 대하여 성경이 말하는 데까지는 인정하고 받아들여야 한다. 예수님의 3대 지상 사역 가운데 하나가 치유 사역이었고(마 4:23; 9:35), 그 사역의 상당 부분이 귀신을 쫓고 치료하는 사역이었다. 성경에서 이야기되는 귀신 들린 것을 정신질환의 여러 형태에 대한 고대인들의 해석이라고 하는 것은 옳지 않다. 성경은 귀신 들린 것과 다른 여러 질병을 구분하기 때문이다. 하지만 의학적인 정신질환과 귀신 들림의 문제를 분별하는 것은 그리 쉬운 일이 아니다. 어머니의 경우는 예수님을 믿은 후 정신질환적인 문제는 사라졌다. 어머니의 정신질환은 마귀로부터 주어졌기 때문이다. 어머니의 정신질환들 중에 한순간에 없어진 것도 있고 지속적인 영적 돌봄을 통해 시간이 걸려서 없어진 것도 있다. 영적 고통을 당하며 정신질환과 귀신 들림의 문제가 있는 사람들의 치유 방법이 어머니처럼 동일하게 적용되는 것은 아닐 것이다. 하나님이 일하시는 방법은 다양하게 나타나기 때문이다.

정신질환과 귀신 들림의 상관관계를 살펴보면, 정신질환만 나타나는 경우도 있고, 귀신 들림과 정신질환이 함께 나타나는 경우도 있고, 귀신 들림으로부터 정신질환이 나타나는 경우도 있을 것이다. 정신질환을 귀신 들림으로 오해해도 안 되지만, 귀신 들림을 정신질환으로 착각해서도 안 된다. 정신질환의 문제라면 정신과 치료나 전문 상담가의 도움을 받아야 하지만, 귀신 들림의 문제라면 목회자의 도움을 받아야만 한다. 정신질환과 귀신 들림 현상이 함께 나타난다면 정신과 치료와 목회적 돌봄으로 함께 치료하는 것이 바람직하다. 하지만 신병의 경우 귀신

들림과 정신질환이 함께 나타나는데, 정신과 치료는 효과가 없고 오직 예수 그리스도의 복음을 통해만 치료된다.

교인들 중에 영적으로 시달리는 사람들은 자신의 영적인 문제를 인정하고 다른 사람으로부터 도움 받기를 꺼린다. 여러 가지 이유가 있는 것 같다. 첫째는 스스로 영적 분별이 안 되기 때문에 악한 영으로부터 오는 것을 인지하지 못하기 때문이다. 둘째는 영적인 시달림이 있기까지 마음의 깊은 상처나 마귀의 통로가 되었던 죄악들이 있는데, 이런 것이 노출되는 것을 싫어하기 때문이었다. 셋째는 영적인 시달림을 받는 자신의 모습과 과거의 아픔들이 드러났을 때 주변 사람들에 의해 판단과 정죄를 받는 것이 싫기 때문이다.

가족 중에 무당이 있거나 신내림을 받은 사람이 있어도 주변 사람에게 기도를 부탁하거나 도움을 청하지 않는 이유도 비슷하다. 그래서 영적인 문제를 안고 있는 사람들을 도울 때는 신중하고 지혜롭게 접근해야 하고, 그들의 마음을 보듬으면서 시간이 걸리더라도 믿음과 인내로 도와주어야 한다. 그들은 마음의 상처가 있고 마귀의 영향을 받고 있기 때문에, 도와주는 사람을 공격할 수도 있고 거짓말을 지어낼 수도 있다. 그렇기에 이런 사역은 반드시 두 명 이상이 함께 감당해야 바람직하며, 기도로 깨어 있어야 하며, 영적으로 민감하게 대응해야 한다.

귀신에게 사로잡혔거나 영적으로 시달리는 사람을 전도하고 영적으로 돌보아서 그들이 구원받거나 회복되었더라도 어떤 보답을 기대해선 안 된다. 회복된 이후 그들의 냉담한 반응도 충분히 이해할 수 있는 넉넉한 마음도 필요하다. 냉담한 반응을 보이는 것은 자신의 과거가 알려진 것에 대한 부담을 느끼기 때문이다. 우리는 하나님의 도구로만 쓰임받을 뿐이며, 우리가 한 일에 대하여는 하나님께서 인정해주시고 하나님께만 영광이 되면 감사하며 만족한다는 믿음이 필요하다.

에필로그
-
예수님의 큰 일을
전파하는 놀라운 은혜

그가 가서 예수께서 자기에게 어떻게 큰 일 행하셨는지를
데가볼리에 전파하니 모든 사람이 놀랍게 여기더라(막 5:20).

책을 마무리하면서 거라사 광인과 어머니의 삶이 오버랩되었다. 거라사 광인의 인생 여정이 어머니의 인생 여정과 많이 닮아 있었다. 귀신 들리기까지 그럴 수밖에 없는 비참한 고통이 있었고, 귀신이 이끄는 삶 가운데 가족과 공동체 속에서 고통을 경험했고, 예수님을 만나면서 고통의 깊이만큼 은혜의 깊이도 경험했다. 구원의 감격 때문에, 예수님께서 어떻게 큰 일을 행하

셨는지 자신의 동네에 전파하는 전도자가 되는 과정도 닮았다.

거라사 광인은 고랑과 쇠사슬에 얽매여 자유와 의지를 상실한 채 귀신들이 이끄는 대로 살았다. 개인의 삶이 완전히 파괴되어 고독과 외로움만 가득했다. 집이 있으되 거하지 못하고 무덤 사이에서 거해야만 하는, 가족 관계에서의 단절과 고립을 경험했다. 거라사 광인을 바라보는 가족도 고통스럽고 힘겨운 시간을 보냈다. 가족도 광인을 지켜볼 뿐, 도와줄 수 있는 방법이 없다. 거라사 광인 자신의 고통뿐만 아니라 가족과 공동체로부터 받는 고통도 이루 말로 표현할 수 없었을 것이다.

누가 거라사 광인의 고통의 깊이를 이해할 수 있겠는가? 거라사 광인도 구원받을 수 있다고 생각이나 하겠는가? 가족도 외면한 거라사 광인을 누가 돕고자 하겠는가? 이처럼 모두 외면하는 거라사 광인을 예수님이 찾아가셔서 만나주시고 회복시켜 주셨다. 그것도 고통의 깊이만큼 은혜의 깊이로 갚아주셨다. 거라사 광인은 군대 귀신 들렸던 광인에서 데가볼리에 예수님의 큰 일을 전파하는 전도자가 되었다. 그것도 최초의 복음 전도자가 된 것이다.

마찬가지로, 어머니도 무당 되는 과정에서 신병을 앓으며 큰 고통을 겪었고 무당이 되어서도 큰 고통을 겪으셨다. 그랬던 어머니가 예수님을 만나면서 그 고통의 깊이만큼 예수님의 은혜의 깊이를 경험하고 예수님께서 어떻게 큰 일을 행하셨는지 전파하는 전도자가 되었다. 맨발로 외작두를 타던 무당에서 복음 전하는 그 리스도인이 된 것이다. 하나님의 전적인 은혜라는 말 외에 달리 표현할 길이 없다. 누가 거라사 광인이 구원받고 데가볼리의 전도자가 될 거라고 상상했겠는가? 누가 맨발로 외작두를 타던 무당이 구원받고 복음 전하는 그리스도인이 될 거라고 상상했겠는가? 예수님으로만 가능한 일이다. 예수님만 정답이다.

거라사 광인을 바라보시던 예수님의 마음으로 무속인도 바라볼 수 있기를 소망한다. 예수님은 거라사 광인의 현재의 모습만 바라보신 것이 아니라 데가볼리의 전도자가 될 미래의 모습도 바라보셨다. 우리도 무속인들에게서 그런 모습을 봐야 한다. 예수 그리스도를 만나면 현재 삶의 고통의 깊이가 어떠하든 그 고통의 깊이만큼 은혜를 경험하고 그 고통을 경험한 영역에서 예수님의 큰 일을 전파하는 복음 전도자가 될 수 있다고 확신한다.

무당 엄마 목사 아들
The Shaman Mother and The Pastor Son

지은이 주명식
펴낸곳 주식회사 홍성사
펴낸이 정애주
국효숙 김의연 김준표 박혜란 송승호 오민택 오형탁
이현주 임영주 주예경 차길환 최선경 허은

2017. 1. 12. 초판 발행   2019. 11. 20. 5쇄 발행

등록번호 제1-499호 1977. 8. 1.
주소 (04084) 서울시 마포구 양화진4길 3 전화 02) 333-5161 팩스 02) 333-5165
홈페이지 hongsungsa.com   이메일 hsbooks@hongsungsa.com
페이스북 facebook.com/hongsungsa   양화진책방 02) 333-5163

ⓒ 주명식, 2017

• 잘못된 책은 바꿔 드립니다. • 책값은 뒤표지에 있습니다.
• 이 도서의 국립중앙도서관 출판예정도서목록(CIP)은 서지정보유통지원시스템 홈페이지(http://seoji.nl.go.kr)와
국가자료공동목록시스템(http://www.nl.go.kr/kolisnet)에서 이용하실 수 있습니다.(CIP제어번호: CIP2016031867)

ISBN 978-89-365-0342-0 (03230)